U0522952

两岸语言文字调查与语文生活
（三）

李宇明 苏新春 主编

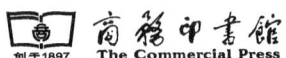

图书在版编目(CIP)数据

两岸语言文字调查与语文生活. 三 / 李宇明,苏新春主编. —北京:商务印书馆,2023
ISBN 978-7-100-22662-2

Ⅰ.①两… Ⅱ.①李… ②苏… Ⅲ.①汉语—语言学—文集 Ⅳ.①H1-53

中国国家版本馆 CIP 数据核字(2023)第 121734 号

权利保留,侵权必究。

LIĂNG'ÀN YŬYÁN WÉNZÌ DIÀOCHÁ YŬ YŬWÉN SHĒNGHUÓ
两岸语言文字调查与语文生活
(三)
李宇明 苏新春 主编

商 务 印 书 馆 出 版
(北京王府井大街36号 邮政编码100710)
商 务 印 书 馆 发 行
北京虎彩文化传播有限公司印刷
ISBN 978-7-100-22662-2

2023年10月第1版 开本 880×1230 1/32
2023年10月北京第1次印刷 印张 12⅝
定价:78.00元

编辑委员会

顾问 许嘉璐　李行健

主编 李宇明　苏新春

编委（按姓氏音序排列）

　　　戴红亮　李宇明　刘朋建　苏新春

　　　王　奇　肖　航　余桂林

潮平两岸阔

——序《两岸语言文字调查与语文生活(三)》

李宇明

2019年10月,海峡两岸语言学人聚会韩山师院,召开第三届"两岸语言文字调查研究与语文生活"研讨会,站在中华民族的立场上思考两岸语言文字及其相关问题。这种思考可以概括为三个"关注":关注过往,以达成历史共识;关注现实,以解决当下语言生活问题;关注未来,以展望民族语言的发展方向。通过学术研究与交流,促使两岸的语言生活沟通无碍,充满活力,也为汉语的研究及应用奠定坚实的学术基础。

1. 历史学术问题的梳理

一个民族总要有本民族的"集体记忆",每个领域的学人都有建构本领域民族"集体记忆"的使命。语言是民族文化的根脉,语言学是研究、守护民族文化根脉的科学。梳理百年语言学史,纵可助几千年中国语言学史的贯通,横可助其他领域百年术语的沟通。

清末之前的中国语言学,主要是文字、音韵、训诂之学,是谓之"小学"的中国传统的语言学。1892年卢戆章《一目了然初阶》出版,切音字运动发轫,中国现代语言规划的大幕由此开启。1898年马建忠《马氏文通》问世,中国语言学由语文学阶段跨入现代语言学阶段。

19世纪末至今已百年有余,中国发生了天翻地覆的变化,语言学研究和语言规划实践也都取得了巨大进步,与百多年前不可同日而语。中国语言学历经百年风雨,在世界语言学方阵中正由跟跑进入并跑且有望领跑的行列。

但是,由于两岸的长期分离,两岸学人并没有机会对百年中国语言学史进行共同梳理,在许多问题上可能存在分歧,甚至是不少的分歧。因此,两岸学人(也包括香港、澳门、海外的有关学人)有必要坐下来系统梳理百年中国语言学史,在梳理中不断增加共识,逐渐形成共同的或相近的语言史观。学术史的梳理、学术史观的求同不只是面向过去,也是面向现在、面向未来的。有了语言学史的梳理,建立了共同或相近的语言史观,才能撰写好百年中国语言学史,才能为海峡两岸共同培养语言学人才、合作开展语言学研究打下基础,才能处理好中华民族的各种现实及未来的语言问题。

中国传统语言学是有特色的中国语言学,在不断吸收现代语言学及其他学科的营养中,在不断处理新发现语言文字的材料中,中国传统语言学有很大发展。但其传承主要凭借的是传统,是传统文献(包括新发现、新出土的传统文献)的研究,是传统学术精神、学术方法、术语体系的赓续,其百年史梳理起来相对方便。但是,自《马氏文通》问世而兴起的现代语言学,梳理起来就有较大难度。

中国现代语言学在兴起之后的百多年里,一直在处理中国语言事实、语言问题中不断发展,且也不断引入国外的语言学理论与方法,学术上表现为时代叠层、中外叠加。同时,语言和语言问题不只是语言学科感兴趣,其他学科也在关注,并形成了诸多交叉学科。由于学科交叉,引入国外的理论和方法可能来自不同学科,且是由不同学科分别引入的,因此中国现代语言学的学术史整理,不仅要处理好上面谈及的时代叠层、中外叠加的问题,还要处理好学科交叉的问题。

语言政策与语言规划领域是中国现代语言学的重要领域之一,所要梳理的内容包括这一领域的重大事件、重要的语言规划产品与举措、重要的思想理论成果等。重大事件如切音字运动、白话文运动、国语运动、注音符号的制定与推行、俗体字运动、简体字的提倡、普通话推广、简化汉字、《汉语拼音方案》的制定与推行等。重要的语言规划产品如注音符号、《汉语拼音方案》、国语/普通话、简体字/简化字、标点符号的各种规范、《国语辞典》及其后续产品、汉字的字形标准及国际编码等。重要的思想理论成果如语言统一、方言保护、民族语言平等、华语(文)教育、国际中文教育等。这一领域与意识形态关系密切,学术史的梳理不仅要处理时代叠层、中外叠加、学科交叉等问题,还要考虑意识形态问题,难度可能会更大一些。

百年中国语言学史的梳理,其基本原则应是"求同存异,扩大共识"。涉及意识形态和社会制度的问题,分歧可能会多一些,形成共识会难一些;纯粹的语言文字问题,分歧可能会少一些,形成共识会容易一些。涉及1949年之后的问题,分歧可能会多一些,形成共识会难一些;涉及1949年之前的问题,分歧可能会少一些,形成共识会容易一些。不过,梳理的过程就是沟通交流的过程,有分歧是正常的,一些问题一时达不成共识也不甚要紧,关键是要交流起来,梳理起来。

2. 现实语言生活的疏导

两岸现实语言生活的问题主要有两类:一类是两岸语言沟通问题;一类是两岸语言事业的合作问题。

2.1 两岸语言沟通问题

不同区域产生语言分歧而引发沟通问题实属正常,但两岸语言分歧的形成不仅有自然因素,还有人为因素。两岸因长期分离,各自的语言生活有各自的特点,自然会形成各种分歧,这种分歧的形成是自然因素所致。两岸也因语言规范观的差异而采用了不同的语言文字规范,由此而产生的语言分歧是人为因素所致。人为因素形成的语言分歧影响面大,不易弥合,消除这类分歧往往也需要从语言规范观、从语言文字规范的层面入手,需要采取"人为手段"。

从两岸学者的多年研究和近些年两岸语言交流的实践来看,两岸语言沟通问题虽存在于诸多方面,但主要还是三个领域:第一,文字领域;第二,词语领域;第三,一些特殊的语言生活领域。

第一,文字领域

文字在汉语的语言生活中历来具有重要地位。两岸文字领域的问题主要有三:其一,简繁问题;其二,正异问题;其三,微观字形问题。1935 年 8 月,国民政府教育部公布《第一批简体字表》。其前,汉字规范沿用的是历史习惯,繁体和简体虽都存在,但不系统也不对立,繁简之别属于写字人的正俗选用问题;1935 年之后,特别是 1956 年大陆正式公布《汉字简化方案》之后,繁简逐渐系统化,成为现行汉字的两个标准体系。1955 年 12 月,大陆发布《第一批异体字整理表》。1964 年 12 月发布《印刷通用汉字字形表》,学界称该表字形为"新字形",与之相对的字形便称"旧字形"。台湾地区也不断发布文字规范,使得繁简这两个标准体系不仅有繁简之别,也出现了正异问题和微观字形问题。从魏励《海峡两岸汉字对照表》(商务印书馆,2015 年)和田小琳主编《汉字字形对比字典》(中华书局(香港),2022 年)这两部著作(字典)来看,这两个标准体系的汉字字形差异已经达到40%以上,其中最明显的是繁简差异,但数量最大的却是新旧字形造成的微观字形差异。

两个标准体系是现行汉字体系的两个变体,不是不同的文字系统。对于使用者而言,准确书写另一体系的汉字相对有些困难,但识认的难度并不特别大,而且在实际生活中都互有接触,不同地区都有使用简化字和繁体字者。如果学者们做些字理说明,制定出实用对照表,教学界有意识进行"识繁写简""识简写繁"的教育,用字上采取"繁简由之"的通达态度,通过一定的阅读实践基本上可以解决书面语交流的问题。文字问题并不是两岸语言交流不可跨越的鸿沟。

第二,词语领域

词语是语言大厦的建筑材料,一种语言的不同地区最易产生词语变异。两岸的汉语差异虽然也有语音、语法等方面的,但主要在词汇系统。词汇的核心是语文词汇,两岸语文词汇的差异主要来自三个方面:其一,传统词语的传承;其二,新词语的创造;其三,方言词、外语词的吸收。比较而言,词汇系统最大的差异不是语文词汇,而是专有名词和科技术语,如外国的地名、国名、人名、事物名等的翻译,如科技术语名称等。专有名词和科技术语的差异主要是由两岸翻译规范的不同造成的。科技发展快速且也快速融入日常生活,科技术语的差异不仅影响科技界,也越来越大地影响日常生活,应当引起足够重视。

第三,一些特殊的语言生活领域

两岸交流不仅在日常生活领域,还涉及一些特殊领域,如商贸交往、民航合作、观光旅游、在陆台胞的子女教育、在台陆生的学习与生活、与两岸交流相关的政策规定、语言信息化的各种设备与操作系统等。特殊领域的语言交流,主要是解决各领域的特殊用语和一些特殊的表达习惯等,通过学术界和相关领域提供的沟通帮助,就可以解决大部分沟通问题,如商贸交往、民航合作、观光旅游、语言信息化的各种设备与操作系统等。但在陆台胞的子女教育、在台陆生的学习与生活等领域,还需要教育政策和师资、教材等教育资源的供给与适应,需要使用更多更广的社会资源。

2.2 两岸语言事业的协作问题

两岸语言事业具有广泛的协作领域,而且也一直在以各种方式进行着各种协作。下面举例性地谈三个方面:

第一,语言研究与人才培养

两岸的语言研究本就一脉相承,合作从未中断,即使在特殊岁月交流不畅时也是"藕断丝连"。近几十年来,通过两岸的语言学会议,通过学术组织、高校与科研机构的学术活动,语言学许多领域的合作都较为密切,学人交往互访不断,甚至还合作完成了学术研究项目。学术研究的合作内容除了语言学的各领域之外,也着力研究、通畅两岸的语言生活,如名词术语对照、汉字国际编码、面向大众的语言工具书编纂等,很有成效。

合作培养语言学人才,可以看作语言研究合作的一部分,甚至可以看作语言研究深入合作的象征。现在有不少陆生赴台学习,也有台湾青年来大陆读研究生或从事学术工作,这为语言学人才的联合培养创造了生源条件。而且,大陆具有广阔的语言学应用市场,也有利于语言学人才的就业,顺利就业可进一步促进两岸的语言研究合作。就此领域,可以探索些可行路径,搭建一些长效平台。

第二,海外中文教育

海外中文教育,两岸都是有传统、有特色、有贡献的,而且也是两岸语言事业合作得最多、最有成效、也最需要合作的领域。海外中文教育分两类,一类是面向海外华人华侨子弟的华语(文)教育,一类是国际中文教育。这两类教育有差异但也有很多共性,很多情况下可以通盘考虑。两岸在这一领域的合作应是全方位的,包括师资、教材、等级大纲、考试标准、教学资源、教学研究等。

第三,国际社会的中文标准

中文是国际上的重要语言。随着中国和世界各华人社区的发展,特别是经济的发展,国际社会对中文的需求越来越大。很多国际组织把中文列入其官方语言或工作语言,国际大都市的语言景观中中文的使用也逐渐增多;在中国领先的一些发展领域,中国的行业标准正成为国际标准,中文也正成为国际标准的用语。随着国际中文教育和海外华语(文)教育的发展,国际上能够使用中文的人越来越多。面对国际不断增长的中文需求,中国需要向国际社会提供适合国际应用(包括教学应用)的中文标准,提供应用这些中文标准的国际人才。国际用中文标准,不仅有语言本身的标准,也包括文字标准和拼音标准,包括语言文字的若干应用标准,比如中文教学标准、用于信息化的汉字国际编码标准、中医药术语标准等。这些标准源于国内标准,但也应根据国际需要做适当调整。两岸都是中文国内标准的重要制定者,因此在向国际提供中文标准的过程中,需要两岸的密切协作。在我的印象里,两岸在《全球华语词典》《全球华语大词典》编纂、汉字国际编码、中医药术语标准研制等领域,曾进行过卓有成效的合作,这种经验值得总结。

3. 未来语言生活的展望

两岸未来的语言生活走向,取决于两岸的未来关系,有许多不确定因素,但是应向积极处努力。有三个目标是可以考虑、也应当形成共识的。

3.1 尽力减少语言交流障碍

两岸的语言交流已经基本顺畅,严重影响交流的语言问题都有所研究,有所举措。流水不腐,户枢不蠹,语言学的常识是只要保持交流,语言文字的分歧就会逐渐减缩。除了维护两岸的交流渠道之外,还要用"人为手段"把控造成两岸语言分歧的"人为因素",有意识地审视两岸的语言规划观,有计划地研究两岸的语言文字规范,尽量不扩大现有规范的差异,当然更积极的态度和做法应是逐渐整合各种规范,减少分歧,趋向统一。比如,两岸继续携手编写词典和语法典,这些辞书可以具有一定的规范属性,也可以具有一定的描写属性,起到相互对照的作用。两岸在汉民族共同语的发展中都具有重要作用,也负有重要责任,两岸语言文字交流障碍的逐渐减少,两岸语言文字规范的逐渐趋同,有利于汉民族共同语的统一。

3.2 实现新时代的"书同文"

1935年之前,或者1955年之前,汉字的形体也是正俗混用,但是自1935年或1955年起,现行汉字有了系统性的繁简差异。当然在现实语言生活中的用字情况,应该说是"你中有我,我中有你",简繁系统"二元共处":大陆地区目前用字以简化字为主,繁体字为辅;台湾地区印刷用繁体字,手写夹杂简体字,能认识一些简体字。其他地方也大致如此:香港、澳门地区以繁体字为主,生活中用到简体字,其中澳门用字更加具有包容性,被认为更便于做"书同文"的社会实验;海外华人社区分两类情况,有大陆式(马来西亚、新加坡)和台湾地区式;国际社会是以简化字为主,繁体字为辅。

这种简繁系统"二元共处""一语双体"的语文生活局面,可能是一种较为长期的现实，但是并不是一种理想状态，理想状态应当是"书同文"。2018年9月2日，两岸的文字学会在北京发表联合宣言，提出要实现新一代的"书同文"，便是对文字理想状态的思考与行动。其实，台湾地区1977年制定的《标准行书范本》已经包含了大陆的简化字，大陆2013年发布的《通用规范汉字表》也充分考虑到简繁之间的对应关系，且坚持了尽量不扩大简繁差异的思想。将来的历史将会说明，这两个规范已经开始为新一代的书同文铺设基础。书同文的时间表也许尚难制定，但是两岸学者可以规划路线图。比如，可以先调整"新旧字形"，把微观字形先统一起来，使多数汉字字形保持一致；又如，以简化字（其实也是1935年的简体字表）为蓝本，分化其中"一对多"的字，再去掉一些不大理想的简化字或简化偏旁，形成汉字的优化方案；再如，可以印刷与手写采取"双轨制"，各地区印刷仍用各地区的现行标准，手写用简或简繁由之；还如，个人或出版部门可以简繁自由选用，在使用中逐渐形成一个优化的汉字方案。

3.3 推进中文成为世界第二外语

世界许多国家的机场等交通枢纽的标牌，汉语多在第三的位置。第三的位置就是第二外语的位置。2019年3月，欧洲汉语教学大会在爱尔兰召开，会议在决议中提出要促使汉语成为欧洲第二大外语。2019年6月，英国汉语教学大会在兰卡斯特召开，发表了《兰卡斯特宣言》，宣言提出要努力使汉语成为英国的第一外语。现在，世界上180多个国家和地区开展了中文教育，近80个国家将中文纳入国民教育体系，非成年人的中文学习者已经过半。只要全世界华人共同努力，中文有望在不久的将来发展为世界第二外语。两岸携手提升中文的国际地位，满足国际社会的中文需求，也是民族大业。

4. 结束语

不管两岸的政治现状如何，作为民族共同语的普通话/"国语"，我们都应当珍惜她，爱护她，发展她。两岸学人携手梳理百年中国语言学史，求同存异，扩大共识，为语言研究和语言学人才培养打下基础，也为解决两岸当下和未来的语言问题打下基础。对现实语言生活中的问题，特别是文字、词汇、特殊语言生活领域的问题，要积极协商，协力解决。对两岸的语言文字规范要做对比研究，向趋同处调整。关注汉民族共同语的未来发展，研究新一代"书同文"的可能性，携手促进中文的国际发展。

"潮平两岸阔，风正一帆悬。"（唐·王湾《次北固山下》）"两岸语言文字交流与合作协调小组"，愿意为两岸语言文字问题的研究搭建平台、设立项目、组织会议、开展各种相关活动，与两岸学者一起守望民族的语言家园。

2022 年 8 月 5 日
序于北京俱闲聊斋

目　　录

关于语言建构功能的再认识 ……………………………… 赵世举 1
加强两岸关系统一进程中的语言政策研究
　　……………………………… 苏新春　杜晶晶　郭光明 8

海峡两岸辞书研究 …………………………………………… 林玉山 26
海峡两岸对照型辞书的编纂研究 ………………………… 刘　青 45
《两岸现代汉语常用词典》出版缘起、展望与未来
　　………………………………………………… 何朱婉清 56
语言文字和辞书编纂不可磨灭的一页
　　——两岸词典十年志 …………………… 李行健　张世平 64
两岸四部成语词典三字格收词释义比较研究 …………… 罗树林 70

两岸汉语词的句法功能差异及其理论阐释 ……………… 张先坦 89
台湾地区东南亚新住民语言研究 ………………………… 龙东华 105
台湾新住民二代中小学生的语文教育现状 ……………… 廖湘美 120
台湾宜兰、花莲中小学生汉语的使用与态度 …………… 李正芬 132
花莲地区中小学生语言使用调查 ………………………… 林依庆 161
台湾闽南族群中小学生语言转移与语言价值观 ………… 林素卉 179
台中客籍学生语言使用个案访谈 ………………………… 庄斐乔 194

台湾网民简化字使用情况调查分析 …………… 张　为　林清霞 203

当前华语文教学课程设计的省思 ……………………… 竺家宁 222
从两岸华文教育看汉语国际教育专业课程建设 ……… 肖模艳 229
国际汉语教学背景下的繁简观 …… 王汉卫　缪星星　苏印霞 246
两岸基础教育语文教材单元计量对比研究
　　——以我国大陆与台湾地区六套语文教材单元为对象
　　……………………………………………………… 杜晶晶 260
台湾地区高中第二外语教育的现状及分析 ……………… 商钟岚 295
中国民众眼中的丝绸之路沿线国家和地区
　　来华留学生形象研究 …………………… 李　琰　刘宏宇 313

粤东闽语方言俗字研究 …………………………………… 林伦伦 338
潮州方言研究三题 ………………………………………… 吴构松 353
香港商业街的语言景观 …………………………………… 胡　伟 363
当代语汇入诗问题略谈 …………………………………… 赵松元 378

第三届"两岸语言文字调查研究与语文生活"研讨会概况 ……… 386

关于语言建构功能的再认识[*]

赵世举

(武汉大学文学院/中国语情与社会发展研究中心)

【摘要】 语言对人和人类社会的影响无所不在。洪堡特指出,语言的作用是内在性的和建构性的。也有其他学者谈及语言"建构性"的某些方面,但未见系统、全面的阐释,更未见对相关新现象的关注。随着社会的发展和科技进步,语言的建构功能显著拓展。其建构性主要体现在如下几个方面:建构人性;建构社会;建构世界观和价值观;建构身份;建构物态,乃至信息科技和人工智能;建构国家。

【关键词】 语言功能;语言的建构性;语言对人类的影响

语言是一种神奇的存在,也充满魔力。语言对人和人类社会的深刻影响无所不在。洪堡特曾深刻地指出:"语言对于人的主要影响施及他的思维力量,施及他的思维过程中进行创造的力量,因此,在更深刻的意义上说,语言的作用是内在性的(immanent)和建构性的(constitutive)。"这是殊为深刻的见解。那么,语言的"建构性"有哪些体现?未见系统的阐释,更未见对相关新现象的关注。随着人类社会的发展

---

[*] 本文根据第三届"两岸语言文字调查研究与语文生活"研讨会大会报告要点整理。

和科技进步,语言的建构功能也在拓展。据本人初步考察,语言的建构性主要体现在如下几个方面:建构人性;建构社会;建构世界观和价值观;建构身份;建构物态,乃至信息科技和人工智能;建构国家。

1. 建构人性

人类创造了语言,语言也塑造了人类,语言是人性的重要组成部分。就人类的演化史可以看出,人最初只是人科动物,大约在200多万年前进化为"古能人",大约在20万—3万年前,由于语言的产生,人类便进化为"语言人"——一种会说话的新物种,由此人类与动物相区别,走出了动物界,成为"万物灵长"。因此,洪堡特指出:"语言与人的最内在的本性密不可分地结合在一起。"法国语言学家海然热也说:"智人之所以是智人,首先因为他们是说话的人,语言人。"

语言不仅使人会说话,而且由于语言的思维认知功能又进一步促进了人的心智发展,产生了新的思维方式和新的沟通方式,改变了认识世界的方式,因此也就增强了人类的生存能力和发展能力。

因此,我们也就不难理解,为什么洪堡特说语言的建构性是内在性的(immanent)。

2. 建构社会

语言的产生为人类社会的形成提供了重要条件。在语言产生之前,人只是个体性动物,群体意识和协作能力十分有限。而语言的产生,就从根本上改变了人的生存方式和生活方式,赋予人以社会性,使人由个体性动物进化为"社会人"。具体来说,语言不仅发挥人际交流和行为协调的工具作用,而且具有社会纽带的功能。是语言把单个的人串联为交流更便捷、协调更有效、联系更紧密也更加稳定的群体,凝聚为人类社会。

语言不仅因其工具功能建构一般的社会联系,而且也因其文化功能参与建构不同的社会群体,比如乡党、族群、阶层、职群、志群、微信等各种虚拟群等等,由此也就使人表现出不同的社会角色和文化特性。从这个意义上说,人类社会也是"语言共同体"——"语言人的共同体"和"不同文化社区的语言共同体"。

语言在社会治理中也具有不可或缺的作用。不仅表现在语言本身就是一种社会制度、以语言为载体制定和实施其他各种社会制度方面,而且也体现在语言既是社会治理的工具,也是社会治理的对象等层面。

因此,萨丕尔指出:"语言具有强大的社会化力量,也许是所有社会化力量中最强大的一种。这不仅是指重要社会交往难以脱离语言这一明显事实,而且是指共同的言语为特定群体的社会团结提供了极有力的象征。"

3. 建构世界观和价值观

人根据自身对客观世界的认识创造了语言,同时又借助语言来认识世界、揭示世界、表达世界和改造世界,语言也就自然凝聚了人对世界的看法,反映出一定的世界观和价值观。因此,人在接受一种语言的同时,其实也就接受了该语言建构的世界观乃至价值观。刚才我们提到,语言是一种约定俗成的社会制度,具有潜在的社会约束力。然而与一般制度不同,它往往规约的是人的思维模式、世界观、价值观和行为范式等深层世界。

对于语言建构世界观和价值观的功能,许多思想家都有深刻的论述:

洪堡特:"语言属于我,因为我以我的方式生成语言;另一方面,因为语言的基础同时存在于历代人们的讲话行为和所讲的话之中,它可以一代一代不间断地传递下去,所以,语言本身又对我起着限制作用。""一个民族的语言多少世纪来所经验的一切,对该民族的每一代人起着强有力的影响……"

萨丕尔:"词不只是钥匙,它也可以是桎梏。"

沃尔夫:"一个人的思想形式是受他所没有意识到的语言型式的那些不可抗拒的规律所支配的。"

奥斯汀:"我们的言辞即我们的约束。"

本森:"语言使人类的认知成为可能,且同时通常以一种不可见但非常真实的方式对人类的认知进行着约束。"

此外,魏斯格贝尔、维特根斯坦、海德格尔等都有相关的深刻论述。

语言建构世界观和价值观的功能,还可以从不同文明对具体事物的认识乃至命名差异得到印证。例如东西方关于星空的认识及命名、关于亲属的分类及称谓所表现出的差异,都是大家所熟知的。我们还可以举个具体的例子,比如对植物的认识:

古中国——主要着眼于植物功用(用、食、药),区分为:谷、蔬、草、木、果……

古希腊——主要着眼于体态、习性,区分为:乔、灌、半灌、草……

对于大千世界、万事万物,人类都是利用语言来表征,又借助语言的界定来认知、接受和传播的。

4. 建构身份

语言的纽带作用、文化特性、通心功能和象征价值又赋予人不同的身份,为人标记"我是谁""我从哪里来""我属于哪个群体"。

语言既用以建构个体身份,给个体以名字、角色和归属,又用以建构群体身份,赋予群体以凝聚力和显性标志。因此,语言也就成为认同别异的重要标尺:"'他说话跟我们一样',就等于'他是自己人'。"(萨丕尔)这也就是语言的认同功能。

语言的身份建构作用超强,往往浸入人的血脉里和心灵深处,具有持久性。"正如思想控制着整个心灵,语音首先具备一种能够渗透和震撼所有神经的力量。""每当我们听到母语的声音时,就好像感觉到了我们自身的部分存在。"(洪堡特)

正是由于语言具有超强的身份建构功能,因此在近代国家形成和发展过程中,语言成为建国的核心要素和国民身份建构的必要条件,统治者力图通过要求国民掌握和认同国家主体语言来促进国家认同,增强国民向心力,维护国家统一和团结。美国《国民法》(1906)规定,英语能力是加入美国籍的必要条件。此后的"美国化"浪潮,也伴随着"唯英语"运动,时任总统西奥多·罗斯福宣称:"在这个国家,我们只有容纳一种语言的空间,这就是英语,因为我们将会看到,这个熔炉把我们的人民变成美国人,变成具有美国国民性的美国的人,而不是成为在讲多种语言的寄宿处的居民。"

与此相应,很多侵略者也都利用语言侵略来征服和奴役被侵略者,强迫他们改变身份、改变认同、永久归顺。例如日本侵占我国东北和台湾时,就曾强行推行日语。

5. 建构物态

萨丕尔曾指出:"语言具有这样一种力量,可以将经验在理论上分析成相互独立的成分,并创造出一个与现实有着潜在联系的世界,从而使人们能够超越个人的直接经验,达到更广泛的、普遍的理解。"我们把语言的这种功能称为"建构物态"功能。这种物态建构性可以从很多方面得到验证。

人的感官一般难以直接感知的事物,怎样才能让一般的人认识?最便利的方式就是用语言为其命名,并描述其属性和形态,为其建构一个"实在"。例如"黑洞""反物质""夸克""基因"等等。

互联网,其实质也是由语言建构的实在空间。因为空壳机器的物理连接并不能成就互联网,只有当语言文字与之结合,才成为人能在其中生活和工作的互联网。当今,语言又在深度参与高级人工智能的建构。

6. 建构国家

这是语言发挥建构作用的显豁事实。在现代民族国家建构过程中,语言是核心要素。欧洲民族主义者认为:"语言是那些将一个民族区别于另一个民族的差异性的外在的和可见的标志","它是一个民族被承认生存和拥有自己的国家和权利所依靠的最为重要的标准"(凯杜里)。因此,"一个民族,一种语言,一个国家"就成为一些政治家的政治理念和目标追求,语言也就成为近代国家建构的核心要素之一。直至后殖民时期,一些新独立的国家也秉持相同的理念,正如苏·赖特所说:"一个政党、一种语言、一个民族的规划是国家建构在后殖民时期的典型特征。"

在国家建设和治理过程中,执政者一般都会通过颁布法律政令等手段,强力推行语言的统一,借以增强国民的国家认同,强化国家的凝聚力和中央集权。例如:

英国《联盟法案》(1536):"任何在英国、威尔士以及英王的其他领土内的威尔士语使用者若不使用英语,不但会丧失其公职和薪酬,而且将不得从事任何公职,享受任何薪酬。"

法国《维莱-科雷特法令》(1539)要求在全国推行法语教育,规定所有法律、行政文件等必须使用法语。大革命之后强力推行"一个国家,一个民族,一种语言"的政治理念。宣称使用法语是一种爱国和革命的使命。

我国并没有经历西方那样的现代民族国家建构,但古代重视"雅言""通语""官话""字样",实施"书同文"等语言文字政策,实质上也具有利用语言文字进行国家建构和治理的意义,所以有学者把古代这些语言文字政策称为"古代中国的文化宪制"(苏力)。

与此相反,一些政治家则利用语言的国家建构功能,来实施"解构国家"的政治行动,因此语言也就往往成为分裂国家的工具和导火索。例如巴基斯坦、苏联等就是案例。

因此,为了维护国家的团结、统一和发展,认同和使用国家主体语言应成为国民义务,应成为全社会基本的语言意识形态。

加强两岸关系统一进程中的语言政策研究[*]

苏新春[1] 杜晶晶[2] 郭光明[3]

(1、2. 厦门大学嘉庚学院/厦门大学国家语言资源监测与研究教育教材中心;3. 贵阳学院)

【摘要】 语言政策在社会治理中具有重要的作用,体现社会主流阶层的意志,是中国现代化进程中的重要推动力。两岸统一进程中语言文字使用状况是研究两岸语言政策的基础,语言政策是两岸语言问题的研究焦点,两岸语言政策的同异与问题共存。两岸统一进程中语言政策研究任务既包含统一大趋势下的语言政策研究,也包含各种可能的复杂情况下语言政策的"余地"与"空间"应对研究。

【关键词】 语言政策;两岸关系;统一进程

海峡两岸同文同种,语同音,字同文,语言的"同"是天然的,是老祖宗留下的,是血同缘的必然反映。但在是否认同"九二共识"的情况下,对于本来是天然相同的语言文字却会表现出不同的态度、立

---

[*] 本文曾以《两岸关系走势对语言政策的影响》为题在第三届"两岸语言文字调查研究与语言生活"研讨会做了报告,发表时做了较大修改。研究得到教育部哲学社会科学重大课题攻关项目"海峡两岸统一进程中的语言政策研究"(20JZD043)及 2020 年国家社会科学基金西部项目"台湾'去中国化'的语言政策剖析及应对研究"(20XYY010)的支持,特此鸣谢。

场、情感,并反过来影响到社会语言的使用。所以两岸统一进程中不能不认真研究语言政策问题。

1. 语言政策在社会治理中的重要作用

语言政策无论是就其自身学科性质,还是在中国现代化进程中,都发挥着极其重要的作用。

1.1 语言政策体现社会主流阶层的意志

"语言政策为语言规划学中的核心内容。语言规划指的是政府、社会组织或学术部门等对语言生活所做的干预、管理及相关计划,其中包含语言政策的制定及其实施等内容。"(李宇明 2010:17)语言政策是由官方规划,体现执政者意志,由执政当局执行的一系列有关语言文字内容的带有规定性、指导性的法令、法规、规定、制度等。"语言政策由官方规划,并由执政当局执行,这与其他公共政策具有显著的相似性。"(丹尼斯·埃杰 2014:5)"不同的语言共存于一个社会中,相互间普遍存在着相互竞争的语言关系。"(戴庆厦 2011)语言规划、语言政策包含着一个国家或地区的语言地位、语言关系、语言使用等一系列重要内容。语言地位往往会受到历史、政治、经济、民族、社区等众多社会因素的影响。语言规划、语言政策研究是20世纪以来现代化运动的产物,随着国家、民族概念内涵和外延的发展,语言在民族形成中的重要作用愈来愈为人们所重视,语言规划在社会发展上也日益发挥着重要作用并产生重要影响。语言规划就是要针对国家或社区的语言生活状况制定符合当时及长远需求的语言政策,协调语言关系,建设和谐的语言社会。

1.2 中国20世纪现代化进程中的语言政策

百年以来的中国现代化进程史表明,语言规划工作、语言政策制定往往对国家、地区、民众在思想、政治、经济、社会、民族、文化等各个层面发生作用。语言规划的目标最终是为社会政治目标服务。语言问题处理得当、语言规划具有前瞻性、语言政策及时到位,就能够促进经济发展和社会安定。越来越多的语言学、社会学、政治学和教育学研究者相信,语言规划实际上就是通过对语言的干预,来解决社会经济、政治问题的一种方法。两岸的语言规划和语言政策在这个意义上是关乎全民的要事。

中国20世纪现代化进程中最重要的文化事件就是语文现代化。从19世纪末出现的切音字运动,到五四时期的文白之争、繁简之争,到30年代的罗马字运动,再到50年代成形的现代汉民族共同语理论、制定简化汉字总表、公布《汉语拼音方案》(即后来概括为汉字简化、推广普通话、推广汉语拼音的三大任务),再到80年代调整为汉语汉字规范化、标准化、信息化的三化任务,实际上这些都属于语言规划理论的内容,它们都涉及语言地位与语言统一、文字规范与文字标准、语言教育与语言普及等语言规划理论中的核心命题。我国的百年语文现代化历史就是中国本土语言规划理论的形成与发展史,只是这个历史是与解决汉语汉字现代使用中的重大问题紧密结合在一起,与中国社会的现代变革紧密结合在一起的。

20世纪末21世纪初中国的语言规划理论进到一个新阶段,开始关注国外语言规划理论,将借鉴国外经验与解决我国国情问题相结合,取得了一系列新成果。周庆生主编的《国外语言政策与语言规划进程》(2001)和《国家、民族与语言:语言政策国别研究》(2003)、蔡永良的《美国的语言教育和语言政策》(2007),周玉忠、王辉主编的《语言规划与语言政策:理论与国别研究》(2004)和《语言规划与语言政策：理论与国别研究（续）》（2015），何俊芳的《族体、语言与政策——关于苏联、俄罗斯民族问题的探讨》（2017）和《语言冲突研究》（2010）等，较全面地介绍了世界主要国家的语言规划理论，像对乌克兰语和俄语争夺"国语"地位的过程和处理策略研究，西班牙对加泰罗尼亚语的禁用、恢复以及语言公正问题研究，北爱尔兰的爱尔兰语与英语的竞争、协调关系的处理研究等，对了解国外语言规划研究进程，借鉴国外语言规划理论与实践经验具有重要价值。

这时还翻译引进了国外一系列语言规划学经典著作。如中国语言战略研究中心主任徐大明教授 2011 年开始主编的语言规划方面的译丛；外语教学与研究出版社出版的"语言资源与语言规划丛书"，包括梁道华翻译的《太平洋地区的语言规划和语言教育规划》（卡普兰、巴尔道夫 2014），吴志杰翻译的《语言规划与语言政策的驱动过程》（丹尼斯·埃杰 2014）；商务印书馆出版的"语言规划经典译丛"，包括张治国翻译的《语言政策——社会语言学中的重要论题》（博纳德·斯波斯基 2011）和《语言管理》（博纳德·斯波斯基 2016），陈新仁翻译的《语言政策与语言规划——从民族主义到全球化》（苏·赖特 2012）等，还有何莲珍、朱晔等翻译的《语言政策导论：理论与方法》（托马斯·李圣托 2016）。这些经典译著的出版，为新世纪的中国语言规划研究提供了新的理论观点与方法视角。

在更开阔的理论视野下，学术界在探索中国"语言规划理论"上取得了明显进展。姚亚平的《中国语言规划研究》（2006）全面探讨了中国近代以来语言规划在语言文字和语言生活历史变迁中发挥的重大作用。"中国语言生活状况报告"课题组自 2005 年开始每年出版

《中国语言生活状况报告》[①]，对我国语言生活现状做了持续的探讨，发表了数百篇反映各社会领域语言使用新变化、新问题的报告，在每篇报告之后都有相应的思考与对策建议，使语言规划之"学"与语言政策之"术"产生了更紧密的结合。教育部语用所编写的《语言规划的理论与实践》(2006)对中国语言规划的理论发展和实践活动都进行了详细的梳理、总结和探索。郭龙生的《中国当代语言规划的理论与实践》(2008)从语言地位规划、本体规划和传播规划三方面建构了语言规划学的理论框架。李宇明的《中国语言规划论》(2005)、《中国语言规划续论》(2010)、《中国语言规划三论》(2015)更是对我国语言规划所涉及的语言规划理论、语言生活（状况）、语言文字工作、规范标准、信息时代的语言问题、语言传播、切音字运动、外语规划、双语政策、华文教育等极广领域的语言问题，进行了具体而深刻的论述。陈章太的《语言规划概论》(2015)是国内首部语言规划方面的高校专业教材，对语言规划学的建构具有重要意义。赵世举的《语言与国家》(2015)则更是从新的高度和广度全面论述了语言规划学中语言与国家的关系这一核心问题，产生了广泛的影响。我国语言规划学理论发展的另一重要标志就是 2011 至 2015 年间连续新创五家语言规划学刊物，分别为《中国语言战略》（南京大学,2012)、《语言规划与政策研究》（北京外国语大学,2014)、《语言规划学研究》（北京语言大学,2015)、《语言政策与语言教育》（上海外国语大学,2015)、《语言战

[①] 《中国语言生活状况报告》，是国家语委在新的语言文字研究趋势下从 2005 年开始主持编写的系列"皮书"之一，用以反映我国的语言生活状况、语言文字战略事业的发展。该系列"皮书"包括"绿皮书""蓝皮书""黄皮书"和"白皮书"四大类，成为我国语言文字工作最重要的具有研究性、资源性、指导性的研究报告。《中国语言生活状况报告》（绿皮书）是编纂最早的一种皮书，始编于 2005 年，提倡"语言服务"理念，引导社会语言生活和谐发展，至今已经连续发布十八年。

略研究》(商务印书馆,2016)。

2. 两岸统一进程中要重视语言政策研究

2.1 两岸语言政策研究的基础是语言文字使用状况研究

要做好两岸语言政策研究,基础是要做好现实生活语言使用问题的研究。一开始人们也的确是从这些方面去关注、开拓的。在20世纪80年代末两岸开始恢复来往后,大家首先关注到的是文字上的繁简异形,词汇上的同形异义、同形异音、同义异形、义同音异,及书写格式与标点符号的差异。如许长安的《海峡两岸用字比较》(1992),从简化汉字、汉字标准、中文排写、中文信息处理等四个方面对海峡两岸的用字进行比较研究。苏金智的《海峡两岸同形异义词研究》(1995),刁晏斌的《台湾话的特点及其与内地的差异》(1998),苏新春的《台湾新词语研究》(2003),王博立、史晓东等的《语料库语言学视角下的台湾汉字简化研究》(2015)都是这方面的代表作。以词典形式全面呈现两岸词语差异是两岸沟通初期的突出现象,成绩最为突出的是李行健,他带领强大的研究与编纂团队先后出版了《两岸常用词典》(2012)、《两岸差异词词典》(2014)、《两岸通用词典》(2015),产生了广泛影响。

对台湾现实语言生活状况的调查性研究中较有代表性的是苏新春带领的厦门大学与台湾"中央"大学两校牵头共同完成的大中小学生语言使用与语言态度调查,调查样本达4000余人,还有廖湘美等的《台湾中小学生语言使用与态度调查》(2015)、苏新春等的《台湾大学生语言生活中三大反差现象的思考》(2015)。吴晓芳等人也发表有《从台湾青年语言能力、母语认同看台湾乡土语言政策的成效》(2016)。还有进行两岸语言文字规范标准本身研究的。如张素格的

《海峡两岸文字字形规范规则刍议》(2014)、杨书俊、戴红亮的《两岸标点符号用法比较研究》(2015)、杜晶晶的《两岸汉字规范标准对比研究》(2018)、孙园园的《两岸汉字部首规范标准对比研究》(2018)。

随着两岸交往日益增多，两岸语言的吸收与融合现象也进入了学界的视野，如苏金智、王立、储泽祥的《从两岸学生词语知晓度及其使用情况调查看词汇融合趋势》(2015)，刁晏斌的《台湾"国语"词汇与大陆普通话趋同现象调查》(2015)、《对海峡两岸语言差异的重新认识》(2021)，等等。

2.2 语言政策是两岸语言问题的焦点

具体语言使用状况和问题的研究主要还是停留在语言文字的工具性与交际性上，受此影响的主要还是语言交际与沟通效率。但语言政策领域的问题则完全不同了。语言文字问题一旦进入语言政策范畴，其影响力就具有了全社会的整体性与法规性。如繁简字仅是就个人的语言使用来看，还只是个人的文字使用习惯与喜好，但进入语言政策层面就大不相同了。台湾地区称繁体字为"正体字"，有了"正体汉字表"，在教育界、新闻出版界获得了很正式的地位，如《国字标准字体教师手册》[①]。而大陆将简体字称为"规范字"，《中华人民共和国通用语言文字法》明确定性为"本法所称的国家通用语言文字是普通话和规范汉字"。"规范汉字"指的是《简体字总表》，先后于1964、1986年公布，并先后相继颁布了一系列有关字形、字序、部件、部首、笔顺的规范文本，从而在不同社会用字领域获得了法律的规定性与强制性。社会语言生活层面上的个人语言文字使用，与语言政

---

① 《国字标准字体教师手册》，台湾地区教育主管部门"国语"推行委员会于1997年编印的"国语文教育丛书"系列中的第9本，旨在为教师教授"国字标准字体"提供汉字字形、字体教学参考。

策规定下的语言文字规范使用,其性质与功能是很不一样的。从法规上看,二者是要求尽量统一的,但在不同场合,毕竟有着不同的约束力。当然还有极端的例子,就是将语言文字人为地与某些政治观念和主张挂钩。如将繁体字和简体字与某些政治主张或某些政党派别挂钩,典型例子就是将本来只是纯粹的汉字不同字体的差异变成了政治差异的标志。这种做法人为地拔高了语言政策的政治性。殊不知简体字古已有之,或繁或简只是汉字历史演变中的必然现象。现代简体字整理其实早在20世纪上半期就开始了,如《第一批简体字表》早在1935年就由国民政府教育部做了公示。语言政策的制定与推广来源于社会发展中的语言使用实际,有其自然温和的一面,一旦形成却会对社会产生强大的影响力,会深深影响到对语言文字性质的判定、地位的确定、情感的赋予、功能的使用、发展趋势的走向。

2.3 两岸语言政策的同异与问题症结

两岸语言政策研究有同有异。20世纪中期两岸相隔以来大体都延续了上半个世纪的语言统一、语言规范的进展。中国大陆50年代主要是推广普通话、简化汉字、推广《汉语拼音方案》。80年代主要为汉语汉字的规范化、标准化、信息化。21世纪后则主要是充分发挥语言文字在和谐语言社会建设、现代社会有效治埋等方面的研究与实施。十八大以来则突出了语言文字工作在建构中华民族共同体意识中的作用。其发展趋势是从语言本体的规范统一到语言功能的发挥,从社会交际功能到信息处理功能的拓展,从实际使用功能到身份、态度、认同等情感功能的发挥。

台湾地区前后期的语言政策也明显不同,这与政党轮替有紧密关系,国民党与民进党不同执政期所奉行的语言政策出现了极大的改变。两蒋执政时期基于对一个中国的认识,执行的推广"国语"政策取得了明显成绩,直接推动了台湾地区的教育普及和经济发展。许多文献都反映了这一时期的情况。如张博宇编写的《台湾地区"国语"运动史料》(1974)及《庆祝台湾光复四十周年台湾地区"国语"推行资料》(上、中、下三册)(1987),对光复四十年来台湾地区官方推动的"国语"运动做了全面介绍,突出介绍了"台湾省'国语'推行委员会"这一专职机构及其推出的一系列推行"国语"教育的活动。Cornelius C. Kubler(顾百里)的 *The Development of Mandarin in Taiwan:A Case Study of Language Contact*(《"国语"在台湾之演变》)(1985)结合语言社会和心理因素分析台湾"国语"发生的演变。M. E. Van den Berg(范登堡)的 *Language Planning and Language Use in Taiwan*(《台湾的语言规划与语言使用》)(1986)对台湾的语言文字政策做了全面研究,着重介绍了20世纪70年代末台湾社会不同场合的语言使用情况。黄宣范的《语言、社会与族群意识:台湾语言社会学的研究》(1993)深入探讨了诸多与语言规划有关的议题,如语言冲突、推行"国语"和推行日语的比较研究、方言与"国语"的生态关系、语言与族群意识、台湾各种双语家庭、语言转移、选择和死亡、中部客家方言岛的消失、多语现象与双语教育、"广电法"与影视中的语言问题、闽南话文字化等等。世界华语文教育会编写的《"国语"运动百年史略》(2012),对台湾"国语"推行的来龙去脉进行了详细记录,是反映台湾"国语"运动全貌的珍贵史料。蔡明贤的《战后台湾的语言政策(1945—2008)——从"国语"运动到母语运动》(2014),对"国语"运动和母语运动中的语言政策进行了历史的呈现与解释。这些文献,对我们思考台湾的语言规划及其影响有莫大的帮助。

20世纪90年代李登辉上台后及民进党陈水扁、蔡英文执政期间,采取了一系列渐进式"文化台独"的语言政策。如取消台湾"国语"推行委员会,把闽客方言与十三种台湾地区少数民族语言皆称为官方语言,降低"国语"的地位,大力推行乡土语言教育,排斥汉语拼音方案,推行通用拼音方案,把繁体字称为正体字,将繁简字政治化,大幅减少中小学校的文言文比例,历史教育中推行"同心圆"教育,把中国史编入东亚史等。蔡英文当局在2016年5月上台公布的首个法令就是废除马英九执政期内对"台独"史观做了微调的"普通高中103历史课纲"。目前台湾"台独"式语言政策还在继续推动中。

大陆学者对李、陈、蔡执政期"台独"式语言政策进行了批判性研究。许长安对台湾各个执政党执政的不同历史时期语言政策做了广泛而深入的研究,先后出版了《台湾语文政策概述》(2011)、《语文耕耘集》(2011)、《台湾语文观察》(2015)。戴红亮的《台湾语言文字政策》(2012)围绕2008年以来台湾的语言政策措施和语言热点问题,进行了有针对性的深入剖析。还有不少论文都值得重视,如金美的《论台湾新拟"国家语言"的语言身份和地位——从〈"国语"推行办法〉的废止和语言立法说起》(2003),批评台当局推出的两项语言政策违反了社会一般发展规律,也不符合广大台湾同胞的实际需要。赵会可、李永贤的《台湾语言文字规划的社会语言学分析》(2005)指出,台湾当局的语言文字规划违背了语言文字进化的历史规律,会引起民众在身份认同上的错乱。熊南京的《二战后台湾语言政策研究(1945—2006)》(2007)全面分析了二战后台湾语言规划的背景、内容、性质及演变过程,对民进党当局在语言领域实施的"去中国化"政策进行了学理上的批判。孙浩峰、苏新春的《对台湾政权轮替后语言生活动态走向的思考》(2016)认为,在民进党执掌政权后其语言政策将会使台湾语言生活进一步受到"绿化"的冲击。"国语"和闽南话(即台湾当局所谓的"台语")的语言地位之争、后者向前者发起攻势、青年一代的语言选择与矛盾将是未来台湾语言生活的主要关注点。吴晓芳、林晓峰的《台湾 70 年语言政策演变与语言使用现实及其政治影响》(2017)认为,台当局的语言政策带来的直接影响就是培养了一批"天然独"的年青一代。李行健、仇志群的《"文化台独"在语言问题上的表现及其政策思考》(2017)认为,"台独"势力通过语言政策极力推行"去中国化",造成台湾社会的认同危机,严重影响了两岸关系的政治生态。

3. 两岸统一进程中语言政策研究的任务

两岸统一进程中的语言政策研究是我国语言规划研究中的重要组成部分,既是我国多样化语言国情下的具有前瞻性和预测性的语言规划研究,更是为我国统一大业奠定语言沟通、语言治理中的政策研究。

3.1 两岸统一大趋势中语言政策大有可为

不少学者从加强两岸沟通、促进和平统一的角度做了很多思考,为建构积极的两岸语言政策提出了若干有价值的建议。张世平、李行健、仇志群等在 2014、2017 年提出了"一语两话""一文两体"的主张(《语言规划与两岸和平统一——兼论"一语两话"和"一文两体"观下的词典编纂》《深化两岸语言对比研究,促进民族共同语的融合统一》),比起之前"识繁写简""繁简由之"的观点,这些新的主张提供了有价值的启发与思路。黄德宽《新文化运动与语文现代化的反思》(2015)提出,就语文现代化而言,虽然两岸的发展路径和取向存在分歧,但无论是大陆还是台湾都应该认识到,两岸语文政策总体上都是在沿着新文化运动先驱们开辟的道路前进的,彼此应该相互尊重和认同,共同开辟中国语文现代化的未来,而不应彼此贬斥和否定,各行其道,继续扩大分歧。

苏新春、郭光明的《两岸20世纪中期以来语文政策走势与特点》(2018)认为,只要坚持"九二共识",坚持"一个中国"的原则,通过两岸共同的努力,两岸的语言文字工作是很有可能走上统一道路的。

两岸统一进程中的语言政策是一个系统工程,有关社会语言生活各个领域的语言规范、语言标准都能起到不同的作用。应该做到全面而不是局部、系统而不是孤单地考虑单一语言政策问题。要对台湾地区的语言地位、语言关系、文字政策、注音与符号政策、语言教育政策、大众传播语言的政策进行历史与现状的梳理。语言政策研究不仅包括了属于语言规划学上的理论内涵如性质、定位、功能等,还要包括具体语言政策的具体施行,包括政策的制定背景、施行条件、可行性及实施效果。两岸统一进程中的语言政策研究,能够大大深化对语言政策所具有的身份认同、民族认同、文化认同的性质与作用力的认识。语言政策的作用力无论表现出正能量或是负能量,都是极其强大的。它是所在社会、民族、文化环境的真实反映,同时又会对所在人文环境发挥极大的反作用。语言政策从来就不是纯理论、纯学术的研究,它有着极强的应用性,处理社会语言问题,规范社会语言行为,会影响到每一社会成员。更由于它肩负着"中国必须统一""中国必然统一"的时代使命,因此,也有着更强烈的应用价值。

两岸统一进程中的语言政策研究应该体现服务于统一目标的意志,应该有助于加强统一进程,有利于两岸最终统一目标的实现。目前关于两岸语言政策的研究多集中于语言宏观政策、语言教育政策、族群语言政策、语言文字使用现状差异与对比上,而对语言文字规范标准具体内容的对比,对注音与符号的语言政策与标准,对大众传播语言政策与现状等则关注甚少。对现状谈得多,对未来的融合谈得少,特别是如何服务于两岸统一趋势,如何做好更恰当的对接与融合,如何应对可能的困难与阻力,考虑还远远不够,还有大量问题要纳入视野,做出新的规划与设计。

3.2 两岸统一进程中语言政策的可选空间

在可以预见的情况下,只要坚持"九二共识",坚持"一个中国"的原则,通过两岸同胞的共同努力,在中华民族伟大复兴的历史进程中必将迎来"分久必合"的伟大时刻。"统一"是目标,是所有考虑和安排的出发点;"进程中"是一个时间态,是一个历史过程,"过去的历史"是研究的出发点和基础。

应充分考虑到在准确认识两岸语言文字使用与语言政策现状的基础上,朝着两岸最终实现统一这个目标而研究语言政策的可能性、可行性、实施性。在朝着"必须统一""能够统一"的目标前进时还要充分考虑到各种可能的复杂情况,在"一国两制"这个大框架下还有着相当大的协商余地,因此语言政策的对策研究必须保持主动性、主导性及一定的弹性空间。是"武统"还是"和统",是主动"统"还是被动"统",都会直接或间接地影响到语言政策的制定和取舍。但"余地""空间"丝毫不影响为实现两岸统一这个最终目标中的语言政策的任务。它需要制定出能够为政府相关部门提供可供采用的规划与蓝图,包括而不止于以下内容:语言地位规划、语言本体规划、语言教育规划、社会领域的语言使用规划。要在宏观、中观和微观三个层面上都有具体而扎实的研究。

这时的语言政策研究需要有历史的纵向眼光和宽广的横向胸怀。纵向即要注重语言历史、语言现状、未来应对,为语言政策研究提供扎实、充分、确凿的事实与数据。要对台湾、大陆相关语言政策形成的前因后果做历史贯通的序列分析,无此则难以做到把握历史的必然。横向则需注重理论分析、政策可行性分析、效果评估。横向属共时层面,要对具体语言政策的地位规划、本体规划和习得规划的研究深入了解,精准定位两岸统一进程中的不同时期各项语言政策的预期效果。还要充分考虑两岸之间已有的语言政策、语言规范、语言标准的比较和衔接。既要有具体政策内容的比较,还要有立法思想与原则的比较。总的来看,两岸语言政策的制定与施行要在尊重现实、有效对接、管用为主的前提下,对立废行止做出通盘考虑。

两岸统一进程中的语言政策研究的内容丰富而充满各种复杂关系,既有"语言政策"的学理性与体系性,又有"语言政策"不可或缺的应用性与可操作性;既要考虑到两岸具有以语言文字的"文缘"为代表的"五缘"共同性,又要考虑到分隔半个多世纪带来的语言文字差异及历史惯性,还更要考虑到这些年来"台独"势力推行"语言台独""文字台独"所造成的阻力与恶果;既要考虑到两岸之间语言文字交往使用的"沟通",也要充分考虑到语言文字所具有的强烈价值观与身份认同的文化功能。重视两岸语言规划的过去、现在和未来,重视台湾语言生活的实际状况与问题,体现了理论与实践、学理与对策、历时与共时、文献与实证研究的高度融合,并着力为两岸未来的语言政策研究做理论准备。这样的研究思路与研究视角,能够为语言规划学提供理论创新与实践经验。对这一切问题的思考及应对方案的提出,都要放到两岸终极统一的历史进程中考虑。

语言政策是基于语言属性之上的社会语言使用管理政策。语言既有形义合一、以形载义的符号属性,又有沟通交往的交际属性,还有同一族群的情感亲疏远近的文化属性,更有身份认同行为约束的政治属性。语言如此丰富多样的属性都为语言政策的制定与取舍提供了语言内部的支撑与制约。

参考文献

[1] (以)博纳德·斯波斯基. 语言政策——社会语言学中的重要论题[M]. 张治国译. 北京:商务印书馆,2011.

[2] (以)博纳德·斯波斯基. 语言管理[M]. 张治国译. 北京:商务印书馆,2016.

[3] 蔡明贤. 战后台湾的语言政策(1945—2008)——从"国语"运动到母语运动[M]. 新北:花木兰文化出版社,2014.

[4] 蔡永良. 美国的语言教育和语言政策[M]. 上海:三联书店,2007.

[5] 陈章太. 语言规划概论[M]. 北京:商务印书馆,2015.

[6] 戴红亮. 台湾语言文字政策[M]. 北京:九州出版社,2012.

[7] 戴庆厦. 中国的语言国情及民族语文政策[J]. 国际汉语教育,2011(4).

[8] (英)丹尼斯·埃杰. 语言规划与语言政策的驱动过程[M]. 吴志杰译. 北京:外语教学与研究出版社,2014.

[9] 刁晏斌. 台湾话的特点及其与内地的差异[J]. 中国语文,1998(5).

[10] 刁晏斌. 台湾"国语"词汇与大陆普通话趋同现象调查[J]. 中国语文,2015(3).

[11] 刁晏斌. 对海峡两岸语言差异的重新认识[J]. 语言教学与研究,2021(4).

[12] 杜晶晶. 两岸汉字规范标准对比研究[J]. 语言文字应用,2018(3).

[13] (荷)范登堡(M. E. Vanden Berg). *Language Planning and Language Use in Taiwan*(台湾的语言规划与语言使用)[M]. 台北:文鹤出版公司,1986.

[14] 顾百里(Cornelius C. Kubler). "国语"在台湾之演变[M]. 台北:学生书局,1985.

[15] 郭龙生. 中国当代语言规划的理论与实践[M]. 广州:广东教育出版社,2008.

[16] 何俊芳. 语言冲突研究[M]. 北京:中央民族大学出版社,2010.

[17] 何俊芳. 族体、语言与政策——关于苏联、俄罗斯民族问题的探讨[M]. 北京:社会科学文献出版社,2017.

[18] 黄德宽. 新文化运动与语文现代化的反思[J]. 安徽大学学报(哲学社会科

学版),2015(3).
[19] 黄宣范. 语言、社会与族群意识:台湾语言社会学的研究[M].台北:文鹤出版公司,1993.
[20] 教育部语用所社会语言学与媒体语言研究室编. 语言规划的理论与实践[M].北京:语文出版社,2006.
[21] 金美. 论台湾新拟"国家语言"的语言身份和地位——从《"国语"推行办法》的废止和语言立法说起[J].厦门大学学报(哲学社会科学版),2003(6).
[22] (美)卡普兰(Kaplan R. B.)、(澳)巴尔道夫(Baldauf R. B.). 太平洋地区的语言规划和语言教育规划[M].梁道华译. 北京:外语教学与研究出版社,2014.
[23] 李行健. 两岸常用词典[Z].北京:高等教育出版社,2012.
[24] 李行健. 两岸差异词词典[Z].北京:商务印书馆,2014.
[25] 李行健. 两岸通用词典[Z].北京:高等教育出版社,2015.
[26] 李行健. 深化两岸语言对比研究,促进民族共同语的融合统一[J].语言文字应用,2017(4).
[27] 李行健、仇志群. "文化台独"在语言问题上的表现及其政策思考[J].台湾研究,2017(1).
[28] 李宇明. 中国语言规划论[M]. 北京:商务印书馆,2005.
[29] 李宇明. 中国语言规划续论[M]. 北京:商务印书馆,2010.
[30] 李宇明. 中国语言规划三论[M]. 北京:商务印书馆,2015.
[31] 廖湘美、林素卉、庄斐乔、苏祠华. 台湾中小学生语言使用与态度调查[J].语言文字应用,2015(4).
[32] 世界华语文教育会. "国语"运动百年史略[M]. 台北:国语日报社,2012.
[33] 苏金智、王立、储泽祥. 从两岸学生词语知晓度及其使用情况调查看词汇融合趋势[J].语言文字应用,2015(1).
[34] 苏金智. 海峡两岸同形异义词研究[J].中国语文,1995(2).
[35] (英)苏·赖特. 语言政策与语言规划——从民族主义到全球化[M].陈新

仁译．北京：商务印书馆，2012．

[36] 苏新春、方慧、张期达．台湾大学生语言生活中三大反差现象的思考[J]．语言文字应用，2015(4)．

[37] 苏新春、郭光明．两岸20世纪中期以来语文政策走势与特点[J]．语言文字应用，2018(3)．

[38] 苏新春．台湾新词语及其特点研究[J]．厦门大学学报(哲学社会科学版)，2003(2)．

[39] 孙浩峰、苏新春．对台湾政权轮替后语言生活动态走向的思考[J]．文化软实力研究，2016(2)．

[40] 孙园园．两岸汉字部首规范标准对比研究[J]．语言文字应用，2018(3)．

[41] (美)托马斯·李圣托．语言政策导论：理论与方法[M]．何莲珍、朱晔等译．北京：商务印书馆，2016．

[42] 王博立、史晓东、陈毅东、任文瑶、阎思瑶．语料库语言学视角下的台湾汉字简化研究[J]．北京大学学报(自然科学版)，2015(2)．

[43] 王辉、周玉忠主编．语言规划与语言政策：理论与国别研究(续)[M]．北京：中国社会科学出版社，2015．

[44] 吴晓芳、林晓峰．台湾70年语言政策演变与语言使用现实及其政治影响[J]．云南师范大学学报(哲学社会科学版)，2017(1)．

[45] 吴晓芳．从台湾青年语言能力、母语认同看台湾乡土语言政策的成效[J]．福州大学学报(哲学社会科学版)，2016(5)．

[46] 熊南京．二战后台湾语言政策研究(1945—2006)[D]．北京：中央民族大学博士学位论文，2007．

[47] 许长安．海峡两岸用字比较[J]．语文建设，1992(1)．

[48] 许长安．台湾语文政策概述[M]．北京：商务印书馆，2011．

[49] 许长安．语文耕耘集[M]．厦门：厦门大学出版社，2011．

[50] 许长安．台湾语文观察[M]．北京：九州出版社，2015．

[51] 杨书俊、戴红亮．两岸标点符号用法比较研究[J]．编辑之友，2015(7)．

[52]姚亚平．中国语言规划研究[M]．北京：商务印书馆，2006．

[53]张博宇．台湾地区"国语"运动史料[M]．台北：台湾商务印书馆，1974．

[54]张博宇．庆祝台湾光复四十周年台湾地区"国语"推行资料[M]．台北：台湾商务印书馆，1987．

[55]张世平、李行健．语言规划与两岸和平统———兼论"一语两话"和"一文两体"观下的词典编纂[J]．语言文字应用，2014(1)．

[56]张素格．海峡两岸文字字形规范规则刍议[J]．河北学刊，2014(1)．

[57]赵会可、李永贤．台湾语言文字规划的社会语言学分析[J]．山西师大学报（社会科学版），2005(6)．

[58]赵世举主编．语言与国家[M]．北京，商务印书馆，2015．

[59]周庆生主编．国外语言政策与语言规划进程[M]．北京：语文出版社，2001．

[60]周庆生主编．国家、民族与语言：语言政策国别研究[M]．北京：语文出版社，2003．

[61]周玉忠、王辉编．语言规划与语言政策：理论与国别研究[M]．北京：中国社会科学出版社，2004．

海峡两岸辞书研究

林玉山

(福建人民出版社)

【摘要】 本文论述海峡两岸辞书编纂的分期,两岸共同语差异词辞书、学生辞书、方言辞书的编纂情况,两岸语文词典编纂的特点,两岸通用语文词典编纂的理论和方法,对两岸辞书进行了较全面深入的研究。

【关键词】 两岸;辞书;编纂;研究

1. 海峡两岸辞书编纂的分期

海峡两岸语文词典的编纂,大致可以分为三个时期。

1.1 统编共用期(1885年以前)

台湾建省前,是福建的一部分。即使不是隶属于福建的时期,也与福建有着密切的关系。该时期,海峡两岸语文词典是统编共用的。在祖国大陆广泛使用的《康熙字典》等,也在台湾地区使用着。只是外国传教士为了传教的需要,编纂和出版了一些有关的字典,如:西班牙奥斯定会士拉达(Martin de Rada)编纂的《华语韵编》(1575),西班牙耶稣会士契林诺(Pedro Chirino)编纂的《闽南方言与西班牙卡斯蒂利亚语对照字典》(1602)，英国麦都思编纂的《汉语福建方言字典》(1831)；西班牙传教士甘治士(Georgius Candidius)在台湾新港传教时，于1629年编译了《新港语字汇》。

1.2 各自编纂期（1885—1986）

台湾于清光绪十一年(1885)建省，不久，从1895年到1945年为日本所侵占，1945年日本投降后，台湾回归祖国怀抱。1949年，国民党退踞台湾后，不允许台湾人民前往大陆。两岸语文词典进入各自编纂期。

这时期，祖国大陆编纂的普通话语词词典有：陆费逵、欧阳博存主编《中华大字典》(上海中华书局，1915)，陆尔奎、傅运森等主编《辞源》(上海商务印书馆，1915)，方宾观编《白话词典》(上海商务印书馆，1924)，王云五著《王云五大辞典》(上海商务印书馆，1930年初版)，陆费逵、舒新城等编《辞海》(上海中华书局，1936年初版)，中国大辞典编纂处、汪怡主编《国语辞典》(上海商务印书馆，1937—1945年初版)，方毅等编《辞源(正续编合订本)》(上海商务印书馆，1939年长沙初版)，吴研因等编《辞渊》(上海开明书店，1948)，商务印书馆编辑出版《四角号码新词典》(1950)，新华辞书社编《新华字典》(人民教育出版社，1953)，中国社会科学院语言研究所词典编辑室编《现代汉语词典》(商务印书馆，1973年初版)，陈望道主编《辞海》(上海辞书出版社，1979)，商务印书馆编辑出版《辞源》(吴泽炎等主编，2版，1979—1983)，新华词典编纂组编《新华词典》(商务印书馆，1980)等。

这时期，台湾地区编纂的普通话语词词典有：台湾商务印书馆编审会编纂《辞源》(1957)，台北台联国风出版社编辑出版《分类辞源》(全2册，1967)，台湾中国文化学院和台湾中国文化研究所编纂《中文大辞典》(全10册，1968年初版)，林尹主编《大学字典》(台湾中国文化大学出版部,1973),陆师成主编《辞汇》(台北文化图书公司,1976),何容等《重编国语辞典》(全6册,台湾商务印书馆,1981),台北三民书局大辞典编纂委员会编《大辞典》(全3册,台北三民书局,1985)等。

这时期还编纂了一些成语词典和方言词典,如小川尚义主编《"台日"大辞典》("台湾总督府",1931),薛文郎编著《简明台音字典》(高雄庆芳书局,1964),蔡俊明编《潮语词典补编·国潮语汇》(台湾学生书局,1979),村上嘉英编《现代闽南语辞典》(日本奈良天理大学出版部,1979),徐金松编《中国闽南厦门音字典》(台北南天书局,1980),陆涌泉编《四用成语典》(台北将门文物出版社,1984)等。

1.3 合作编纂期(1987—2022)

1987年,台湾地区解除了长达38年的戒严。回祖国大陆探亲、观光的人多了,两岸人民互相来往,日益频繁。由于几十年的分隔,两岸的语词发生了些变化。两岸语文词典的编纂也发生了很大的变化,除了仍延续前期各自编纂词典外,还合作编纂了许多词典。

祖国大陆编纂的词典有徐中舒主编《汉语大字典》(四川辞书出版社、湖北辞书出版社,1987—1990初版;2010—2018修订2版),《汉语大词典》(罗竹风主编,上海辞书出版社、汉语大词典出版社,1988—1994初版;华建敏主编,上海辞书出版社,2019年修订2版出第1册),《辞海》(夏征农主编,上海辞书出版社,1989年版,1999年版;陈至立主编,2009年版),《辞源》(何九盈等主编,3版,2015),中国社会科学院语言研究所词典编辑室编《现代汉语词典》(商务印书馆3版,1996;4版,2002;5版,2005;6版,2012;7版,2016),冷玉龙等《中华字海》(中华书局、中国友谊出版公司,1994),李行健主编《现代汉语规范词典》(语文出版社、外语教学与研究出版社,初版,2004;

2版,2010;3版,2014;4版,2022),许少峰主编《近代汉语大词典》(中华书局,2008),刘玉刚著《中华字海》(上海古籍出版社,2008),许威汉等主编《汉字古今义合解字典》(上海教育出版社,2002),谷衍奎编《汉字源流字典》(语文出版社,2008),等等。

成语词典、方言词典有:湖北大学语言研究室《汉语成语大词典》(河南人民出版社,1985),上海辞书出版社编辑出版《中国成语大辞典》(1987),李荣主编《现代汉语方言大词典》(江苏教育出版社,1993—1998),刘洁修《汉语成语源流大词典》(开明出版社,2009)。

福建编纂的词典有:黄典诚主编《普通话闽南话方言词典》(国家首批重点规划辞书,福建人民出版社,1982),周长楫《厦门方言词典》(《现代汉语方言大词典》分卷之一,江苏教育出版社,1993),冯爱珍《福州方言词典》(《现代汉语方言大词典》分卷之一,江苏教育出版社,1995),李如龙、梁玉璋、陈泽平等《福州方言词典》(福建人民出版社,1994),郑星象、王升魁等《古汉语字典》(国家首批重点规划辞书,福建人民出版社,1998),李如龙、王升魁《〈戚林八音〉校注》(福建人民出版社,2001),陈玄荣、王书声等主编、林玉山审定《义类大辞典》(国家二批重点规划辞书,鹭江出版社,2002),周长楫主编《闽南方言大词典》(福建人民出版社,2006),陈正统主编《闽南话漳腔大词典》(中华书局,2007),林玉山主编《中华多用成语大辞典》(湖南人民出版社,2007),赵麟斌主编《福州话实用字典》(上海辞书出版社,2015)等。

台湾地区编纂的词典有:周何总主编、邱德修副主编《"国语"活用辞典》(五南图书出版公司,1987年初版,2013年3版),东方出版社编辑出版《东方"国语"辞典》(1991),苏月英主编、邱德修审定《小学生"国语"辞典》(五南图书出版公司,1994年初版,2013年3版),

五南图书出版公司编辑出版《形音义规范字典》《九年一贯审定音字典》（均根据李行健主编的《现代汉语规范字典》和《学生规范词典》改编而成,2006）,张天惠编著《现代中国用语辞汇》（文经出版公司,2008）,陈铁君主编《远流活用中文大辞典》（远流出版公司,2008）,等等。

方言词典、成语词典有:胡汝章主编《成语辞海》（三和出版社,1987）,唐枢主编、赖明德审订《成语熟语辞海》（五南图书出版公司,2000）,陈修《台湾话大词典》（远流出版公司,2000）,董忠司《台湾闽南语辞典》（五南图书出版公司,2001）,台湾地区教育主管部门编订《成语典》（2005）、《台湾客家语常用词辞典》（2005）、《台湾闽南语常用词辞典》（2008）等。

台湾地区教育主管部门还推出了一系列规范语言的手册,如:《重订标点符号手册》（1987）、《部首手册》（1993）、《国字标准字体（教师手册）》（1994）、《"国语"一字多音审订表》（1994）、《常用国字标准字体笔顺手册》（1996）、《异体字字典》（2000）、《"国语"注音符号手册》（2000）等。

另外,两岸还编纂、出版了有关两岸语词的词典,如:邱质朴《大陆和台湾词语差别词典》（南京大学出版社,1990）,黄丽丽等《港台语词词典》（黄山书社,1990）,中国标准技术开发公司《海峡两岸词语对释》（中国标准出版社,1992）,郑启五主编《台胞探亲旅游用语手册》（四川辞书出版社,1992）,朱广祁编著《当代港台用语辞典》（上海辞书出版社,1994）,姜振寰《海峡两岸科技术语对照词典》（湖北教育出版社,1996）,郑定欧《香港粤语词典》（江苏教育出版社,1997）,魏励、盛玉麒主编《大陆及港澳台常用词对比词典》（北京工业大学出版社,2000）,林新年《台湾的俗语话》（九州出版社,2002）,王翠华《普通话

vs"国语"》(五南图书出版公司,2008),田小琳编著《香港社区词典》(商务印书馆,2009)等。

2. 海峡两岸共同语差异词辞书研究

民族,据《辞海》的解释,是在一定历史阶段形成的有共同语言、共同地域、共同经济生活和表现为共同文化特点基础上的共同心理素质的稳定的共同体。语言是民族的最基本要素之一。促进汉语言的统一,是促进中华民族繁荣发展的重要因素。因此,两岸共同编写语文词典,是中华民族文化史上的一大盛事。70多年的分隔,使两岸经历了不同的社会发展,同语同文的海峡两岸在汉语的语音、词汇、文字方面难免产生一些不同。特别是在外来词语的翻译使用上,差异会更大,这突出反映在科技词语上,如计算机科学名词完全相同的只有约58%。相对较好的基础学科物理学,不同的也有约20%。两岸语言上的差异,给两岸民众的文化交流和沟通造成一定的困难,对汉语在国际上的传播带来一定的阻力。两岸共同编写的词典,反映的是两岸对语言的共同标准,可以规范和引导两岸语言的使用,便于两岸的沟通和理解。两岸合编语文词典,通过词典使两岸语言异中求通,然后逐步化异为同,对汉民族共同语向统一方向发展有很大的积极意义。

个人编纂的两岸差异词辞书主要有《大陆和台湾词语差别词典》(邱质朴主编,南京大学出版社,1990)、《普通话 vs"国语"》(王翠华编著,五南图书出版公司,2008)、《两岸差异词词典》(李行健主编,商务印书馆,2014)。

两岸合作编纂的语文词典主要有《两岸现代汉语常用词典》(由北京语言大学和台湾中华语文研习所组织编纂,大陆简体字版2003

年由北京语言大学出版社推出,台湾地区繁体字版 2006 年由台湾中华语文出版社推出)。2012 年 8 月 13 日,《两岸常用词典》台湾地区繁体字版在台北正式发布,由台湾中华文化总会出版。2012 年 9 月 4 日,《两岸常用词典》祖国大陆简体字版在北京正式发布,由高等教育出版社出版。《全球华语词典》和《全球华语大词典》,由中国国家语言文字工作委员会立项支持,李宇明任主编,中国(包括祖国大陆、台湾、香港、澳门)、新加坡、马来西亚各方专家学者协作编写。2010 年 5 月,中国商务印书馆推出《全球华语词典》大陆版,新加坡怡学出版社推出新加坡版。《词典》收录除了中国(包括祖国大陆、台湾、香港、澳门)还有新加坡、马来西亚、泰国、印度尼西亚、文莱、日本、澳大利亚、美国、加拿大等华人社区使用的华语词语共约 1 万条,主要收录 20 世纪 80 年代以来中国各地和其他国家华人社区常见的"特有词语"和少量"共有词语",还为 486 个异名词语标注了语源,是一部描写性词典。《全球华语大词典》由商务印书馆 2016 年 4 月出版,在东南亚地区出版该词典的中文简体字版。收录华语通用词语和特有词语约 88 400 条。是对《全球华语词典》的成功扩展和提升。《中华大辞林》是一部由两岸民间合作编纂的两岸通用的语文词典。早在 1994 年,台湾五南图书出版公司董事长杨荣川先生到北京找中国社会科学院语言研究所单耀海、江蓝生、韩敬体、晁继周、孟庆海、王克仲等先生组成"大陆词语编纂委员会",齐力着手撰释华文地区通用的汉字 1.5 万个,一般词语和祖国大陆特有词语约 13 万条。又委聘香港城市大学中文、翻译与语言学系郑定欧教授撰写香港特有词语约 5 000 条。1999 年祖国大陆的稿件完成后,再由《中华大辞林》编纂委员会增补台湾民众、学生常见的词语近 3 万条,并礼聘两岸国学大师李鍌教授担任总主编,台湾大学叶国良教授和台北教育大学孙剑秋教授担任主编,负责台湾补充稿件的审核。2010年,又由福建省辞书编纂研究中心学者增补近5 000条。该词典的繁体字版由台湾五南图书出版公司于2012年3月出版,简体字版由福建人民出版社于2012年8月出版。《两岸通用词典》,李行健主编,高等教育出版社2015年12月出版。词典共收两岸通用的和属于一方特有的字和词语8万多条,其中字头1万多个,词语7万多条,两岸通用的占96%以上,其余为两岸有差异的词语。《闽台文化大辞典》,何少川主编,商务印书馆2018年6月出版。这也是海峡两岸学者共同编写的两岸专科大辞典。全典分20卷。《闽台文化大辞典》展现了闽台文化的丰富内涵,树起了闽台文化史上一座坚实的丰碑。《两岸科技常用词典》,刘青主编,全国科学技术名词审定委员会事务中心编。该词典收词以基础学科和应用学科的基本词汇为主,共收词19 500条。分31类,如科学技术总论、数学、物理、化学化工、天文、气象等等。词典的排列、注音、字形、释义、检索等大多同语文词典。

3. 海峡两岸成语辞书研究

据不完全统计,目前我国编纂出版的汉语成语辞书已超过400种,其中中华人民共和国成立前出版的有19种。众所周知,由于历史及地缘等原因,两岸在一段时期隔离,各自编纂出版现代汉语成语辞书60多年,其间大体走过了探索、兴盛和普及的历史进程。当然,呈现这一发展变化历程的主体在祖国大陆,祖国大陆成语辞书质量的提升展示了成语辞书编纂的轨迹。

3.1 探索期

从中华人民共和国成立到改革开放前期是成语辞书编撰的探索期。这一时期的《汉语成语小词典》(商务印书馆,20世纪50年代)

是成语辞书的发端之作,收成语 3 559 条,绝大多数属于狭义的四字格成语。这是一部注重实用、方便携带的普及本词典,适合于广大的读者群,对于运用成语起到了非常好的推广和示范作用。

《成语典故》(袁林、沈同衡主编,辽宁人民出版社,1981),引述历史故事,既简练扼要,又讲清史实梗概,说明来龙去脉。古人名、古地名必要时加注释;难字和容易误读的字附注拼音;必须摘引的古文,尽可能译成现代语。这里可见到早期成语辞书编撰的痕迹。

《成语词典》(王一心主编,台北一般书店,1975)、《八用中文成语词典》(丰瑞主编,香港汇通书店,1978)、《实用成语词典》(颜崑阳主编,台北故乡出版社有限公司,1980)、《标准成语词典》(刘省斋主编,台南综合出版社,1981)为求解、写信、作文、自修等,收成语故事、典故,编写考虑读者实际需要,有的放矢,有利于理解和运用,为编撰辞书留下了探索的足迹。

3.2 兴盛期

从 20 世纪 80 年代中期推进改革开放至"九二共识"达成是成语辞书编撰的兴盛期。主要标志:一是打破了传统的成语界说,成语词目的收录量大大增加;二是打破按音序为词目排序的传统,出现了按意义分类编排词目的方式;三是注重开掘成语词汇的使用价值,从实用的角度编写多功能的成语词典;四是根据不同读者对象,编写适宜不同文化层次读者使用的成语词典。

《汉语成语大词典》(朱祖延主编,河南人民出版社,1985),收成语 1.7 万余条,包括少数古今常用的熟语和谚语。其收词的主要原则是长期流传习用;内涵深刻、精辟;结构相对固定;有特殊的理解方式。编者对众多的条目采用了"主条"和"副条"相结合的形式,将内容(同义、近义、反义)或形式(字面、结构)关联密切的条目予以集中和合并，形成了一个个大小不等的条目群。该词典还从历代文献中精选了一批有代表性的语证材料，首创"语本"这一方式，对于揭示成语词义的演变具有不可忽视的作用。

这期间，进一步完善了成语词典的编纂体例，其中《中国成语大辞典》（上海辞书出版社，1987）在通俗化方面下了较大的功夫。收录成语1.8万余条，收词标准相对严格，体例严整，前后贯通一致。查检异体成语比较方便。释义相对于前期的词典更精当，更具有词典的典范性，例证也比较简明实用。这是一部规范性和实用性兼具的好词典。

《分类成语词典》（广东人民出版社，1985）首先打破以音序排列这一传统形式，采用按意义分类排列，全书将所收成语5 000条分为12大类，大类下又分若干个小类。缺点是分类有些种属不当，类目名称属性不明。但该词典从实用的角度挖掘成语的功能，为后来的成语词典编纂开启了一条新路。此后出版的《实用成语类编》（河南人民出版社，1986）、《汉语成语分类大词典》（内蒙古人民出版社，1987）、《汉语成语分类词典》（复旦大学出版社，1987）、《中国成语分类大词典》（新世纪出版社，1989年第一版，1996年第二版）等，都属于这类词典。

除了分类成语词典之外，其他类型成语词典在这个时期也纷纷产生。有专门针对某一读者群而编写的成语词典，如《小学生常用成语手册》（内蒙古人民出版社，1986）。也有根据成语所具有的词汇、语法等功能而编写的功能型实用成语词典，如《五用成语词典》（学林出版社，1986），选收常用成语2 703条，分列"解释""语源""例句""用法"和"辨析"五部分，对于初学者使用成语有很强的指导作用。《学生多用成语词典》（天津教育出版社，1987），收成语1 500条，每个词条均有注音、辨误、释义、同义反义比较和例句示范。

1986年至1989年还出现了以探讨或解决成语中的某一个问题为目的的专题型成语词典。《成语读写辩证》(新世纪出版社,1986)就是专为纠正成语读错、写错的问题而编写的;《同义反义成语辞典》(林玉山主编,海天出版社,1987)、《同义成语辞典》(江西古籍出版社,1987),都是专门针对成语的意义特点而编撰的;《写作成语分类词典》(解放军出版社,1989)、《写作成语词典》(海燕出版社,1989)等都是专门针对如何将成语用于写作而编写的。《汉语成语考释词典》(刘洁修编著,商务印书馆,1989)是一部非常重要的词典,收成语7 600余条,另收异体等,总共2万条,尽可能地追溯每一条成语包括异体最早的文献出处,弥补了此前所编的诸种成语词典中"语本"文献引证不确的缺失,将许多成语语源的产生时代大大地提前了。在20世纪80年代中后期编纂的成语词典中,这部词典与《汉语成语大词典》《中国成语大词典》,为同时期质量最高而又各具特色的优秀作品。

此一时期的成语词典在内容、名称上,也有所变化,如《汉语新成语词典》(陕西人民出版社,1986),不仅名称上用了一个"新"字,在内容上也确实极富创新精神,收录了五四运动以后出现的成语以及又产生了新义的老成语。这部词典对传统的成语界说产生了一定的冲击。此外,《实用汉英成语习语词典》(四川社会科学出版社,1988)是一部双语成语词典,它在成语词典的编纂方式上做了有益的尝试。

3.3 繁荣期

从"九二共识"达成至现今海峡两岸频繁交流是成语辞书编撰的繁荣期。成语辞书的繁荣表现在:首先是数量的急剧增加,几乎难以确计。二是品种繁多,从形式到内容无不花样翻新。三是规模向"大"与"小"两级发展,一方面力图从"大"上超越此前所有的词典;另一方面又力图在"小"字上做文章,尽量做到内容浓缩,体积"小",方便携带。四是内容从单一到多样发展,从注音、释义、举例向增加结构、语出、辨误、用法、同反义成语等内容发展。

这个时期,成语辞书的编纂注重突出实用性和普及性。出版的普通型成语词典有:《成语熟语词典》(商务印书馆,1992)、《精编成语词典》(上海辞书出版社,1995)、《汉语成语词典》(修订本)(四川辞书出版社,1998),这是几部质量比较高的词典。专题型成语词典有:《成语典故源流故事赏析辞书》(教育科学出版社,1990),特点是源流出处具体,考释串讲结合,应用欣赏兼备;《汉语成语辨析词典》(商务印书馆国际有限公司,1997),是在原《成语例示》(北京出版社,1984)的基础上增改而成的一部具有词汇研究价值的词典。对象型成语词典有:《成语典故彩图词典》(花城出版社,1990)和《彩图小学生成语词典》(江苏少年儿童出版社,1991),其特点是根据成语的含义配上了彩图。另外,《小牛顿成语词典》(牛顿出版股份有限公司,1992)也是针对小朋友编写的,兼具"成语故事书"和"成语词典"双重功能。《速记成语2000条》(广西人民出版社,1991)和《小学生成语分类速记手册》(中国少年儿童出版社,1992)采用了特殊的编排方式,主要是为了便于学习者记忆。功能型成语词典有:《万条分类成语词典》(湖北教育出版社,1990)、《六用成语词典》(南开大学出版社,1991)、《六用成语词典》(河北教育出版社,1992)、《好查好用文言文成语辞典》(五南图书出版公司,2012)、《精编分类成语辞典》(五南图书出版公司,2013年三版)等。

此时,成语词典的编纂也出现了一些变革,产生了"双序""双语"

"四角号码""速查"等新的样式。如《分类双序成语词典》(中国物资出版社,1990),以义类为轴编排正文,附正序和逆序两个音序索引,非常利于检索。《汉语成语英译词典》(中国科技大学出版社,1991),是少见的几本双语成语词典之一。《四角号码汉语成语大词典》(延边大学出版社,1992)是目前仅见的以四角号码序次条目的词典。《中华成语词海(速查卷)》(长春出版社,1994)是一部为配合《中华成语词海(释义卷)》编写的索引式词典,把所收成语中的全部单字作为字头,使含有同一单字的成语按该单字所处字序分组集中排列在一起,利于读者检索,它的编纂出版丰富了汉语成语词典的品种,为成语词典的编纂开拓了新路。

20世纪90年代中期,成语词典的编纂规模向"大而全"的方向发展,收词量越来越多,例证越来越丰富。如《现代成语巨典》(大连出版社,1993)收词2万余条。《中华成语辞海》(吉林大学出版社,1994年出版,1996年出修订版)收词4万余条。《汉语成语大全》(梅萌主编,商务印书馆国际有限公司,2007年)收词4.5万余条。上述三部成语词典着力在词量上做到"大而全",因此难免收录了一些不是成语的语词,故而有鱼目混珠、泥沙俱下之嫌。《汉大成语大词典》(汉语大词典出版社,1996),将《汉语大词典》收录的成语、部分熟语和部分四字格的语词摘入到该词典中,同一成语变体释义上相互关照又不重复,查检方便。《汉语成语辞海》(武汉出版社,1998)的特点是例证极具代表性,每一条成语分别用上古、中古、现当代各一例,从而展示该成语逐渐演变定型的发展过程,语言材料极为丰富。

《活用成语大词典》(许易人主编,台湾柏源书城,2001)以实用为宗旨,选收常用成语2 703条,分列解释、语源、例句、用法和辨析五部分,突出对成语的完整概念加以叙述,使读者得到比较全面的知识。《成语典》(三民书局词语编纂委员会,台北三民书店,2019)收词以齐全和实用为原则,收词7 288条,以四字成语为主,兼及格言、谚语、惯用语和歇后语等。《远流活用成语辞典》(陈铁君,远流出版公司,2019),以条目齐全、切合实用、查检方便作为编纂的要求,共收词5 174条,除习用四字成语外,兼收俚谚、俗语等。

《成语植物图鉴》(谢宜英主编,台湾猫头鹰出版社,2002),介绍成语中的植物。《好查好用文言文成语辞典》(台湾五南辞书编辑小组编,五南图书出版公司,2012)共收录3 172条文言文中出现的成语,每条都附有翔实的"古文例证",帮助理解文言文成语的意涵。

这几部大型的成语词典,编纂体例上基本采用传统的方法,区别主要体现在收词量不等、释义详略不同、例证多寡不一等方面。

与求"大"的趋势相反的是在"小"字上做文章。一是针对中小学生编写的趣味性很强的小型图画本词典,便于携带。《多功能学生成语词典》(征溶等主编,南京大学出版社,2000)、《多功能成语词典》(陈抗等主编,汉语大词典出版社,2002)、《新编学生多用成语词典》(高志茹等主编,辽宁少年儿童出版社,2002)、《成语应用词典》(上海辞书出版社,2002)等,对普及成语起了一定的作用,但更多的还是出于商业性竞争的目的,重复率很高。因此,这一时期出版的部分成语词典的质量远不及20世纪80年代中后期出版的成语词典。

《中华多用成语大辞典》(林玉山主编,湖南人民出版社,2007),收词量达39 288条,总字数450多万字。该词典将习用、形式固定、表示完整意思三条原则作为选收成语条目的标准。注意多角度地描写成语,如:(1)从语音上描写。该书对成语语音的描写,不同于一般词典。它不是一个字一个字地给成语注音,而是按《汉语拼音正词法基本规则》的规定给成语注音的:四言成语可以分为两个音节的,中间加短横,其他类型的成语,全都连写。(2)从字形上描写。该词典采用的成语书写字形,是国家规定的规范汉字,不用异体字、繁体字。(3)从语法上描写。该词典对每一条成语的构造形式进行描写,从语法角度分析成语的内部结构。(4)从语源上描写。有典故的成语,均注明出处。引文中出现的成语与所收成语字面相同的,引文前标以"语出";与所收成语字面有异的,引文前标以"语本"。力求寻找最早的书证。(5)从语义上描写。每条成语都从语义上加以描写,力求简明扼要。一般对字、词不加分注,个别特别难的才加以分注。先分注,后总释。对成语本义进行总的描写后,再描写引申义、后起义。(6)从词汇系统上描写。每条成语,都考察同义、反义的词语关系,列出同义成语、反义成语。构成较为完整的主体网络词汇系统。(7)从例证上描写。成语的义项有规范的文学作品书证,作为语义描写的补充,使之形象、生动,便于读者对成语的掌握。(8)从修辞上描写。每条成语从修辞上考察,分褒义、贬义、中性三种,便于读者掌握成语的褒贬色彩,正确地使用成语。(9)从用法上描写。对每条成语,描写其使用范围,指出该成语主要用在什么地方。(10)从语言规范上描写。该词典设有辨误这个栏目,以便从语言规范方面描写成语。对成语的字形、读音、意义、用法等方面容易出错的地方,加以辨正,便于读者很好地掌握成语,正确地使用成语。

4. 海峡两岸闽南方言辞书研究

4.1 祖国大陆闽南方言辞书研究

闽南方言是汉语的一种重要方言,是一个跨地区、跨省界、走出国门的汉语方言。第一部中西合璧的闽南话辞书是西班牙奥斯定会士拉达(Martin de Rada)编撰的《华语韵编》(1575,又译为《中国语言词汇集》,泉州土话—西班牙文),其后是西班牙耶稣会士契林诺(Pedro Chirino)编撰的《闽南方言与西班牙卡斯蒂利亚语对照字典》(1602,闽南方言—西班牙文)。

"五口通商"以后,西方传教士陆续来到中国传教,他们编撰的词典主要有漳州话西文对译词典和厦门话西文对译词典两类。这些词典分别描写了漳州、厦门、泉州等地的方言事实,主要用于外国人学习闽南话和掌握白话字的闽南人学习汉字、《圣经》等。举例如下:

(1)漳州话—西文对译词典。如:《福建方言字典》(1609,又译《闽南语字典》,漳州话—西班牙文,书成于东南亚)、《汉语福建方言字典》(麦都思,1831,漳州话—西班牙文,东印度公司出版)、《荷华文语类参》(1882—1892,又称《闽南漳州方言荷华字典》,薛力赫,漳州话读书音—荷兰文)等。

(2)厦门话—西文对译词典。如:美国归正教传教士罗啻(Rev. Doty Elihu)编撰的《翻译英华厦腔语汇》(1853),英国长老会牧师道格拉斯(Carstairs Douglas,又译杜嘉德)编写的《厦英大辞典》(1873),英国长老会马约翰(T. Macgowan,又译麦嘉湖)编著的《英厦辞典》(1883),台南长老会牧师巴克礼(Tomas Barclay)增编的《厦英大辞典补编》(1923),英国长老会甘为霖(W. Campbell)的《厦门音新字典》(1913)等。其中,《厦英大辞典》和《厦英大辞典补编》两部词典都在正文之后以大量篇幅比较了漳州音和泉州音的不同。

除了上文提及的对译本之外,关于闽南方言的字典、词典还有厦门大学中国语言文学研究所汉语方言研究室编写的《普通话闽南方言词典》(1982,黄典诚主编,台湾版称为《普通话闽南语词典》,1993,台笠出版社)、陈鸿迈编写的《海口方言词典》(1996),周长楫的《厦门方言词典(现代汉语方言大词典分卷)》(1998,台湾版改称《闽南方言词典》),张振兴、蔡叶青的《雷州方言词典》(1998)等。

这些字典、词典编写的目的不同,在内容和编排上各有侧重,但都以一地(或漳州或泉州或厦门或台湾或其他地方)为主要对象,收集和记录闽南方言,缺少多地方言间的比较。

真正对闽南方言进行研究性比较是在20世纪50年代以后。从那时起直至现在,经过海峡两岸学者的共同努力,闽南话研究硕果累累,其中有很多著作都是讨论比较研究的。如:董同龢《四个闽南方言》(1960)、顾百里《澎湖群岛方言调查》(1978)、周长楫《福建境内闽南方言的分类》(1986)、王育德《台湾语音的历史研究》(1987)。但是,这些比较研究的成果最终都没有以字典、词典的形式保存下来。

随着方言调查的深入,方言材料越来越丰富,闽南方言研究的力度越来越大,《闽南方言大词典》(周长楫主编,2006)应运而生。《闽南方言大词典》收录了能代表闽南地区的厦门、泉州和漳州三地方言词汇及其读音,完整地展现了闽南话基础方言的整体面貌,这是先前所有闽南方言词典没有做到的,是该词典的最大亮点。该词典约200万字,收词3.6万条,其中方言特有词1.6万条,对音词2万条,正文前有"引论"和"台湾闽南方言概述",附录包括"厦门、泉州、漳州三市所辖各县市闽南方言特点简介""百家姓、干支名称、中国历代纪元名称、中国各民族名称、世界各国及地区名称闽南话读音表""难字读音表",随书附有一个语音光盘。《闽南方言大词典》在参考已出的字典、词典并吸收前人研究成果的基础上,充分利用各种方言资料,以实际口语为研究对象,深入进行田野调查,收集生活中使用的方言词语以及文献上记录的闽南方言词语,对方言中的古语词进行考证、列书证,对方言中的外来语说明其来源。我们可以明显地看到:第一,厦门、漳州、泉州三地闽南方言中大量的社会、历史、民俗、文学资料以词典的形式被系统地整理出来了；第二，从逐字罗列出的三地读音中，不但可以看出三地方言几十年来各自的语音演变概貌，而且可以看出三地方言几十年来互相渗透的一些结果。《闽南方言大词典》熔书面的、目治的文献资料和耳目兼治的活跃在口语中的方言词语于一炉，把方言的变异纳为研究对象，一改以往的单方言点的单层面研究为多方言点的综合比较，这无论是从客观上的把握，还是从理论水平上说，都达到了一个新的高度。

4.2 台湾闽南方言辞书研究

台湾闽南话是福建闽南话的一个分支。台湾闽南话有三个重要的特点：一是使用台湾闽南话的人不仅只是占岛上总人口70%以上的闽南籍移民及其后代，而且岛上的客家人、外省人中的多数甚至高山族中相当一部分人也会说闽南话；二是台湾闽南话的读音是福建闽南话漳州、厦门、泉州三地闽南话的混合，用台湾学者的话说就是"漳泉滥"，但台湾闽南话整个语音框架没有超出福建闽南话的语音系统；三是词语方面，有90%左右跟福建三地的闽南话相同，但由于台湾特殊的地理、历史条件，一些外语的部分词语进入台湾闽南话的词汇库里，其中主要是日语，其次是英语。当然，也有台湾百姓在长期生活中所创造的一些特殊词语。

正因为这样，台湾的一些民间人士与学者，早就关注台湾闽南话，他们从福建闽南话的地方韵书和编写的各种闽南话字书词典以及一些论文著作里得到启示或借鉴，编写了不少台湾闽南话的韵书、字书和词典。《订正台湾十五音字母详解》（"台湾总督府民政部学务课"，1901）、《台日大辞典》（小川尚义，1931）、《汇音宝鉴》（沈富进，1954）、《乌字十五音》（林登魁，1955）、《台湾语典》（连横，1957）、《台湾语常用语汇》（王育德，1957）、《增补汇音宝鉴》（沈富进，1960）、

《"国语"闽南语对照常用辞典》(蔡培火,1969)、《台湾十五音辞典》(黄有实,1970)、《综合闽南语基本字典》(吴守礼,1985)、《台湾话大词典》(陈修,远流出版公司,1991)、《台湾闽南语辞典》(董忠司,五南图书出版公司,2001)等,这些字书词典的作者都下了一番功夫,所编写的各类字书词典也都各具特点,在台湾有一定的影响,对我们认识和研究台湾闽南话有重要的价值和帮助。

代表作有《国台对照活用辞典》(上、下册),吴守礼著,远流出版公司2000年出版。《台湾语常用语汇》,王育德日语原著,陈恒嘉、黄国彦译,前卫出版社2002年出版。《台湾语典》,连横著,1933年完成,1957年由其子连震东重新整理,陈汉光校订出版,为台湾"中华丛书"之一。董忠司主编的《台湾闽南语辞典》,在语音上以台南市的读音为主,兼收金门话等23个地点方言的读音。

我们期待不久的将来,两岸学者与广大民间人士携起手来,编写两岸共同使用的闽南话大型词典。

回忆两岸辞书编纂的历程,我们体认到汉语的优美和丰富,深感中华文化的广博和精深。在海峡两岸辞书编纂研究上,相信两岸人民今后必将进一步携手共进,使中华文明更加灿烂辉煌。

海峡两岸对照型辞书的编纂研究

刘 青

(全国科学技术名词审定委员会)

【摘要】 海峡两岸科技名词的交流、对照和统一工作是两岸开展科教、经贸、文化交流的重要基础。本文根据笔者多年从事海峡两岸对照型辞书编纂工作的经验和体会,分析并论述了对照型辞书的编纂工作特色、两岸科技名词差异类型、编纂工作的难点和重点,以及编纂工作的基本定位。通过编纂海峡两岸对照型辞书工作,以促进科技理论、知识技术和思想的传播交流。

【关键词】 海峡两岸;语言文字;辞书编纂;工作研究

1. 编纂工作背景

海峡两岸科技名词的交流、对照和统一工作是两岸开展科教、经贸、文化交流的重要基础。1993年4月举行的第一轮"汪辜会谈",已将"探讨两岸科技名词统一"问题列入"共同协议"之中。这充分说明,两岸有识之士对于去除语言交流障碍早有深刻共识。为此,全国科学技术名词审定委员会(简称全国名词委)自1994年开始一直致力于广泛开展此项工作,从2002年起,陆续编纂出版了两岸对照型辞书共计 32 种(大气、化工各为两版),在此领域取得了丰硕的成果。

2009 年 7 月,《第五届两岸经贸文化论坛共同建议》做出"鼓励两岸民间合作编纂中华语文工具书"的建议。此后,两岸专家举行了多轮会谈,确定两岸专家共同编纂语文类工具书和专业名词术语工具书。其中,科学技术名词对照和辞书编纂由全国名词委和台湾教育研究院分别组织两岸专家开展工作。

迄今,业已出版《两岸科学技术名词差异手册》(2015 年 1 月)、《两岸科技常用词典》(2015 年 12 月)、《两岸中小学生常用词汇》(2019 年 1 月),《中华科学技术大词典》(10 卷本)也于 2019 年由商务印书馆陆续完成出版发行工作。

编纂《中华科学技术大词典》是海峡两岸辞书领域的一项创新活动,开创了大规模地集成收录科学技术各领域海峡两岸名词术语的先河。《中华科学技术大词典》全书分为 10 卷,收词 50 余万条。各卷分别为数理化卷、地学卷、生物学卷、工程技术卷(上、中、下)、农业卷、医学卷、社会科学卷、人文科学卷。

2. 编纂工作特色

2.1 体现两岸语言文字生活变迁

近几十年以来,全球科技发展迅速,导致产生了大量的新概念,影响了各种语言文字的面貌。台湾和大陆使用的共同语都是现代汉语,但由于不同的语言政策和不同的外界环境等原因,造成大陆普通话和台湾"国语"各有特点:一是大陆普通话具有更多的中原传统文化所具有的重实践理性的色彩,台湾"国语"则明显表现出南方文化所具有的重具体感性的色彩;二是大陆普通话更大众化、通俗化,台湾"国语"则保留了更多的文言色彩,因此台湾使用的古语词要多于大陆;三是台湾跟外界接触比大陆时间长,音译术语要比大陆多;四是 20 世纪 50 至 80 年代,海峡两岸在语际融合上有不小差别,台湾同英美日等国接触多些,大陆则和苏联联系广泛。受上述诸多原因的影响,两岸的科技名词产生了一些差异。

2.2 显现两岸历史血脉紧密纽带

国务院批准成立全国科学技术名词审定委员会,组织一流的专家学者,打破学科、行业、个人的界限,按照统一的审定原则与方法来开展名词规范化工作,其意义可比"书同文,车同轨",把语言统一作为国家强盛、民族团结的重要基础和象征。几千年来,我们国家之所以始终保持着统一,很重要的一个原因就是大家说的和写的都是相同的语言文字。这就是文化工程在维护国家统一、民族团结方面的巨大作用。但在现代科技高度发展的今天,在科技名词方面,只是"书同文"还是不行的,还要"物同名"才行。语言文字统一了,而表达同一概念的名词不统一,一物多名,仍然难以进行交流。科技名词是科技语言,其统一工作也是文化工程。从这个角度讲,语言文字和科技名词工作在维系国家统一方面具有很强的政治意义。目前对于我们国家,对于中华民族,在科技名词工作方面,最现实、最迫切的一项工作是要抓紧海峡两岸科技名词对照统一,把这项文化工程抓好,使两岸书同文,物同名,加之共同的历史和文化渊源,以及同胞间的骨肉亲情,我们的民族和国家就必然统一。

2.3 增强两岸专家共识和认同

由于科技名词是建立在科学技术概念基础上的,因而两岸专家共同编纂辞书的过程,实际上也是建立学术共识的过程,必须在概念共识的基础上,寻求可以对照列出的名词术语。例如,天文学有一门分支学科在大陆称作"天体物理学",在编纂对照型辞书时,需知道台湾相同的分支学科名。此学科的研究内容为"研究天体和其他宇宙物质的性质、结构和演化的天文学分支",经过学术交流,了解到此学科在台湾称为"天文物理学"。因而在此学术共识的基础上,实现了两岸名词术语的正确对照。

2.4 促进两岸科技交流与合作

通过辞书编纂工作增进了两岸各学科专家之间的相互了解与合作。合编两岸科技辞书,为两岸专家提供了一种交流的机会,为两岸各学科数百位专家提供了一个交流平台。在这样的交流平台上,也不仅是单纯的编纂辞书,还包括学术交流和探讨。通过这种互动形式,增强了两岸科技界专家的交流与合作,同时还为两岸各界人士提供了必不可少的交流载体和互信依据。

3. 两岸科技名词差异分析

在合作编纂两岸对照型辞书过程中,总结两岸名词术语差异类型十分必要,对于判断各类差异状况具有重要价值。经分析,主要有以下一些方面。

3.1 定名系统性不一致造成的差异

两岸专家针对某一科技概念定名时,虽然理解和语言背景相同,但采用的名词术语系统不一致而产生差异。比如,信息技术名词 activate primitive,大陆名为"激活原语",台湾名为"启动基元";化工名词 catalyst,大陆名为"催化剂",台湾名为"触媒";数学名词 line,大陆名为"行",台湾名为"列"。由于定名时参照上下位关系确定一系列名词,对于这些基础词构成复合词时,便会造成一系列的名词差异。

3.2 定名来源不同造成的差异

对科技名词定名时,两岸依据的词源不同而产生差异。冶金学名词中,大陆习用的"有色金属"一词来源于俄文 Цуетной металл,而台湾统称的"非铁金属"所指为同一类物质,却是来源于英语 non-ferrous metal 的;航空科技名词中,大陆的"航向信标"和台湾的"定位器"指的是机场同一设备,前者来自俄文 локализатор,后者是由英文 localizer 翻译过来的。

3.3 对原文理解不一致造成的差异

两岸专家在各自开展科学研究时,对表述概念的原文有不同理解,造成科技名词差异。例如,对于 Younger Dryas Event 这一术语,大陆译为"新仙女木事件",台湾方面专家译为"杨-朱事件",显然在概念上发生了理解偏差。后经过交流,共同认识到这一概念是反映地质史上一种自然现象,因而达到了认知上的一致,确定了两岸各自的学术称谓。

3.4 翻译方法不同造成的差异

中华文化在吸收外来语时,有音译、意译、造字等多种翻译方法,方法上的不同,也会导致两岸科技名词的不同。比如,医学名词中对 topical anesthesia 的翻译,大陆意译成"表面麻醉",台湾音译称"涂布麻醉法";冶金学名词 bainite,大陆音译为"贝氏体",台湾意译为"变韧铁"。

3.5 选字和字序不同造成的差异

定名原则和翻译方法不一致导致术语不一致。另外,两者即使完全一致,也可能在用字组词方面产生差异。

(1)意译用字的不同。信息技术名词中的 sideband,大陆称"边带",台湾称"旁波带";化学名词中的 eriochrome black T,大陆称为"铬黑 T",台湾称为"洋毛色媒黑 T"。

(2)音译用字的不同。物理学名词中的 Kepler law,大陆称"开普勒定律",台湾称"克卜勒定律";数学名词中的 Lebesgue measure,大陆称"勒贝格测度",台湾称"李贝克测度"。

(3)缩略词不同。有的术语,大陆和台湾缩略程度不同。计算机科学中的 MOS(metal-oxide-semiconductor),大陆定名为"金属氧化物半导体",台湾定名为"金氧半导体";化工名词 residual error,台湾定名为"残留误差",大陆定名为"误差"。

(4)表述习惯不同。这主要体现在一些同义字上的选取各有惯用字。如,大陆用"非",台湾用"不",纺织名词 non-woven fabric,大陆称"非织造布",台湾称"不织布";大陆用"反",台湾用"逆",数学名词 anti-logarithm,大陆称"反对数",台湾称"逆对数";信息技术名词 serial transmission,大陆称"串行传输",台湾称"串列传输"等。

(5)字序的不同。物理学名词 dissociation 大陆称"离解",台湾称"解离";物理学名词 waveguide,大陆称"波导",台湾称"导波"。

以上分析了两岸名词术语差异问题产生的一些原因以及差异的一些类型,从中可看出很多问题都是由于交流不畅所形成的。两岸用字组词虽各有一些特点,但在语法结构、构词形态等方面具有很高的一致性。例如"牺牲阳极利用效率",这一名词虽有 8 个字,但两岸用词完全相同。此外,即使有些词汇不完全一致,也有部分相同。因而不少差异都可以在语言共同性的基础上形成一致或相互理解。编纂出版两岸对照型辞书,也正是为两岸各界交流、对照和使用名词术语提供帮助。

4. 编纂对照型辞书的主要难点

编纂对照型辞书旨在促进两岸经济、社会、科教、文化交流,台湾名在辞书中的地位非常重要,可以说,台湾名的收录是否准确,是否真实地反映台湾地区的使用情况,是编纂辞书的关键环节。编纂两岸对照型辞书,在收词、对照和审稿中出现的难点主要有以下方面。

4.1 两岸名词差异较大

由于历史的原因,海峡两岸在分隔状态下各自发展科技与经济,使各专业领域的学术名词形成了较大差异。根据全国名词委 2015 年出版的《两岸科学技术名词差异手册》进行统计数据分析,两岸科技名词存在差异的占到 37%;高新技术领域中的名词差异更大。例如,大陆称航天飞机,台湾称太空梭;大陆称信息,台湾称资讯;大陆称等离子体,台湾称电浆。再以水产科技名词差异为例,名词不同往往会导致交流上的麻烦。比如大陆称中国对虾,台湾称大正虾;大陆称鲻鱼,台湾称乌鱼;大陆称黑鲷,台湾称沙格;等等。由于两岸名词术语差异很大,过去两岸涉及名词术语对照的参考书籍及网络资料少而又少,因而找准和确认两岸对应的词汇,需要付出极大的努力。

4.2 两岸在学科分类上有较大区别

两岸在科研和教学体系上,具有不同的学科分类标准,因而相同概念的名词术语却分布在不同的学科中。例如,台湾称"矿冶名词",而大陆称"冶金学名词",两个学科中有一部分交叉重合,但又有一部分不同;台湾单有"铸造学名词",而大陆"铸造名词"是分散于"机械工程名词"与"冶金学名词"中的;台湾的"核能名词"对应于大陆的"核科学技术名词",但两者在收词方面也有较大的差异。由于学科分类上的差别,对于表达同一概念的名词术语,很难按学科属性确定一组相对应的名词术语。

4.3 收词取向上有较大差异

根据过去两岸科技名词对照工作的经验数据分析,即使是名称相同的同一门学科,两岸在收词上也有较大差别。例如物理学名词,取两岸各自编订出版的《物理学词典》合并后的 30 000 多条名词数据库,英文相同的仅有约 8 000 条,其余 20 000 多条物理学名词,或大陆收录了台湾未收,或者相反,均缺少对应项;更有一些两岸相同的物理学概念,中文名不同,对应的英文名也不同,带来对照上的困难,均需一一加以解决。又如,在医学领域,台湾医学名词的来源主要参考 *Dorland's Illustrated Medical Dictionary* 的台湾译本,这是国际公认的大型词典,但其中约有 23 000 条医学名词,在《中华科学技术大词典》第一轮对照中大陆没有收录,发现后在第二轮对照中予以补齐。

4.4 大陆和台湾在已公布名词上互相缺少一些对应学科

台湾方面有行政学、统计学、会计学、舞蹈、体育等名词,大陆没有公布相应的单独学科;大陆有能源、环境、编辑出版、生物工程、档案学、语言学、宗教学、民族学等学科名词,台湾没有公布对应的单独学科。这就需要通过各种渠道补充对应的名词。由于这部分名词不是两岸名词机构审定公布过的,在审稿过程中需要特别加以注意。

4.5 大陆和台湾科技名词概念上缺少对应项

全国名词委组织编纂的各学科对照型辞书,涵盖了科学与技术整个领域,以及社会科学及人文科学,自然增加了不小的工作难度。由于社会体制不同,产生了互为缺少一些对应的社会科学、人文科学名词的现象。例如,台湾有"拜票""博爱座"等概念名词,大陆没有相同概念的对应名词;大陆有"经济适用房""信息港"等概念名词,台湾也找不到表达相同概念的名词。在科学技术方面,大陆有"墒情"这一北方旱作地区农耕技术概念,而台湾气候条件较湿热,因而没有相同概念的名词;台湾有"牛樟树"这一特有原生树种,大陆则没有对应的植物名词。这些都需要仔细判断概念内涵,查不到同等概念名词时,可直接用对方的称谓,或暂时按缺项处理。

4.6 仅凭借英文做参照名词容易出错的词汇

大陆与台湾名词术语之间有较大差异,有一些词需要依靠英文做参照来寻找对应名词。但以英文做桥梁,存在不同语境下,英文名所表达内容不同,以及不同学科背景情况下的译名不同问题。例如,有些英文词为"多义词",同一英文对应不止一个名词,在对照之初,容易产生误解,需要根据其所属学科和上下文语境,确定准确的对应名词术语。例如,emergency center,大陆名为"急救中心",最初选取的台湾对应名为"防台中心",不是同一个概念所指,后做了订正;又如 serial-parallel conversion,大陆名为"串并变换",初选台湾对应名为"还原化系列",后在学术名词网站上查到台湾有"串并联转换",才符合本学科名词所指。

4.7 尽力解决科技名词译名不统一问题

以外国科学家命名的名词在科技语汇中占有一定比例,为此全国名词委专门成立了"外国科学家译名协调委员会",统一各学科的人名翻译问题。但是台湾地区没有相应的机制和机构,所以译名译者不同而各自为政,缺少统一标准,有时一个人名有很多种翻译或者不译而直接引用,造成对照工作上的困难。为此需遍查台湾方面的译名并做统计分析,选取其三个以内的最常用者作为对照词汇,以体现概念上的相同性和语言上的差异性。

4.8 查证同义词颇费周折

根据术语学"单义性原则",名词术语要尽量减少"同义词"数量,尽可能实现"一词一义"和"一义一词",这是一件非常艰巨的工作。全国名词委经过多年的努力,较好地解决了这方面的大量问题。在编纂两岸对照型辞书过程中,台湾方面同义词较多,始终是困扰编者的一大难题。一是"一对多"问题。例如,大陆名词"阻变组件"(varistor)需对照台湾三个以上同义词:变阻体、变阻器、非线性电阻等,此间还必须判断所收台湾词是否确实是同一概念。二是对应多个"非同义词"问题。一个大陆术语有时还对照多个台湾非同义词,例如,大陆名词"质量"(mass,quality)即需对照台湾两个名词"质量"和"品质",这是需要仔细斟酌和判断的。三是简体字对应多个繁体字的问题。例如,"斗"对应于台湾"斗、鬥","面"对应"面、麵","系"对应"系、係、繫","干"对应"干、乾、幹"等。繁体字字义各不相同,组成词汇后必须谨慎判别,在厘清科技概念的基础上,正确选用台湾对应字,而不能轻易确定。

4.9 两岸辞书编纂体例上的差异

在词条对应的英文中拉丁词和拼音词的处理,必须确定统一的原则。(1)有英译词就不用拉丁词;(2)没有英译词的,可用英文化的拉丁词或希腊、德、法文词等;(3)遇有不可替代的纯拉丁词时,首字母大小写、形体正斜体问题,遵循各学科习惯;(4)遇有拼音转写的英文词汇,可用拼音转写的无声调音译名;(5)汉语拼音音节划分依据《汉语拼音正词法》。这些问题均须在编纂工作中统一体例。以上种种问题,不一而足。

例如,如果是医学卷,中医药学的拉丁名,采用首字母大写,词形用正体,词后注明"拉";如果是农业卷,属级以上动植物名首字母大写,词形用正体;如果是生物学卷,其中属级以上的学名首字母大写,种名、亚种名、变种名首字母不大写,且属名、种名应为斜体。各领域规定不太一样,但分卷在处理上必须保持统一。又如,生物学通常以域(Domain)、界(Kingdom)、门(Phylum)、纲(Class)、目(Order)、科(Family)、属(Genus)、种(Species)加以分类。种是最基本的分类单位,科是最常用的分类单位。上述拉丁词的用法,是根据《古生物命名拉丁文》和《植物学拉丁文》中的规定确定的。按照双名法,每个物种的科学名称(即学名)由两部分组成,第一部分是属名,第二部分是种加词,种加词后面还应有命名者的姓名,有时命名者的姓名可以省略。双名法的生物学名部分均为拉丁文,并为斜体;命名者姓名部分为正体。例如,银杏(Ginkgo biloba L.)中的 Ginkgo 表示属名,biloba L. 表示种加词,即种本名;Zea mays 是玉米的学名,其中 Zea 是属名,mays 是种加词。

5. 编纂工作的基本定位

名词术语作为科学技术的语言表达,产生于科学技术领域,应用于社会各个方面,是科技与经济、社会融合发展的结晶。通过编纂对照型辞书,可以促进科技理论、知识技术和思想的传播交流,这是编纂工作的根本宗旨和基本目的。例如,对照型辞书中的《中华科学技术大词典》是一部两岸专家共同参与编纂的大型辞书,契合了两岸专家学者的现实需求,为两岸在科技、教育、文化、经贸等方面的交流合作提供必不可少的对照性词汇。作为一部两岸专家学者合作编纂的对照型辞书,尤疑将成为两岸交流可参考、可依据的重要工具。

编纂系列对照型辞书,蕴涵着丰富的历史和文化,闪烁着科学家的智慧和思想,反映着科技、文化和社会的变迁。审视这些辞书,就如同审视历史衍变的纹理、文化发展的脉络和科学进步的轨迹。海峡两岸同根同源、血脉相连、语言相通、文化相依,这是任何人都无法否认和割裂的事实,编纂对照型辞书,将起到传承中华优秀文化,促进祖国统一的积极作用,具有宝贵的历史和现实价值。

《两岸现代汉语常用词典》出版缘起、展望与未来

何朱婉清

（台北中华语文国际教育机构）

【摘要】 两岸汉语在字形和语汇上的某些差异不仅影响两岸的语言沟通,也给海外的华人、华侨和外国人学习汉语带来不便。《两岸现代汉语常用词典》集合两岸专家六年的辛勤工作,总计260万字,收入单字近8 000个、词条46 000多个。为了使读者更好地理解和运用,词典对所收录的词汇进行了包括注音、释义、语源、用法、例句、近义、反义等在内的多方位透视、解析和说明。

【关键词】 两岸;汉语;华语;词典

1. 缘起

1949年以来,台海两岸由于政治局势演变,形成七十余年区域性隔绝,文化、经济、生活各自发展之下,彼此在多元文化面貌上不知不觉产生长足差异。大陆地区自1980年代施行改革开放后,两岸交流上彼此对其异同之感受尤为深刻,尤在学术研究上,基于常用的名词术语差别,造成沟通障碍,影响成果至巨。值此两岸民间正大量

《两岸现代汉语常用词典》出版缘起、展望与未来

开放相通而国际上的人士倾力汹涌通向中国市场之际,快速整合两岸汉语语汇文字之异同乃是最基础更是最迫切需要的工作。

台北中华语文国际教育机构(Taipei Language Institute, TLI)创校已经超过一甲子,于两岸皆享有权威性的国际声誉,三十年来涉入两岸语文交流内涵甚深,在国际人士纷纷咨询推促与期待下,自1993年起,开始奔走于两岸相关单位,呼吁严肃正视支持并同意召集两岸汉语专家精英,举办两岸汉语词汇文字学术研讨会,于获得共识后,TLI乃邀同北京语言大学代表及两岸、欧、美、亚语言学专家学者百余人,分别于1994年3月和1995年6月在台北和北京两度召开"两岸汉语语汇文字学术研讨会",此一汉语界突破性创举,赢得国际传媒高度重视,美国之音(VOA)及英国国家广播电台(BBC)全程录像播出。台湾各大电视及平面媒体于会期大量报导,读者亦纷纷投书,提供极大支持与影响。于此会议中,大会召集人TLI创办人何景贤博士提议组织两岸汉语文教育精英学者,共同编撰一部《两岸现代汉语常用词典》,由TLI旗下中华语文研习所与北京语言大学合作执行,获得全体与会人士热烈响应。

自1996年起,TLI负责筹备擘画组织两岸精英学者参与编辑小

组工作,并联合北京语言大学分别于北京、台北组成词典编辑室,按进度展开工作,编撰字条词条完成初稿,并分别组成编审团,长年累月奔走于台北、北京进行交互审查,工程浩繁。全球首部由台北 TLI 中华语文研习所与北京语言大学共同编撰,集合两岸 60 余位专家学者共同完成的《两岸现代汉语常用词典》简体字版于 2003 年 9 月在北京国际书展正式发布,当时震惊各界并深获好评。

2004 年起台湾版加入国际学者的参与增修,以符合全球外籍人士学习汉语的需求。历经三个寒暑努力与增订,繁体字版于 2006 年 9 月问世,集两岸人士心力血汗于一炉,可谓成果非易。TLI 于漫漫十年所背负涵盖两岸全部工作之财力、人力、物力亦相当可观,在并无任何官方或他方资助下 TLI 为两岸贡献民间力量之诚恳心意,无非期待加强促进两岸文化统合,携手为历史做见证。

由于以下诸位领导的支持和协助方能顺利诞生这部历史性的词典,在此特别感谢:杨尚昆主席、吴学谦副总理、叶选平省长、王兆国主任、汪道涵会长、陈云林会长。

2. 工作进度

(1)1995 年 12 月 18 日—1996 年 2 月 28 日:①制订编纂计划;②组织编纂队伍;③确定词目;④制订编纂体例;⑤两岸沟通,并对此计划做出最后确认。

(2)1996 年 3 月 1 日—1996 年 12 月 30 日:①搜集处理语料;②培训人员;③分头撰写词条;④确定编纂软件。

(3)1997 年 1 月 1 日—1997 年 6 月 30 日:①完成词条验收工作;②编辑词典正文;③召开两岸工作研讨会。

(4)1997 年 7 月 1 日—1997 年 12 月 30 日:①编辑词典正文;

②两岸交互审查。

(5)1998年1月1日—1998年8月30日：①交互审查、修改；②初稿完成；③编制附录。

(6)1998年9月1日—1999年2月28日：①招开两岸终审会；②交互审查；③通读。

(7)1999年3月1日—1999年9月30日：①定稿；②编制索引。

(8)1999年8月12日：词典召集人何景贤博士于德国汉诺威市"第六届国际汉语教学讨论会"上向来自世界33个国家和地区的350名代表就"词典的编撰,缘起及未来"做深度的报导,获致热烈的欢迎与回响。

(9)1999年9月15日—20日：北京语言大学杨庆华校长率"大陆词典编辑小组"成员出席台北《两岸现代汉语常用词典》终结审查会。

(10)2003年9月：词典召集人何景贤博士访问北京语言大学,与校务委员会主任王路江教授、施光亨教授确定,大陆方最后校订完成后于年底发布出版。

(11)2003年9月—2005年12月：随着两岸人民日益交融,两岸新词语快速累增,为因应新时代的需求,词典编辑室在"美国在台协会"华语学校麦恒益(Thomas E. Madden)校长的协助下,增录上千条词语,以期满足各界的迫切需要,也使得本词典内容更加充实完整。

(12)2005年11月：何景贤博士在天津南开大学召开的首届海峡两岸现代汉语问题学术研讨会中发表论文,将词典的最新编纂及修订成果公诸学界,深获两岸专家学者好评与期待。

在两岸全体编辑工作者十多年的齐心努力下,简体字版于2003年9月在北京出版,繁体字版于2006年9月在台北付梓。这部词典集合了两岸专家学者智慧,实为华语文学界一项重要学术创举与成就。

3. 成果

两岸汉语在字形和语汇上的某些差异不仅影响两岸的语言沟通,也给海外的华人、华侨和外国人学习汉语带来不便。这本由两岸学者合作编写的《两岸现代汉语常用词典》,跨越两岸在语言文字上的沟通障碍,为海外汉语学习者带来许多方便。

《两岸现代汉语常用词典》是一部中型语文词典,收录单字 8 000 个,复音词 46 000 多条,总共 260 万字。其中两岸特有词各约有 2 300 条。大部分是极为常见、为人熟知、运用广泛的字词。为了使读者更好地理解和运用,词典对所收录的词汇进行了包括注音、释义、语源、用法、例句、近义、反义等在内的多方位透视、解析和说明,使得这本词典内容丰富,材料翔实。

《两岸现代汉语常用词典》是一部运用现代语言学方法编写并贯彻两岸语言文字规范的工具书,适合在校学生和语言文字工作者使用。本词典的最大特点在于如实描写两岸汉语在字形和语汇上的差异,突出了大陆与台湾字形的繁简对比。《两岸现代汉语常用词典》真实反映了汉语词汇发展演变的面貌,出版后以其实用性得到专家学者以及广大读者,尤其是学习中文的外国友人的广泛赞誉及肯定。这部词典的出版,不仅为对外汉语教学研究提供了便利,更为两岸密切交流创造了具体贡献,影响深远。

此书之出版正如美国国务院外交学院前中文部主任麦恒溢评论:

这部词典无论在它的收词范围还是准确性方面,都可说是史无前例的。它是由海峡两岸的许多专家缜密研究、旁征博引编写而成的,为汉语学习者提供了三大好处:

第一,这部词典列出了每个字和每个词的正确的繁体与简体的写法。

第二,这部词典注释了台湾和大陆两地字词的标准发音。对许多外国学习者而言,有一本权威的参考书,能把这些发音以互相对照的方式排列出来,可说是他们多年来梦寐以求的事。

第三,它提供了目前词语用法的权威性比较,包括许多相当细微差异的用法辨析,在坊间是独一无二、极为鲜见的。本词典是华语词典编纂中的一次大跃进,它为海峡两岸提供了更精确、更完善的沟通平台。两岸专家学者的合作是一次划时代的里程碑。

4. 展望

2011年,《两岸现代汉语常用词典(精华版)》开始编纂,精选条目,并依两岸最新语文规范标准删除一些过时和不常用的词条,同时删除全文例句及附录。为便于两岸人民充分交流相互学习,及时反应语言变化新面貌,精华版突破框架以简体字为全书释义。精华版突出实用性、准确性、简明性,质量有了很大的提升。本词典力求实用和现代化,以适应目前两岸关系日益发展的实际需要。

语汇在稳定中发展,在累积中创新。《两岸现代汉语常用词典(精华版)》的编纂,着重于21世纪知识的演变,汰旧换新的语言流程已逐渐缩短,新的词汇会被创造,过时的会被摒弃,不准确的会被修正。在这个全球竞争的大环境下,两岸人民应该在语言文字领域协同合作,促进文化交流。

5. 未来

为适应语言生活和全球互联网发展的新形势,2018年1月《两岸现代汉语常用词典》第3版修订工作正式启动,第3版在第2版的

基础上主要从以下五个方面进行修订:

(1)全面落实互联网时代新增词汇,增补未收录的字词。(2)新增词汇对照之英文释义。(3)解决两岸词汇十年来已融合应用没有冲突之处。(4)增补近年来已经被两岸多数人接受、相对比较稳定的新词新语、新用法,也增补词典本应收录但前两版漏缺的一些常用语。(5)改正前两版中的错误或不够严密的地方。

《两岸现代汉语常用词典》第3版,计划在2021年完成。同时,网络版开发工作也在同步进行之中。

在本词典改编的过程中,我们发现了三个可喜的现象。第一,七十余年来两岸在全球推广普通话方面都做了大量的工作,也取得了显著的成绩。普通话在两岸各自展现自己的优点和全球影响力。第二,近十年两岸的词汇正透过各种渠道互相渗透、快速融合。编纂本工具书的主要目的是帮助全球爱好中文的人士理解两岸人民使用的共同语及地区差异。第三,TLI中华语文研习所多年来从事对外汉语教学工作,深感外籍人士确实需要一本既能理解中国文字又有实用价值的手册。本工具书确可帮助外籍人士解决阅读中文识字的困扰。

6. 结语

两岸汉语在字形(繁简字)和语汇上的某些差异不仅影响两岸的语言沟通,也给海外的华人、华侨、外籍人士学习汉语带来不便。例如"垃圾"在大陆读 lājī,在台湾读 lèsè;"土豆"在大陆是指马铃薯,在台湾则指花生。《两岸现代汉语常用词典》的面世大幅度减少了两岸沟通上的不便与困扰。

语言是文化的一面镜子,这部词典编纂的主要目的是为两岸同胞的语言沟通与交流减少障碍。建议读者把这本词典看作是对海峡两岸已经出现的常用词语差别的反映与描绘整理,而不是某种结论或规范。

《两岸现代汉语常用词典》的成功出版为两岸文化融通提供了重要工具和桥梁,也给全球学习汉语的外籍人士、海外华人华侨和学界带来了方便。两岸六十余位专家学者本着"求同存异、异中求通"的原则精诚合作,希望未来两岸更多有志之士能够继续努力共同规范我们的民族语言,为世界华人与外籍人士提供开启中华文化交流的准绳,为促进两岸文化交流做出贡献。

语言文字和辞书编纂不可磨灭的一页
——两岸词典十年志

李行健[1] 张世平[2]

(1.《现代汉语规范词典》编写组、语文出版社；

2. 教育部语言文字应用研究所)

【摘要】 本文作者分别为中华语文工具书大陆方主编和代总召集人。文章介绍两岸词典的缘起和推进情况，阐述合编的原则、方法，讲述认识和体会，总结了两岸工具书十年走过的历程。

【关键词】 两岸词典；中华语文工具书；十年历程

2020年10月13日，第四次全国语言文字会议胜利召开，这是新中国语言文字事业发展历程中具有里程碑意义的会议，是语言文字事业全面适应新时代、新形势要求新的加油站。同日，《人民日报》配发了专题报道《筑牢国家发展的语言文字基石》，以总结我国语言文字事业取得的历史性成就，记述服务国家各项事业发展做出的贡献。其中写道：2010年起两岸合作编写中华语文工具书，目前已出版《两岸常用词典》等近10部字词典，共建"中华语文知识库"。这标志着以李行健先生为主编的两岸词典编写组，在教育部、国务院台办和国家语委的领导下，所做工作已被载入新中国语言文字事业和辞书编纂、出版事业的史册。

1. 两岸词典的缘起和进展

1949年中华民族被台湾海峡所割开。2008年秉承着两岸同胞共同的意愿,"三通"(通邮、通商和通航)得以实现。人们在交往中热切地感受到:两岸同文同种,确实是血浓于水的同胞;但近60年的隔绝也造成统一语言一定程度的差异化发展,迫切需要化异为同,为顺畅沟通搭建桥梁。

2009年7月,"第五届海峡两岸经贸文化论坛"提出"鼓励两岸民间合作编纂中华语文工具书"的倡议,2010年两岸分别成立了《中华语文大词典》编委会。两岸商定,工作分三步走:先编《两岸常用词典》,以应交流急需;之后扩充条目,分步编成《两岸通用词典》和《中华语文大词典》。收录字词4万多条的《两岸常用词典》和8万多条的《两岸通用词典》已分别于2012年、2015年出版并上网;拟收词14万条,重点扩充中华文化方面词语的《中华语文大词典》,原预计2018年完成,因台湾地区领导人的变化目前遇到困难。此外两岸编写组还兼顾相关简明工具书或手册的编纂。大陆已出版《两岸差异词词典》(商务印书馆,2014)、《两岸科技常用词典》(商务印书馆,2015)和《两岸生活常用词汇对照手册》(福建人民出版社,2014)、《两岸科学技术名词差异手册》(大连理工大学出版社,2015)、《两岸合编词典研讨集》(高等教育出版社,2016)。

2. 合编的原则和方法

海峡两岸尽管有相同的民族文化传统,使用同一种语言文字——都是1949年前的老"国语"和"传承汉字",但分隔造成部分字和词的形、音、义以及使用出现了差异。初步的调查整理表明,妨碍交流的主要是词汇,约占15%的词汇因两岸社会制度、生活方式、地理环境和方言(语言)影响的不同而存在区别。

比如由于台湾特殊的选举文化,产生了"奥步、桩脚、站台、背书";由于台湾地处闽南文化圈,台湾"国语"吸收了"伴手礼、白目、好康、歹看"等闽南话词语;由于殖民时期受日语影响,"阿娜达、卡哇伊、阿巴桑、阿沙力"等也渗透了进来。大陆独有、台湾生疏的词汇如"离休、知青、房改、试点、福彩、居委会"等也很多。差异还体现在同名异实(如"公车"大陆指公家的车,台湾指公交车;"窝心"大陆指不开心,台湾指高兴、开心)、同实异名(大陆的方便面、高压锅,台湾称速食面、快锅),以及词语搭配和感情色彩存在差异(如"充斥"大陆有贬义,台湾无贬义)等情况。差异词给沟通带来了障碍,但同时它们也是同一株汉语大树上开出的多色的花朵,是中华民族宝贵的文化财富。对两岸间语言文字的异同,要加以正视,缩小和扩大都不可取。

鉴于上述情况的存在,也为避免合编中可能出现的扬己方抑对方问题,两岸在充分沟通的基础上,确定了以下编纂原则:当前的"中华民族共同语"是"一语两话",即大陆"普通话"和"台湾国语";文字是"一文两体",即大陆的"规范字"(经繁体简化、异体整理后推行的)和台湾的"标准字"(经整理后颁布的);两岸语言文字同根同源,同属现代汉语共同语的发展分支;描写两岸语言实际,在此基础上相向而行,立足于相互对接、便于理解;一方不谋求限制、纠正另一方。由此决定了合编工具书真诚合作、相互尊重、充分协商、绝不强求的主基调和正视差异、求同存异、互释对接、化异为通的原则。

具体操作的方法为:

(1)程序。字头和词目共同选定后,同题内容分头撰写,容许表述风格在遵从现代汉语一般规范的前提下有所不同;相互审读后分别修改;汇集再审,或经必要的会商后形成定稿。

(2)两岸用字的名称分歧同用褒称。大陆和台湾分别称所用字为"规范字"和"正体字",从各自的角度看,有称未经简化的传承用字"不规范",和简化了的字类同于讹体和俗体字而"不正规"之意。无疑,这是双方都不能接受的。经过理性讨论,决定用两岸自定的正式名称。现在称大陆版词典为"规范字本",台湾版为"标准字本",合情合理地解决了这个难题。

(3)差异处的"双呈"。有特殊差异的词语分别标注"大陆""台湾";有差异的字形、读音,大陆用规范字、汉语拼音,台湾用标准字、注音符号;有区别的度量衡单位如长度单位,大陆和台湾分别为米和公尺,则保留差异、客观呈现,在注释中说明。

(4)收词范围。收词除着眼于两岸的差异,还涉及各自的关切;受各自意识形态因素的影响,一方看重的,很可能是另方忌讳的。特别是在现代人名要不要收、政治性词语怎么收等问题上,合编工作展现体谅、包容心态和政治智慧,着眼于协商,着眼于"最大公约数"。一时协商不成,就先放一放,乃至避一避,绝不强加于人。双方真诚合作的态度使这类难题一步步得到解决。

(5)注释中敏感问题的处理。如"儿童节"是一个常用词,台湾注释除指明联合国为维护儿童权益设立的节日、时间各国自己设定外,还指出中华民国在 20 世纪 30 年代定为 4 月 4 日(今台湾地区儿童节日)。大陆注释除上述相同部分外,还注释有 1949 年后中华人民共和国定"儿童节"为 6 月 1 日。说的都是历史事实,但两者放在一起就有"两个中国"的感觉。双方协商修改,直接注释为大陆儿童节

6月1日,台湾儿童节4月4日,不说谁定的、什么时候定的。再如大陆作为"建军节"的"八一南昌起义",台湾定义、定名为"南昌暴动",都深深植根于各自的历史和政治生活,编纂词典的语言学家难以有效协调,就暂且不收。另外像"我国"这个词,两岸编纂者都关注。结果是只用于涵盖两岸的地方,如"我国历史上""我国东北地区""我国钓鱼岛",不能涵盖的各自用"大陆"和"台湾"。按照这样的方式处理,所指存在观念分歧或评价差异的"义和团、国军、五四运动"等词,亦得到了适宜、合理的解决。

3. 认识和体会

第一,语言文字是民族的重要特征,是民族文化的重要内容和主要载体。被分隔的同一民族往一起走,从语言文字做起,从编纂差异词辞书入手,是个不错的切入点。合编词典,不仅成果有利于相互间的交流,而且过程本身就是知识界先行一步沟通的探索,对修复分隔造成的陌生感有利有效。所取得的经验可以为其他领域所借鉴。

第二,语言文字的沟通和相向而行,不仅是经贸、文化合作的产物,也会极大地促进两岸间的合作和共同繁荣,促进中华民族的统一和团聚。合编词典的十年,就是两岸经贸发展、文化交融的十年,也是语言相互影响的十年。如"负面、代沟、媒体、运作"等台湾的专有词已被吸收进大陆的普通话;"抓、搞、落实、紧张"等大陆词语或独特用法也进入到台湾"国语"中;"作秀、观光、套牢、福祉"等新词已难分彼此;一些科技术语两岸不同的命名已在正式使用中并列呈现。统一的语言文字是国家统一和民族团结的有利条件。

第三,语言文字也是民族团结、国家统一最坚强的纽带。两岸共同做好语言文字的化异求同工作,有利于以文化积淀厚、规范程度高、凝聚力强的面貌走向世界。既在为构建人类命运共同体贡献民族之光,也是在杜绝和回击企图"分裂"的势力,抵御以语言的"差异"做"防火带"和"隔离墙"的图谋。

第四,对有千百年历史的一个民族而言,普遍的认识是:分割是逆势的,暂时的,走向统一是人心所向和大势所趋。从几年、十几年、几十年看,可能道路曲折,会遇到不利因素,但坚持是有力量的。亲戚越走才越近。习近平主席强调"不管遭遇多少干扰阻碍,两岸同胞交流合作不能停、不能断、不能少"(在《告台湾同胞书》发表40周年纪念会上的讲话,2019年1月2日),中华语文工具书艰难之中坚持不懈也是为全方位的重启在做准备。中国有谚语说:不怕慢,就怕站。相信我们的工作,是符合"大势"和"人心"的,是符合台湾同胞的根本利益和实际需要的,是向着祖国统一、民族团聚的目标前进的,是有美好前途的。

两岸四部成语词典三字格收词释义比较研究*

罗树林

（韩山师范学院文学与新闻传播学院）

【摘要】 两岸成语词典编纂存在一定的异同。收词方面，两岸均注重传统三字格的吸收，但在收词原则上大陆成语词典突出"全而纯"，因此收词范围窄，三字格占比小；而台湾成语词典则突出"齐全＋实用"，因此收词范围宽，三字格占比大。释义方面，两岸均重视成语的语源探究，但大陆成语词典侧重古代语源，且释义体例数量少、用字量多，体例格标不明显；而台湾成语词典则古今语源并重，且释义体例数量多、用字量少，体例格标较明显。结论认为：成语定义的不同，成语与惯用语的区分不明，是造成三字格收词差异的两大主因；而释义体例的多寡与执行不同，是影响三字格释义内容和释义质量的关键因素。

【关键词】 两岸；成语词典；三字格；收词；释义；原因

---

* 本文在2019年第三届"两岸语言文字调查研究与语文生活"研讨会上宣读，苏新春、周荐、邹嘉彦、余桂林、林玉山等专家提出了中肯的修改建议。作者为华南师范大学访问学者，论文得到了邵慧君教授的悉心指导，一并谨致谢忱。

1. 引言

1.1 三字格

三字格近年来发展迅猛，成为新词语构造的热点，甚至还出现了"三音节化"的倾向。邹嘉彦（2019）针对泛华多地真实文本中的最常用词汇进行大数据统计，结果表明：当总词汇达到 20 万时，三音节词和双音节词接近对等，之后三音节词便开始占据优势。

三字格还有"三音节（三字）词""三音节（三字）语""三音节（三字）词语"等近似称呼。从成语词典角度，适宜统称为"三字格"，主要有三点理由：

第一，三字格不等于"三音节（三字）成语"。原因在于，成语词典中收的不全是成语，还有熟语。成语词典凡例中一般都会明确注明这一点。

第二，三字格也不全是"三音节（三字）语"。原因在于，三字格中不但有"语"，还有"词"。比如曹炜（2004）就认为"耳边风、莫须有、应声虫"等不能扩展的是词，而"安乐窝、敲竹杠、煞风景"等能做有限扩展的是惯用语。再如，成语词典中收录的"假惺惺""娇滴滴"等，就明显是叠音词，而不是"语"。

第三，三字格不宜笼统理解为"三音节（三字）词语"。原因在于，对学习者而言，成语词典本应是用来查成语的，而不是用来查词的。后种提法模糊了"词""语"的界限，反而给学习者造成困扰。因此，用"三字格"来统称，不但可使学习者不再纠结于"词""语"的边界问题，还可用来区别一字格、二字格、四字格、五字格等其他词汇形式。

1.2 收词和释义

周荐（2019）指出，收词和释义是词典的两大工程。其中，收词反映词典的宏观概貌。对一部词典而言,不看释义,只看目录去检索词条便可知其基本梗概。释义则体现出词典的微观精细度。对一条词语而言,释义体例的组成、用字量的多寡、方法的运用等,可以看出词典的编写水平。

1.3 语料来源

本文所列的三字格,均出自两岸四部大中型成语词典。其中,大陆出版的两部:《汉语成语辞海》(2003)和《成语大词典》(2018);台湾出版的两部:《成语典》(2019)和《远流活用成语辞典》(2019)。其中,大陆成语词典都为大中型成语词典,台湾成语词典则属于中小型成语词典。上述四部成语词典均具有一定的典型性和代表性。

2. 收词比较

2.1 收词原则和收词范围

2.1.1 收词原则

收词原则是词典收词所遵照的基本原则。对于收词原则,四部成语词典的表述有很大不同:

(1)古今兼收、源流并重;不仅力求做到"全而纯",而且在创新方面也下了较大功夫。(大陆《汉语成语辞海》)

(2)规范与实用齐备,详尽与简明兼顾,功能与经典并举。(大陆《成语大词典》)

(3)以齐全和实用为原则。(台湾《成语典》)

(4)以"条目齐全""切合实用""查检方便"作为编撰的指标。(台湾《远流活用成语辞典》)

2.1.2 收词范围

收词范围是对收词原则贯彻和执行后具体结果的总结概括。对

于收词范围,四部成语词典的表述也有很大不同:

(1)收有词目 2.5 万条,除收有少量熟语外,纯正成语大约有 2.4 万条。(大陆《汉语成语辞海》)

(2)收录成语 18 000 余条,除常用成语外,还包括少量熟语。(大陆《成语大词典》)

(3)收词条 7 288 则,以四字成语为主,兼及一般常用之格言、谚语、俗语和歇后语等。(台湾《成语典》)

(4)收录成语 5 174 条目,除一般习用之四字成语外,兼收俗语、俚谚。(台湾《远流活用成语辞典》)

从本质上讲,收词原则是词典收词的导向标,它往往决定和限制着收词范围。

两岸四部成语词典的收词原则和收词范围情况统计见表1:

表1 两岸四部成语词典收词原则和收词范围情况统计表

收词	词典	大陆		台湾	
		《汉语成语辞海》	《成语大词典》	《成语典》	《远流活用成语辞典》
收词原则	表述	①古今兼收＋源流并重 ②全而纯＋创新	①规范＋实用 ②详尽＋简明 ③功能＋经典	齐全＋实用	①条目齐全 ②切合实用 ③查检方便
	特点	①突出"齐全＋创新＋实用" ②突出"纯粹(规范、经典)"		突出"齐全＋实用"	
收词范围	表述	成语＋熟语	成语＋熟语	成语＋格言＋谚语＋俗语＋歇后语等	成语＋俗语＋俚谚
	特点	范围窄		范围宽	

从表1可以看出,台湾地区成语词典的收词原则突出"齐全＋实用",重在全,且注重现实生活中的实用性,因此收词范围相对宽泛。而大陆成语词典除了突出"齐全＋创新＋实用",还着重突出"纯粹""规范"和"经典",因此收词范围相对狭窄。

2.2 收词条目、使用次数和使用频次

2.2.1 收词条目

条目即被收录进词典的词语的种类,指的是不同的词语。条目数指的是不同词语的总体数量,它的使用单位是"条"。

两岸四部成语词典中出现的三字格条目列举如下：

大陆条目(52条)：安乐窝、杯中物、闭门羹、不二门、东道主、恶作剧、耳边风、耳旁风、个中人、故纸堆、瓜蔓抄、管城子、归去来、鬼画符、紧箍咒、口头禅、拦路虎、捋虎须、落水狗、落汤鸡、马后炮、马前卒、门外汉、闷葫芦、迷魂汤、莫须有、破天荒、敲门砖、敲竹杠、清君侧、绕指柔、孺子牛、三家村、杀风景、煞风景、势利眼、贪口腹、田舍翁、忘年交、下马威、想当然、小朝廷、眼中钉、摇钱树、一刀切、一溜烟、一顺水、一窝风、一窝蜂、一言堂、应声虫、执牛耳。

台湾条目(106条)：熬出头、巴不得、半吊子、半瓶醋、绊脚石、杯中物、背黑锅、闭门羹、并蒂莲、不倒翁、不夜城、唱反调、唱高调、炒鱿鱼、扯后腿、臭皮囊、出风头、传声筒、串门子、粗线条、打包票、打交道、打秋风、打牙祭、打圆场、大嘴巴、挡箭牌、导火线、登徒子、地头蛇、垫脚石、掉书袋、定心丸、东道主、兜圈子、恶作剧、耳边风、二百五、二愣子、放鸽子、放冷箭、干瞪眼、鬼画符、过来人、和事佬、鸿门宴、急就章、假惺惺、阶下囚、节骨眼、金饭碗、开场白、开倒车、开天窗、空城计、口头禅、老不修、老掉牙、老油条、冷板凳、落汤鸡、马后炮、马前卒、卖关子、门外汉、闷葫芦、莫须有、拍马屁、跑龙套、破天荒、墙头草、敲边鼓、敲门砖、敲竹杠、软钉子、撒手锏、三脚猫、三只手、杀风景、铁公鸡、铁三角、万灵丹、温柔乡、乌托邦、无底洞、下马威、下三滥、想当然、象牙塔、小辫子、小儿科、眼巴巴、眼中钉、摇钱树、夜猫子、一把罩、一把抓、一弹指、一溜烟、一面倒、一窝蜂、应声虫、冤大头、执牛耳、纸老虎、左右手。

两岸四部成语词典三字格收词条目的情况统计见表2：

表2 两岸四部成语词典三字格收词条目情况统计表

词典 收词条目	大陆		台湾	
	《汉语成语辞海》	《成语大词典》	《成语典》	《远流活用成语辞典》
总条目数（条）	>25 000	>18 000	7 288	5 714
三字格条目数（条）	37	27	99	26
百分比（%）	0.148	0.15	1.36	0.46
总计（条）	52		106	
	133			

从表2可以看出，大陆成语词典三字格的条目数为52条，不及台湾地区成语词典106条的一半，在整部词典中三字格的占比分别为0.148%和0.15%，远远低于台湾成语词典1.36%和0.46%的占比数。

2.2.2 使用次数

使用次数就是条目的出现次数。它是一个复合单位，其完整表示是"条•次"，是多个条目或单个条目的使用次数之和。

两岸四部成语词典三字格的使用次数情况统计见表3：

表3 两岸四部成语词典三字格使用次数情况统计表

使用次数 \ 词典	大陆		台湾	
	《汉语成语辞海》	《成语大词典》	《成语典》	《远流活用成语辞典》
总使用次数(条·次)	>25 000	>18 000	7 288	5 714
三字格使用次数(条·次)	37	27	99	26
总计(条·次)	64		125	
	189			
百分比(%)	0.15		0.96	

从表3可以看出,大陆成语词典三字格的使用次数为64条·次,仅为台湾成语词典三字格125条·次的一半。台湾成语词典中三字格使用次数的占比为0.96%,为大陆成语词典三字格使用次数占比的六倍多。

2.2.3 使用频次

苏新春(2010:291)指出,频次是指调查对象在调查语料中的出现次数。频次是一个具体的数字,往往针对单个条目而言,它的使用单位是"次"。成语条目的使用频次,指的是成语词典中条目出现的次数。

两岸四部成语词典中出现的三字格使用频次统计如下:

频次为4的条目(8条):耳边风、莫须有、破天荒、杀风景、下马威、一溜烟、一窝蜂、执牛耳。

频次为3的条目(7条):闭门羹、东道主、口头禅、落汤鸡、门外汉、敲门砖、眼中钉。

频次为2的条目(18条):半瓶醋、杯中物、登徒子、恶作剧、耳旁风、鬼画符、过来人、空城计、马后炮、马前卒、闷葫芦、敲竹杠、三脚猫、想当然、摇钱树、一言堂、应声虫、左右手。

频次为1的条目(100条):安乐窝、熬出头、巴不得、半吊子、背黑锅、并蒂莲、不倒翁、不二门、不夜城、唱反调、唱高调、炒鱿鱼、扯后腿、臭皮囊、出风头、传声筒、串门子、粗线条……

两岸四部成语词典三字格的使用频次情况统计见表4:

表4 两岸四部成语词典三字格使用频次情况统计表

使用频次 (次)	条目数 (条)	百分比 (%)	使用次数 (条·次)	百分比 (%)
4	8	6.02	32	16.93
3	7	5.26	21	11.11
2	18	13.53	36	19.05
1	100	75.19	100	52.91
总计	133	100	189	100

从表4可以看出,两岸四部成语词典中,出现次数为1的三字格,条目数为100条,条目比例为75.19%;使用次数所占比例为52.91%。使用频次为1的条目,体现了两岸四部成语词典收词的个性。两岸四部成语词典中均出现的三字格,条目数为8条,所占比例为6.02%;使用次数为32,所占比例为16.93%。使用频次为4的条目,反映出两岸四部成语词典收词的共性。

2.3 共有条目和独有条目

两岸四部成语词典三字格的共有条目和独有条目列举如下:

共有条目(25条):杯中物、闭门羹、东道主、恶作剧、耳边风、鬼画符、口头禅、落汤鸡、马后炮、马前卒、门外汉、闷葫芦、莫须有、破天荒、敲门砖、敲竹杠、杀风景、下马威、想当然、眼中钉、摇钱树、一溜烟、一窝蜂、应声虫、执牛耳。

大陆独有条目(27条):安乐窝、不二门、耳旁风、个中人、故纸堆、瓜蔓抄、管城子、归去来、紧箍咒、拦路虎、捋虎须、落水狗、迷魂汤、清君侧、绕指柔、孺子牛、三家村、煞风景、势利眼、贪口腹、田舍翁、忘年交、小朝廷、一刀切、一顺水、一窝风、一言堂。

台湾独有条目(81条):熬出头、巴不得、半吊子、半瓶醋、绊脚石、背黑锅、并蒂莲、不倒翁、不夜城、唱反调、唱高调、炒鱿鱼、扯后腿、臭皮囊、出风头、传声筒、串门子、粗线条、打包票、打交道、打秋风、打牙祭、打圆场、大嘴巴、挡箭牌、导火线、登徒子、地头蛇、垫脚石、掉书袋、定心丸、兜圈子、二百五、二愣子、放鸽子、放冷箭、干瞪眼、过来人、和事佬、鸿门宴、急就章、假惺惺、阶下囚、节骨眼、金饭碗、开场白、开倒车、开天窗、空城计、老不修、老掉牙、老油条、冷板凳、卖关子、拍马屁、跑龙套、墙头草、敲边鼓、软钉子、撒手锏、三脚猫、三只手、铁公鸡、铁三角、万灵丹、温柔乡、乌托邦、无底洞、下三滥、象牙塔、小辫子、小儿科、眼巴巴、夜猫子、一把罩、一把抓、一弹指、一面倒、冤大头、纸老虎、左右手。

海峡两岸四部成语词典三字格的共有条目和独有条目情况统计见表5:

表5 两岸四部成语词典三字格共有条目和独有条目情况统计表

地区 条目	大陆	台湾
总条目数(条)	133	
共有条目数(条)	25	
百分比(%)	18.80	
独有条目数(条)	27	81
百分比(%)	20.30	60.90

从表5可以看出,两岸四部成语词典三字格以独有条目居多,一共有108条,占总条目数的81.2%,体现了两岸四部成语词典三字格收词的个性特征。共有条目25条,占总条目数的18.8%,反映出两岸四部成语词典三字格收词的共性特征。

3. 释义比较

释义有广狭两种理解。广义的释义指的是整个释义体例,包括条目、注音、解释、语源、例句、辨析、用法等部分。狭义的释义仅指条目后面的解释性成分,而不包括语源、例句等其他部分。本文研究的释义指的是广义的释义,即释义体例。

以"执牛耳"为例,两岸四部成语词典中的释义体例可分列如下:

【执牛耳】zhí niú ěr 古代诸侯订立盟约,要杀牲饮血,以示忠诚。主盟人则亲自割牛耳取血,因称主盟者为"执牛耳"。《左传·哀公十七年》:"诸侯盟,谁执牛耳?"后泛指在某一方面居领导地位。宋·戴复古《和郑润甫提举见寄》:"相与定诗盟,谁能执牛耳?"清·黄宗羲《姜山启彭山诗稿序》:"太仓之执牛耳,海内无不受其牢笼。"(大陆《汉语成语辞海》)

【执牛耳】zhí niú ěr [释义]古代诸侯歃血为盟,割牛耳取血,盛牛耳于盘,由主盟者执盘,因称主盟者为"执牛耳"。后泛指在某一方面居领导地位。[出处]《左传·哀公十七年》:"诸侯盟,谁执牛耳?"|清·黄宗羲《姜山启彭山诗稿序》:"太仓之执牛耳,海内无不受其牢笼。"[例句]秦牧《谈牛》:"国家统帅的战旗上,曾经挂着牦牛尾;诸侯会盟时,要举行'执牛耳'的礼仪。"|邹韬奋《萍踪寄语》四六:"荷兰的航业到现在,虽然远不及十七世纪独执世界牛耳时代,但仍占很重要的位置。"[用法]用于褒义。(大陆《成语大词典》)

执牛耳 ㄓˊㄋㄧㄡˊㄦˇ 古代诸侯订立盟约,主持盟会的人亲自割牛耳取血,放在盘内,让参与盟会的人分尝,以表示诚意信守,故以执牛耳称主其事者。也泛指在某一领域居领导地位。 语源 《左传·定公八年》:"卫人请执牛耳。" 辨析 此则成语常使用"执……牛耳"的形式。 例句 他久执文坛之牛耳,经他推荐的作品都能获得大家的重视。 近义 举足轻重 动见观瞻 反义 人微言轻 无足轻重(台湾《成语典》)

【执牛耳】ㄓˊㄋㄧㄡˊㄦˇ【释义】指主持盟会的人。古时结盟,割牛耳取血于盘,主盟者给参加盟会的人分尝,以示诚意信守。【出处】《左传·哀公一七年》:"诸侯盟,谁执牛耳?"注:"执牛耳,尸(主)盟者。"【用法】今用以泛指主持其事而居于领导地位的人。【例句】这次全国性的学术讨论会,究竟由谁执牛耳,尚未确定。(台湾《远流活用成语辞典》)

3.1 释义体例

释义体例可分两种:一种是设计体例,这是在凡例中早已设计好了的;一种是实际体例,这是词条在释义过程中根据现实需要有所选用的体例。不是所有的设计体例都必须呈现出来,因此实际体例会小于或等于设计体例。

3.1.1 设计体例

两岸四部成语词典的设计体例情况列举如下:

大陆《汉语成语辞海》(6个):①词目;②注音;③释词;④释义;⑤书证;⑥亦作。

大陆《成语大词典》(14个):①条目;②注音;③释义;④出处;⑤例句;⑥近义;⑦反义;⑧辨析;⑨提示;⑩用法;⑪连用;⑫也作;

⑬插图;⑭索引。

台湾《成语典》(8个):①条目;②注音;③解释;④语源;⑤辨析;⑥例句;⑦义近;⑧义反。

台湾《远流活用成语辞典》(8个):①条目;②注音;③释义;④出处;⑤用法;⑥例句;⑦义近;⑧义反。

3.1.2 实际体例

如前所述,实际体例是根据实际需要对全部设计体例做出选用之后的结果。一个释义,只要把条目解释清楚就可以了,运用时会对设计体例有所取舍。

以两岸四部成语词典中8个共有三字格为例,其释义设计体例和实际体例情况统计见表6:

表6 两岸四部成语词典三字格释义设计体例和实际体例情况统计表

词典 释义体例	大陆		台湾	
	《汉语成语辞海》	《成语大词典》	《成语典》	《远流活用成语辞典》
体例标记	空格	[ ]	□	【 】
设计体例数(个)	6	14	8	8
设计体例总计(个)	14		8	
三字格共有条目数(条)	8			
实际体例数(个)	35	46	50	60
实际体例总计(个)	81		110	
平均体例数(个/条)	5.06		6.86	

从表6可以看出,大陆成语词典释义的设计体例多,但实际运用到的平均体例数仅为5.06个/条,比台湾成语词典要少。而且大陆的《汉语成语辞海》的体例标记为空格,会造成读者阅读上的

困难,因为空格的隔断标记功能远远不如其余三部成语词典中的"[ ]""□""【 】"。

3.2 释义用字量

释义篇幅的长短一般通过用字量来体现。本文中的用字量仅指 Word 软件统计出来的"字"的数量,不包括其他类型的字符。

以两岸四部成语词典中 8 个共有三字格为例,其释义用字量情况统计见表 7:

表 7 两岸四部成语词典三字格释义用字量情况统计表

词典 释义用字量	大陆		台湾	
	《汉语成语辞海》	《成语大词典》	《成语典》	《远流活用成语辞典》
三字格共有条目数(条)	8			
用字量(字)	1 943	1 179	1 192	1 353
总用字量(字)	3 122		2 545	
平均用字量(字/条)	195.13		159.06	

从表 7 可以看出,大陆成语词典的平均用字量为 195.13 字/条,比台湾成语词典要多。换句话说,大陆成语词典的释义篇幅比台湾成语词典大。释义内容越丰富,说明其承载的释义信息量也就越多。

3.3 释义语源

释义语源也有广狭两种理解:广义的释义语源是指词条中出现的所有书证材料;狭义的释义语源,仅指词条中年代最早的书证。因为一个释义中,可能有多条书证,但出现年代最早的书证只有一条。本文统计的释义语源仅指狭义语源。

以两岸四部成语词典中 8 个共有三字格为例,其释义语源情况统计见表 8:

表8 两岸四部成语词典三字格释义语源情况统计表

释义语源	词典	大陆		台湾	
		《汉语成语辞海》	《成语大词典》	《成语典》	《远流活用成语辞典》
三字格条目数(条)		37	27	99	26
总使用次数(次)		64		125	
古代语源(次)		33	25	63	26
近现当代语源(次)		4	2	2	0
未注明语源(次)		0	0	34	0
古代语源	总计(次)	58		89	
	百分比(%)	90.63		71.20	
近现当代语源	总计(次)	6		36	
	百分比(%)	9.37		28.80	

从表8可以看出,大陆成语词典古代语源的三字格总使用次数为58次,所占比例为90.63%,比台湾成语词典高出近20个百分点。台湾成语词典近代、现代和当代语源的三字格总使用次数为36次,比例高达28.8%。充分说明,大陆成语词典侧重古代语源,台湾成语词典则强调古今语源并重。

3.4 释义方法

关于释义方法,两岸四部成语词典的表述不尽相同,具体列举如下:

大陆《汉语成语辞海》:①一般先解释成语中难懂字词,然后通释,最后为引申义和今义。浅显易懂的成语仅做通释。②多含义的成语而又不便明确分立义项的,一般先集中解释,然后再集中举例。若义项较多且意义又明显有别的,则分立义项,并分别举例。个别后起义若无书证材料可用,则在最后保留该义项。

大陆《成语大词典》：①一般先解释成语中比较难懂或容易引起误解的字词的含义，再解释整条成语的含义、比喻义和引申义。②对于比较浅显的成语则不解释字词而直接解释成语的含义。③对成语的解释以现代汉语中常用的意义为主。④副条不释义，以参见主条的形式处理。

台湾《成语典》：①一般先解释成语的字面义，后说明其比喻、引申义或用法，再解释难词、难字。②成语有两种以上用法时，则分项叙述。

台湾《远流活用成语辞典》：①先解释生难字词，再诠释整句成语的意蕴。②字词若为破音字，则针对词性之变换，解释其字义。

两岸四部成语词典三字格释义方法情况统计见表9：

表9　两岸四部成语词典三字格释义方法情况统计表

释义方法 \ 词典	大陆		台湾	
	《汉语成语辞海》	《成语大词典》	《成语典》	《远流活用成语辞典》
表述	①先释字词，然后释通，最后释其他义；②多义成语分项解释的，并分别举例。	①先释字词，再解释整条成语的含义和其他义；②以现代常用义为主。	①先释字面义，后说明其他义或用法，再释词、字；②多义成语分项叙述。	先释字词，再释成语的含义。①
特点	①解释成语的顺序一致；②多义成语分项解释。		①解释成语的顺序不一致；②多义成语分项叙述。	

---

① 《远流活用成语辞典》虽在"编辑凡例"中明确注明"先解释生难字词，再诠释整句成语的意蕴"，但在实际释义过程中，却出现了较多先解释整句成语的含义，再解释重点字词的情况。

从表9可以看出,两岸四部成语词典的释义方法的差别主要体现在两个方面:(1)释义的先后顺序;(2)多义成语的分项解释。两岸四部成语词典释义方法的不同主要在于解释成语的顺序方面,大陆成语词典严格贯彻"先字词,后通释"的释义顺序,而台湾成语词典的释义顺序则相对散乱。

4. 原因

4.1 三字格收词异同的原因

4.1.1 成语定义的不同影响收词

学界对成语的定义很不一致。《辞源》(1915)指出,成语,古语也,凡流行于社会,可征引表示己意者皆是。史式(1979)提出,凡是具有特定含义的定型词组,已经约定俗成,为书面语所接受了的,就是成语。马国凡(1983)认为,成语是意义上和结构上定型了的词汇单位。《现代汉语词典》(2012)认为,成语是人们长期以来习用的、形式简洁而意思精辟的、定型的词组或短句。《现代汉语》(黄伯荣、廖序东 2017:266)则指出,成语是一种相沿习用、含义丰富、具有书面语色彩的固定短语。即便贵为国内广为流行的大学教材,黄、廖本《现代汉语》一方面说"成语具有书面语色彩",一方面又说"成语可以来自口头俗语(古代俚语和后世口语)",前后自相矛盾。

两岸四部成语词典中,仅有台湾的《远流活用成语辞典》(陈铁军 2019)列出成语的定义:"定型而意义完整的词组或短句,以四字居多。它具有文化的传承性,为约定俗成之习惯用语。"其余三部词典均没有对成语下定义,显得讳莫如深。

从上述各家对成语定义的表述来看,成语的内涵和外延均各不相同。因此可以说,成语定义的模糊性,是影响两岸四部成语词典收词差异的重要原因。

4.1.2 成语与惯用语的区分不明影响收词

成语与惯用语的区分一直是老大难问题。学界先后提出过五个区分标准：(1)字数(音节数目)标准，认为惯用语大多三个字，成语大多四个字；(2)结构关系标准，认为惯用语大多动宾关系，成语却不一定；(3)定型程度标准，认为成语的定型程度比惯用语更高；(4)语体标准，认为成语多带书面语色彩，惯用语多带口语色彩；(5)表意的双层性标准，认为有表意双层性的是成语，没有双层性的是惯用语。但事实上，对上述五个区分标准，不少学者举出过反例予以辩驳。比如温端政(2005)就明确指出五个区分标准都不足以把成语和惯用语完全区分开来。再如曹炜(2004)指出，"一窝蜂、一溜烟、耳边风"等是词，而"杀风景、敲竹杠、破天荒"等是惯用语。学界对成语与惯用语的区分长期不明，直接影响到了三字格的收词。

三字格的收词容易走向两个极端。一是片面追求"纯"而"不收、漏收"。比如《中国成语大辞典(新一版)》(王涛 2017)只收四字格，完全删除了1996版中的36条三字格和所有超五字格。二是片面追求"全"而"滥收、误收"。比如《汉英对照成语词典》(陈永祯、陈善慈 2016)收有三字格118条，大量收录"别泄气、不表态、不害臊"等非固定短语。碍于四字格的主流地位，三字格一直不受成语词典待见，从而造成歧视、剔除三字格的现象；但如果过于追捧三字格，将不合格的三字格强行纳入成语词典，似乎也完全没有必要。

4.2 三字格释义异同的原因

4.2.1 释义体例的多寡影响释义内容

任何一部词典的容量总是有限的。如果设计的词典容量固定，词条的数量也固定，那么释义体例和用字量就呈现反比关系：释义体例的数量越多,那么单条释例的用字量就会变少;而单条释例的用字量变少,其承载的信息量就会相应减少。因此在词典编纂过程中,合理安排释义体例就显得十分重要。

4.2.2 释义体例的执行影响释义质量

释义体例设计好了,下一步就是贯彻和执行。单个词条的释义,是衡量一部词典规范性、整齐性和精细度的重要标志。比如语源的考释问题,越早的书证材料越接近语源事实,这是词典对语源遴选的基本要求。再如释义顺序的问题,是先解释字词,还是先解释整个成语的含义,理论上都是可以的。但整部词典的释义顺序应该统一规范,尽量要做到一把尺子量到底。对于这点,台湾《远流活用成语辞典》释义体例的贯彻和执行就不是特别规范。

参考文献

[1] 曹炜. 现代汉语词汇研究[M].北京:北京大学出版社,2004.

[2] 陈铁军. 远流活用成语辞典(平装版)[Z].台北:远流出版公司,2019.

[3] 陈永祯、陈善慈. 汉英对照成语词典[Z].香港:商务印书馆,2016.

[4] 《成语大词典》编委会. 成语大词典(最新修订版)[Z].北京:商务印书馆国际有限公司,2018.

[5] 黄伯荣、廖序东. 现代汉语(上)[M].北京:高等教育出版社,2017.

[6] 马国凡. 成语[M].呼和浩特:内蒙古人民出版社,1983.

[7] 三民书局成语典编纂委员会. 成语典(增订三版)[Z].台北:三民书局,2019.

[8] 史式. 汉语成语研究[M].成都:四川人民出版社,1979.

[9] 苏新春. 词汇计量及实现[M].北京:商务印书馆,2010.

[10] 王涛. 中国成语大辞典(新一版)[Z].上海:上海辞书出版社,2017.

[11] 温端政. 汉语语汇学[M].北京:商务印书馆,2005.

[12] 邹嘉彦. 从大数据库探讨两岸多地三音节词的发展[R].第三届"两岸语言

文字调查研究与语文生活"研讨会会议论文,2019.

[13]周荐.两岸语文词典收词、释义问题谈微[R].第三届"两岸语言文字调查研究与语文生活"研讨会会议论文,2019.

[14]朱祖延.汉语成语辞海[Z].武汉:武汉出版社,2003.

两岸汉语词的句法功能差异及其理论阐释

张先坦

（广州华商学院文学院）

【摘要】 两岸汉语词的句法功能存在差异已成客观事实。有学者从地缘政治、区域方言、外语交际等文化差异或社会因素方面对形成这种差异的原因进行阐释。但是，汉语在近 3 000 年前就存在这类现象，现在的大陆也依然存在，这些现象似乎并不能从上述原因中得到合理解释。我们认为，此类现象应该是一个共性问题，其根本原因应该是一致的，这是由汉语自身的规律及特点所决定的，无论是古代汉语，还是大陆或台湾的现代汉语。本文对此类问题做更进一步的探讨，并从理论的高度对此类问题做出更为合理的解释。

【关键词】 两岸；汉语词；句法功能；阐释

1. 引言

从现有的研究成果及当代两岸汉语文献的实际看，两岸汉语词的句法功能存在差异已成客观事实。台湾王祯和《素兰要出嫁》"外面春雨着"（"春雨"本是名词，在此句中充当了动词常有的句法功能，做了述语);台湾杨青矗《现代华佗》"他想如果他是女孩子,一定要天天来找他看病,想办法恋爱他"("恋爱"本是个不及物动词,在此句中充当了及物动词常有的句法功能,直接带了宾语);台湾李昂《她们的眼泪》"她总清寒着一张从不施脂粉的脸"("清寒"本是形容词,在此句中充当了动词常有的句法功能,做了述语)。这些例中的词的句法功能在当代大陆汉语文献中还未见到(侯昌硕 2003)。目前,对形成这种差异的原因,有多数学者是从地缘政治、区域方言、外语交际等方面来进行说明。如果是这样,那么我们的共同语汉语,在近 3 000 年前就存在这类现象,即使现在的大陆,某类词充当它不常有而其他类词常有的句法功能也是客观事实,这些现象,似乎并不能从上述这些原因中得到合理解释。我们认为,此类现象应该是一个共性问题,应该从语言自身的规律及特点上去找原因,无论是古代汉语,还是大陆或台湾的现代汉语,其根本原因应该是一致的。上述的这些文化差异或社会因素,只能当成诱因,而不是根本原因。如何从理论上做出阐释呢?我们认为,应该将词类的概念意义与词类在语法结构中的功能意义区别开来,应该将汉语无形态的语言与西方有形态的语言从形式上区别开来。我们的论证大约是:首先将词类划分为两个层面:一个是反映客观世界的词的概念意义上的类别,一个是语法结构体中的词的句法功能的类别。这样在讨论这类现象时,就不会将这两个层面的词类现象混为一谈了。其次是在原因的分析上也划分为两个层面:一个是表面上的社会、文化、个人等方面的直接原因,一个是本质上的语言自身的规律特点的深层原因。如此分析,可能更容易使学界形成对汉语此类现象的共识,以减少不必要的分歧。

2. 汉语词类的两个层面

2.1 以意义标准划分词类

我们认为,以意义标准划分词类更符合汉语的实际。这点早被汉语语法学家们所意识到了。马建忠(1983:23):"字各有义,……义不同而其类亦别焉。故字类者,亦类其义焉耳。""字有一字一义者,亦有一字数义者。……凡字之有数义者,未能拘于一类,必须相其句中所处之位,乃可类焉。"这里,马氏从意义标准对汉语的词类进行了概述。黎锦熙:"就词语在言语组织上所表示的各种观念,分为若干种类,叫做词类。"黎氏于此明确提出划分词类的标准是意义。又:"(观念是)一切外界的感觉,内心的知觉、想象,乃至概念等,凡是由认知作用而来的,都可以叫做观念。""词类是分别观念自身在言语组织中的品类。"(黎锦熙 1992:15,16)这里的所谓"观念",指的就是词的概念意义。

从传统语言学到现代语法学中的大多数论著来看,其词类划分大多也是根据词的概念意义。如《马氏文通》"名字所以名一切事物者","凡实字以肖事物之形者曰静字","凡实字以言事物之行者曰动字"(马建忠 1983:21,33);《新著国语文法》"名词是事物的名称,用来表示观念的实体","动词是用来叙述事物之动作或变化的","形容词是用来区别事物的动作、形态、性质的"(黎锦熙 1992:19);《现代汉语》"名词表示人或事物和时地的名称","动词表示动作、行为、心理活动或存现、变化、消失","形容词表示性质、状态"(黄伯荣、廖序东 2007:8,9,11);等等。他们对词类划分所依据的标准都是观念上的概念意义。正如何容(1985:36—37)所云:"我们的文法家对词类的区分虽然有两种不同的主张,可是他们却有一个共同的认识,就是词类是由词义的不同而分的。"

以上所述的据意义标准划分词类,是汉语语法研究中的基础之基础,也是词类两个层面中的第一个层面。

2.2 以功能标准区分词类

在近几十年来的语法研究中,亦有根据句法功能的标准来划分词类的,最具代表性的论著就是朱德熙的《语法讲义》。他认为,"划分词类的根据只能是语法功能","划分词类的目的就是把语法性质相同或相近的词归在一起"。结果是:"体词的语法功能主要是作主语和宾语,一般不作谓语",其中有"名词""处所词"等小类;"谓词的语法功能主要是作谓语,同时也能作主语和宾语",其中有"动词""形容词"等小类(朱德熙 1982:40)。不可否认,据句法功能的标准来划分词类,在实践中会遇到较大的麻烦,比如说《语法讲义》中有"代词"一类,它既是体词又是谓词;又说"谓词也能作主语和宾语",却不见《语法讲义》中的"动词"和"形容词"也有体词和谓词这两种类型;体词分类中,"水"是名词,而"北京"为什么就不是名词,而是另一类词"处所词"? 这些足见句法功能标准在汉语词的分类中具有较大的不可操作性,它始终不能贯彻到底,反而把简单的问题复杂化了。

我们认为,词类的句法功能标准并不是没有价值,而是它的价值主要是用来辨别词的类别,而不是用来划分词的类别。已有学者提出"归类"一说以区别"分类",如亢世勇(1994)。所谓"归类",就是将句子中的词根据它所充当的句子成分,然后把它归入到某一词类当中去,核心是"辨别词性或词类"。如"名词",其基本句法功能是在句中做主语、宾语、定语,以及古代汉语判断句中的谓语,可以推论,某个词在句子中如果能够满足这四个条件,甚至是其中之二、之三或之一,那么就可以大致认定该词是一个名词,这是大概率事件。但是,我们又不能说,凡是符合这个句法功能标准的就一定是名词。什么原因呢?因为那个词类和此个标准是属于两个不同层面的问题;那个词类(分类)属于第一层面,此个"归类"(据句法功能标准)属于第二层面。黎锦熙(1955)在阐述他的"依句辨品"时说:"其实,辨,就是辨别,依着句子的组织来'辨别'固有的词类,正和依着'词组'来'鉴定'词类是同样的意义;并不是说'依句分类',要依靠词儿进入句子组织中才'区分'得它的词类出来;'依句分类'是不正确的;'依句辨类'是压根儿没问题。"这里的所谓"固有的"词类,指的就是以意义为标准划分出来的词类,也就是我们所说的汉语词类两个层面中的第一个层面;那个"依句辨类",实际上就是依据句法功能将词进行的"归类",也就是我们所说的汉语词类两个层面中的第二个层面。

3. 汉语词类两个层面的意义

3.1 可以更有效地解释汉语的词类活用

什么是词类活用?依据词类两个层面的理论,词类活用就是:第一层面的词类在第二层面的语法功能类发生了改变,非是第一层面的概念意义类或词性发生了改变。第一层面原来是什么类,活用后依然是什么类。

当然,这种用分别词类两个层面来解释词类活用现象并非我们的首创,最早可以追溯到《马氏文通》,其云:"夫字无定类,是惟作文者有以驱遣之耳。"(马建忠 1983:112)此"字无定类"的"字"指的是"字类"(即"义类"),是属于词类的第一层面;"无定类"指的是"字"的语法功能类,是属于词类的第二层面。在这里,我们绝对不能将"字无定类"理解为"字中本来就没有固定的字类",因为马氏已经说过:

"字分九类,足类一切字,无字无可归之类,亦类外无不归之字矣。"(马建忠 1983:23)

《马氏文通》关于"词类活用"的举例分析也完全符合词类的两个层面。如:

> 更有以公名、本名、代字、动字、状字用如静字者。(马建忠 1983:112)

此"用如静字",即前面五种字类的句法功能改变为与静字的句法功能相同,并非说这五种字类变成了静字。前五种字类是据意义分出来的类,属于第一层面;"用如静字"指的静字的语法功能类,属于第二层面。

> "王道""王政""臣德""臣心"之类,"王""臣"二字本公名也,今先于其它公名,则用如静字矣。又"齐桓""晋文""尧服""舜言"之属,"齐""晋""尧""舜"皆本名,今则用如静字。(马建忠 1983:112)

此例可解读为第一层面的名字(公名与本名)在句中充当了第二层面静字的句法功能,而名字的字类未变。

> "吾国""吾家""其言""其行"诸语,"吾""其"二字,皆代字也,今则用如静字。(马建忠 1983:112)

此例可解读为第一层面的代字在句中充当了第二层面静字的句法功能,而代字的字类未变。

> "饥色""饿莩"诸语,"饥""饿"本动字也,今则用如静字。(马建忠 1983:112)

此例可解读为第一层面的动字在句中充当了第二层面静字的句法功能,而动字的字类未变。

> 至《庄子·逍遥游》云:腹犹果然。"果然"本状字也,今为表

> 语,用如静字。而史籍内"款款之愚""拳拳之忠""区区之薛"等词,凡重言皆状字也,今则用如静字。(马建忠 1983:192)

此例可解读为第一层面的状字在句中充当了第二层面静字的句法功能,而状字的字类未变。又如:

> 有假状字为动字者,无定例。惟状字所以貌动字之容,用如动字,则止言其容,故以为内动字者为常。(马建忠 1983:194)

《马氏文通》于此使用专门术语"假"来阐释"词类活用"或类似"词类的两个层面"的问题。其中"假状字为动字",就是"状字用如动字",与我们上面分析的"用如静字"一致,即"状字"属于词类第一层面,"用如动字"属于句法功能第二层面。《马氏文通》不仅有"假状字为动字者",还有"为名字者",或"借动字为名字者",等等。

> 《孟·尽下》:"贤者以其昭昭使人昭昭,今以其昏昏使人昭昭。"两言"使人昭昭","昭昭"重言,本状字也,今用如内动字,以貌起词之容。(马建忠 1983:194)

此例可解读为第一层面的状字在句中充当了第二层面内动字的句法功能,而状字的字类未变。

> 《穀·隐元》:"何甚乎郑伯?甚郑伯之处心积虑,成于杀也。""甚"本状字,极至之辞,今假为外动。(马建忠 1983:195)

此例可解读为第一层面的状字在句中充当了第二层面外动字的句法功能,而状字的字类未变。

> 《孟·尽下》:"贤者以其昭昭使人昭昭,今以其昏昏使人昭昭。"上"昭昭"与上"昏昏"皆状字也,而用如名字。(马建忠 1983:34)

此例可解读为第一层面的状字在句中充当了第二层面名字的句法功能,而状字的字类性质未变。

3.2 更容易区分汉语与西语的不同特点

主张从汉语句法功能标准划分词类的学者,多半是受到西方表音文字的影响,同时又忽视了汉语自身的特点。西方语言为什么可以从形式上根据句法功能划分词类,而我们汉语却不能,原因就在于西方语言是拼音文字,文字有音无义,句子组织的规则是建立在一套具有形态标志的形态系统之上,所以词类划分只能依据形式或形态;我们汉语则不同,汉字是表意文字,汉语是无形态的语言,因此划分词类只能依据意义。这种区分,也可以从词类的两个层面得到更好解释。就是说,西方语言据形态划分词类的第一层面与据功能区分词类的第二层面完全一致,二层面可以一一对应,而汉语据意义划分词类的第一层面与据功能区分词类的第二层面不一定完全对应。

亢世勇(1994)认为:"在词类与句子成分的对应上,西方语言与汉语有本质的区别。西方语言词的形态发达,同一意义的词形态不同,就属不同的词类,也就充当不同的句子成分。反过来,不同的句子成分决定同一意义的词有不同的形态,属于不同的词类。……这样,词形、词类、句子成分,三位一体,互相联系,从词形分出来的类,同样可以在以句子成分分出的类中得到印证。""而汉语呢?缺乏形态变化,……从意义划分出来的词类和句子成分更无必然联系,……这样以意义为标准划分的类就很难和以句子成分为标准分的类对应起来了,句子成分也就很难决定词类了。"

亢世勇的这些阐释,与我们从词类的两个层面区分两种语言的不同特点的解说,其实是一致的。

4. 词类功能差异的原因分析

我们认为,形成词类功能差异的原因也有两个层面:一是汉语结构内在的本质特点,一是汉语结构外在的诱发因素。

4.1 汉语结构内在的本质特点

还是回到"引言"中所提出的几个例子:

(1) 外面春雨着。(台湾王祯和《素兰要出嫁》)

(2) 想办法恋爱他。(台湾杨青矗《现代华佗》)

(3) 她总清寒着一张从不施脂粉的脸。(台湾李昂《她们的眼泪》)

当今语法书对这几个例子的解释一般为:例(1)"春雨"名词活用为动词,例(2)"恋爱"不及物动词活用为及物动词,例(3)"清寒"形容词活用为动词。但是,这些解释均未指出其活用的本质。我们现在从词类的两个层面,并结合例(1)来对此类问题展开论述。

例(1)"外面春雨着"的"春雨"是名词,其类型属于词类中的第一层面,只是因为"春雨"处在了动词这个句法位置上,后面还明显地跟着一个宾语(他),所以它才具有了动词的句法功能,此属于词类的第二层面。

基于词类这两个层面的解释仍有可能被质疑,即为什么说这个"春雨"就一定是名词而不会是动词? 为了解答这个问题,我们设立"里层语义结构"与"外层表达结构"这两个语法范畴。

所谓里层语义结构,是指人们在表达前运用语言中的词语通过大脑思维活动所构成的词语组合序列,它已有一个相对独立完整的意义(具有完足的特点)。所谓外层表达结构,是指大脑思维活动所构成的词语组合序列通过书面语形式所表达出来的语言结构,具有可视性与可读性,通常是用来交际的。里层语义结构与外层表达结构通常一一对应,如"外面(处所)+下(动词)+着(助词)+春雨(名词)"这个里层语义结构,其外层表达结构通常是"外面+下+着+春雨"。这种里外一一对应是语言表达中常有的现象。但是,语言的表达由于多种主客观因素的影响,又可以不完全与里层结构一一对应,或者有增减词语,或者有改变语序,这也是语言的本质所在。如例(1)"外面春雨着",这是一个外层表达,与"外面(处所)+下(动词)+着(助词)+春雨(名词)"这个里层语义结构就没有一一对应,其间少了一个动词"下",同时语序也发生了改变。但读者或听话人之所以还能够理解这个句子,是因为在人们的大脑中已经事先储备了这个里层的语义结构形式,换言之,事先储备的这个里层语义结构形式,正是人们对外层表达结构理解的基础。这样,我们就可以回答前面被质疑的问题了。

A. 里层:外面(处所)+下(动词)+着(助词)+春雨(名词)

B. 外层:①外面+下+着+春雨

②外面+春雨+着

对比 A、B,B①与 A 一一对应,动词"下"无缺。B②与 A 不完全对应,少了一个动词"下"。符合逻辑的推理是,B②只是少了一个动词"下",不能因此说"春雨"是动词。又通过对比 B①与 B②,我们也丝毫感觉不出"春雨"是动词,可见,"春雨"在句中依然是名词。

当然,这个证明还只是第一步,因为它似乎还不够有强大的说服力,人们还可以追问:这个外层表达形式是汉语的特点吗?是自古以来的汉语语法现象吗?对这些问题,我们要以古代汉语的语言事实为例,以做出更进一步的证明。

(4)左右欲刃相如。(《史记·廉颇蔺相如列传》)

将此例的核心成分提取为:刃+相如。(按:提取核心成分是为了方便行文,下同)

"刃+相如"是一个外层表达结构。那么,对应它的里层语义结构是什么呢？一般说来，我们大脑中储存的词语会根据我们大脑的思维活动自动构成一个完整表达这个意思的序列："杀（动）＋相如（名）＋以（介）＋刃（工具）"，或："以（介）＋刃（工具）＋杀（动）＋相如（名）"。只不过这个假定的里层语义结构还需要证明，而这个证明则只需要在外层表达式中找到一个与这个里层语义结构完全对应的表达式即可。

(5) 杀人以梃与刃，有以异乎？（《孟子·梁惠王上》）

这是我们找到的一个与我们假定的里层语义结构完全对应的外部表达。其核心成分可提取为：杀＋人＋以＋刃。根据前面的分析可以推导出：

A. 里层：杀＋相如/人＋以＋刃

B. 外层：①杀＋相如/人＋以＋刃

　　　　②刃＋相如/人

对比 A、B，B②比 B①只是少了一个介词"以"和一个动词"杀"，而"刃"虽然充当的是动词的句法功能，但它的词性未变，仍然是个名词。

如果说这个推理可以成立，那么如下的推理就是一个一个的佐证。

(6) 夫如是，故远人不服，则修文德以来之。（《论语·季氏》）

这个外部表达的核心成分可提取为：来＋之。同时，在古代汉语中还有另一类与之语义完全相似的表达：

(7) 郑伯使宛来归祊。（《左传·隐公八年》）

这个外部表达的核心成分被提取为：使＋宛＋来。根据内部语义结构完足的特点，对应(6)(7)的内部语义结构形式应该是：使(使令)＋之

(宛)代、名＋来(不及物动词)。这样如上例(6)的分析就可综合为：

  A．内层：使＋之＋来

  B．外层：①使＋之＋来

     ②来＋之

  对比 A、B 及 B①、B②，"来"虽然在 B②中是充当及物动词的句法功能，后面跟有宾语(之)，但它的不及物性质并没有改变，依然是个不及物动词。

  (8)夺之人者臣诸侯。(《荀子·王制》)

此例的核心成分是：臣＋诸侯，这是一个外部表达结构。同时，古代文献中还有：

  (9)子疾病，子路使门人为臣。(《论语·子罕》)

其核心成分为：使＋门人＋为＋臣。这也是一个外部表达结构。那么对应(8)(9)外部表达结构的内部语义结构就是：使(使令)＋门人/诸侯(名)＋为(动)＋臣(名)"。综合例(8)(9)的分析就是：

  A．内层：使＋诸侯/门人＋为＋臣

  B．外层：①使＋诸侯/门人＋为＋臣

     ②臣＋诸侯/门人

由此可知，例(8)"臣诸侯"中的"臣"本质上还是名词。

  由此类推，古代汉语中所有的词类活用的例子都可以用此种证明方法得到合理的解释。这也就是我们针对词类活用的本质所做出的解释。既然本质特点乃汉语共同之特点，所以无论是在台湾还是在大陆，其词类活用的本质是没有变的，因此其根本原因也就没有什么不同了。

4.2 汉语结构外在的诱发因素

  正是因为汉语的本质特点，才决定了汉语词类活用的可能性，无论是在大陆还是在台湾。目前学者所揭示的两岸词的那种句法功能的差异性,其表现主要是在于外部表达层的词语运用,即同一个词语,在台湾作家的文献中有活用,而在大陆则没有;反之亦然。我们认为,导致这类差异的原因,主要是语言表达层的外部因素,归纳起来大致有如下几个方面。

4.2.1 作家表达之主观欲望

作家的写作,除了遵守一般的语言规则外,还会特意追求一些表达上的灵活多变的形式,其中,词类活用就是他们最为喜欢运用的一种形式。这个完全是出于作家个人的喜好,具有较强的主观性与偶然性。但必须有一个前提,就是在他们认知域中,他们假定的受众群体,一定是有文化基础、想象能力和理解能力的群体,这个群体对于他们的这种表达一定是能够理解和明白的。如例(2)"想办法恋爱他"(台湾杨青矗《现代华佗》),这个表达完全出于作家主观,受众对此表达也完全不会感到有什么费解,反而觉得其表达活泼、幽默、有趣。

4.2.2 简约经济之行文要求

经济原则是语言表达中的基本原则,对表达者有自觉与不自觉的制约作用,所以,不同个性的作家有时为了体现这一原则,也就选择了词类活用的表达方式。比如我们前面所讨论的例(8)"臣诸侯"的词类活用表达就比"使诸侯为臣"的一般表达要更简练。再如今天常用的一个词"私信",它是个名词,在用手机发微信时,它经常用如动词,如"请私信我"。这显然是为了满足语用简洁、传播速度加快的这个交际要求。因为是手机,传媒工具或方式比以前发生了很大的变化,如果还像以前书信时代那样按照规范语法的标准来行文,像"请私下给我写个信函""请给我写个私信""请写个私信给我"等等这么表达,那么我们就很难满足当今快餐文化的需求了。

4.2.3 特殊文化现象之影响

在言语的表达中,某些特殊文化的影响,导致某些体现特殊文化的词语在运用上,被赋予一种比喻象征的表达方式,而这一表达方式可以通过词类活用的巧妙来实现。如"其实我平时没那么绅士"(池莉《绿水长流》),"他长就一张很西藏的忠厚的脸"(余纯顺《走出阿里》)。这两例中的"绅士""西藏"两个名词均活用为形容词,这两个活用显然是分别受到英国绅士阶层文化与中国西藏民族文化的影响所致。

4.2.4 追求修辞效果之使然

修辞是汉语最常见的表达方式,词类活用,则常常是为了满足修辞这一表达方式的需要。比如"亏了集体,肥了个人"(大陆),后面一句"肥"是形容词用如动词(使动),这是因为上句是一个动宾结构,为了求得句式整齐的修辞效果,于是后面一句的形容词"肥"就必须用如动词,同时还必须带宾语。又如"白嫩肌肤"(大陆)这个广告词,撇开特殊语境,它可理解为"白嫩的肌肤",也可以理解为"使肌肤白嫩"。广告词正是利用它的歧义特点,所以才具有更丰富的内涵,起到了修辞上意想不到的效果。再如"财政紧不能紧教育,日子苦不能苦孩子"(大陆)。这对标语中的形容词"紧""苦"活用为动词,其后有宾语,之所以要这么表达,完全是为了满足汉语中对偶修辞格的要求。

4.2.5 行文表达之类推作用

语言表达中的类推作用也很明显,如"别烦我""别恶心我""别馋我",其中形容词"烦""恶心""馋"均用如动词(使动),这一系列的活用现象,显然是受到"别+形容词+我"这一格式的类推作用而形成的。

5. 结语

前文我们较充分地阐释了汉语词类两个层面的理论及意义,认为汉语词类活用现象属于词类的第二层面,其词性未变,仅是其语法功能的改变。除此之外,我们还认为"变换"与"递归"的造句方法也似乎可以用来解释词类活用的本质。以下是我们用此二种方法排比出来的两组句式:

   A:打;喜欢打;打人;喜欢打人;打他,我喜欢。

这些"打"无论在哪种格式中,其词性与词义均没有发生变化,只是其所处的句法位置有些变化。

   B:看书;喜欢看;喜欢看书;我讨厌他喜欢看书;喜欢看书有什么不好吗?

这些格式中的"看"在句法位置中的句法功能不尽相同,但其词性及意义并无改变。

另外,在当今多媒体网络时代,以上所讨论到的汉语词类活用现象尤其频繁,这说明什么?难道说是这个时代的文化造成的吗?显然不是,这些都是诱因,真正的原因是语言的内部机制,这个机制就像是我们的大脑具有无穷大的容量让我们去开发,只要不违背它的规律,这种现象产生的可能就会无时无处不在,大陆是这样,台湾也是这样。两岸本属同一汉语,因此,它们的基因永远是相同的。

参考文献

[1]何容. 中国文法论[M].北京:商务印书馆,1985.

[2]黄伯荣、廖序东. 现代汉语[M].北京:高等教育出版社,2007.

[3]侯昌硕. 从台湾当代小说看海峡两岸汉语的语法差异[J].延安大学学报(社

会科学版),2003(4).

[4]亢世勇. 试论"依句辨品"是一种辅助性的词的归类标准[J].西北大学学报(哲学社会科学版),1994(4).

[5]黎锦熙. 词类大系——附论"词组"和"词类形态"[J].中国语文,1955(5).

[6]黎锦熙. 新著国语文法[M].北京:商务印书馆,1992。

[7]马建忠. 马氏文通[M].北京:商务印书馆,1983.

[8]朱德熙. 语法讲义[M].北京:商务印书馆,1982.

台湾地区东南亚新住民语言研究

龙东华

(闽南师范大学文学院)

【摘要】 台湾地区是一个典型的移民社会。20世纪七八十年代,许多东南亚女性嫁到台湾,成为台湾新住民群体的重要组成部分。初到台湾的东南亚新住民,尤其是非华裔新住民,中文能力弱,无法与人沟通,产生了很多社会问题。本文以台湾地区高雄市的东南亚新住民为研究对象,进一步探究东南亚新住民语言使用、语言能力及语言态度状况,并在豪根(Einar Haugen)"隐喻式"语言生态理论的基础上,深入剖析新住民的语言生态系统,针对新住民语言生态问题提出合理建议。

【关键词】 台湾地区;东南亚;新住民;语言研究

台湾地区新住民源于20世纪60年代末至70年代初,由于少子化、老年化等社会人口问题,台湾男性面临婚娶困境,传统华人社会重视传宗接代的观念迫使很多台湾男性选择迎娶东南亚地区的女性为妻。这种通过跨境婚配与台湾本地人结婚的群体被称为"新住民"。台湾有关部门2022年6月底的统计数据显示,新住民总数为572 733人,加上新住民子女,新住民族群人口已超过百万,台湾地区少数民族总数为581 692人。^①新住民总人口已超过台湾少数民族人口,成为继闽南、客家、外省籍之后的第四大族群。本研究拟对台湾东南亚新住民语言使用、语言能力及语言态度做深入调查,提出解决新住民语言生态问题的对策和建议。

1. 研究设计

1.1 研究背景

2016年5月20日,台湾地区领导人蔡英文在就职演讲上,正式宣布推动所谓的"新南向政策"。"新南向政策"实为李、扁"南向政策"的翻版和延伸,企图通过加强与东盟十国、印度、澳大利亚、新西兰在经贸、人才、资源、区域连接等方面的合作来摆脱对我国大陆市场经济的依赖。2017年1月1日,台当局在《新南向政策工作计划》中写道:"台湾有15万的非台籍配偶,未来皆应妥善运用,培养其成为经营新南向市场的尖兵,做为'新南向政策'的连结基础,同时培育新住民第二代成为'新南向'种子。"^②新住民(尤其是东南亚新住民)及其子女一下子被视为沟通东盟及南亚市场的语言工具,新住民所具备的东南亚语言沟通能力从最初的歧视变为现在的高度重视,一系列发展东南亚语言的教育辅导措施也相继出台,特别是在2019年正式施行的新课纲中,台湾地区教育主管部门将东南亚的越南、印尼、泰国、缅甸、柬埔寨、菲律宾、马来西亚七国语言纳入语文课纲。东南亚七国语言与闽南、客家、当地少数民族语言"平起平坐",成为

---

① 参见 https://www.immigration.gov.tw/5382/5385/7344/7350/8887/? alias=settledown。

② 参见 https://www.ey.gov.tw/otn/AC05EFB83B42F3A4/7b70050c-26e4-40dc-9241-14f924564ff7。

小学阶段的必选课,中学阶段的选修课。新住民族群及新住民母语已经成为台湾当局妄图脱离我国大陆的政治工具,而我们对东南亚新住民族群及其语言使用情况的了解却非常有限。

1.2 研究价值及意义

新住民是台湾地区的新兴族群,深入开展东南亚新住民语言研究,不仅可以真实了解台湾地区新族群的语言实况及现实需求,为国家有关主管部门准确看待台湾社会新族群的身份认同、意识形态等方面提供强有力的数据支撑,相关研究建议还能为国家主管部门和地方政府在扩大对台交流、加强区域合作时提供咨询和参考。

1.3 研究目标

本文的研究目标是客观真实地了解台湾地区东南亚新住民语言使用、语言能力及语言态度状况,分析新住民当前的语言生态,并在豪根(Einar Haugen)"隐喻式"语言生态理论的基础上,深入剖析新住民的语言生态系统,为解决新住民语言生态问题提出相关建议。

1.4 调研地点

本次调研地点位于高雄市,共开展三次调研,调研时间分别是2017年、2018年及2019年,每年一次,以便更好地连续观察新住民语言文字状况。

1.5 调查对象

本文的研究对象为居住在高雄市的东南亚华裔与非华裔新住民。综合考虑新住民身份较为敏感特殊、接触难度大、语言沟通能力有限等因素,我们在高雄市主要调查对象为参与各种新住民活动、具有一定语言沟通能力的东南亚华裔及非华裔新住民。

1.6 研究方法及内容

本研究主要采用问卷调查、访谈及参与观察等方法,调查高雄市东南亚新住民的语言使用状况。调查问卷的内容包括语言状况和个人基本信息两大部分。第一部分的语言现状分为语言使用、语言能力、语言态度三个方面,共44题。语言使用主要包括与台湾的家人、邻居以及与母国亲人、朋友对话所使用的语言,共12题;语言能力主要包括新住民听、说、读、写能力的自我评价以及如今说得最好的语言,共5题;语言态度主要包括语言认知5题、语言情感4题及语言行为18题。关涉对"国语""闽南话""客家话""新住民母语"等多种语言的考察。第二部分为个人基本信息,包括姓名、出生年月、现居地、台湾生活时间、结婚时间、现在身份、文化程度、职业、子女数、子女性别、是否是华人、华人血统、会说几门语言、年收入(自愿填写)等信息。

结构和半结构访谈法相结合的研究方法也将充分运用在调研过程中,即对于语言听、说能力好的新住民、新住民工作者、新住民研究人员主要采用半结构访谈法来获得访谈框架外的更多信息;对于语言听、说能力有限的新住民主要采用结构访谈法。

同时,本研究努力深入到研究对象的生活中,在实际参与研究对象日常社交活动的过程中对研究对象进行深入观察。在2017年至2019年期间,笔者共参与新住民大型活动10场,通过直接参与新住民活动来了解新住民的语言文字使用的自然状况,观察其整体语言面貌。

2. 调查结果分析

由于新住民身份敏感特殊,故只能通过社团的新住民活动来接触更多的新住民,东南亚新住民绝大部分不认识汉字,本调查只能通过现场"一问一答"的方式来收集问卷。调查对象的原国籍、年龄、学历、职业及语言等基本信息如表1所示：

表1　调查对象的原国籍与语言信息（人数：36）

国别	原籍国				语言信息			
	越南	印尼	泰国	缅甸	"国语"+母语	"国语"+母语+方言	"国语"+母语+英语	"国语"+母语+方言/英语+……
人数	24	10	1	1	4	13	7	12
比例（%）	66.7%	27.8%	2.78%	2.78%	11.1%	36.1%	19.4%	33.3%

如表1所示，在原国籍上，越南新住民占了三分之二以上，这与越南新住民在整个高雄市东南亚新住民中所占的比例是匹配的。新住民会说的语言中接近90%的新住民会三种或者三种以上的语言。

表2　调查对象的年龄与学历信息（人数：36）

指标	年龄			是否为华裔		受教育程度			
	30—40	>40	不详	华裔	非华裔	初中	高中/职高	本科	研究生
人数（人）	17	17	2	14	22	6	13	13	4
比例（%）	47%	47%	5.6%	38.9%	61.1%	16.7%	36.1%	36.1%	11.1%

如表2所示，在年龄上，30岁以下的没有，30—40岁的占一半，40岁以上占一半。华裔新住民占一半略少，非华裔的占一半略多，该信息与新住民的语言背景与文化背景有很大关系。受教育程度的五种情况依次为高中/高职=本科＞初中＞研究生，小学学历的新住民没有，初中+高中/高职＞本科+研究生。现实状况下，新住民的学历水平大部分集中在小学、初中阶段，由于我们这次的问卷中有7

份是在高雄师范大学举办的师资培训班上获得的,参加培训班的老师学历都集中在本科、研究生阶段,故整体上拉高了问卷的学历水平。

表3 调查对象来台后从事的职业(人数:36)

指标	职业						
	家庭主妇	农民	工厂打工	服务行业	开店做生意	语言翻译	老师
人数	4	4	1	2	8	10	7
比例(%)	11.1%	11.1%	2.8%	5.6%	22.2%	27.8%	19.4%

表3显示调查对象所从事的职业,"家庭主妇"为无职业,当了专职太太。其他六种职业依次为语言翻译＞开店做生意＞老师＞农民＞服务业＞工厂打工,翻译、老师属于知识性工作,与表2中显示的较高学历有关。但在这需说明的一点是,此处的翻译、老师几乎都指兼职类的翻译工作和教学工作,很多情况是她们既是翻译又是老师,并非我们通常理解的全职性质。大部分新住民还是从事具体事务性工作。

2.1 新住民日常交际最常使用"国语",闽南话是最常使用的汉语方言

通过问卷数据、典型个案及相关工作人员的访谈资料发现,东南亚新住民日常交际最常使用"国语",闽南话是最常使用的汉语方言,母语使用场所少,使用频率低;新住民在家使用什么汉语方言是由夫家的家庭方言决定的,当华裔新住民原生家庭方言与台湾家庭方言发生冲突的时候,新住民会选择放弃使用原生家庭方言来迎合夫家的家庭方言;学历高、从事第三产业的新住民使用"国语"频率较高,

学历稍低从事第一、二产业的新住民使用闽南话的频率较高;新住民夫家家人的语言态度及家庭语言生态环境是新住民学习"国语"、汉语方言的主要动机来源。同时,研究还发现,台湾家庭普遍存在语言代际转移现象,即由汉语方言越来越趋向使用"国语"的语言转移现象及事实。但东南亚华裔和非华裔新住民在"国语"、汉语方言及母语的使用上既有相同之处,也存在一定的差异。

新住民母国家庭的语言背景决定了新住民的"国语"、汉语方言的使用能力,即华裔新住民的"国语"、汉语方言能力普遍好于非华裔新住民;新住民是否为华裔成为新住民语言使用权利的关键因素,华裔新住民可比较自由决定子女的语言学习,非华裔新住民子女语言学习易受到夫家家人的干涉;华裔新住民使用"国语"、汉语方言频率的高低与新住民的年龄,在台生活时间有关,年龄越大,在台生活时间越长,方言使用频率越高;非华裔新住民常常最先学会使用"国语",后学会汉语方言,且在台生活时间越长,方言使用频率也会更高。

总之,从新住民语言使用数据结果和访谈资料来看,无论是华裔新住民还是非华裔新住民,嫁入台湾之后都是新住民主动学习、迎合夫家的语言,并没有夫家家人去迎合新住民母语的情况出现,先生原先本就在新住民母国工作的特例除外。社会自动形成的这种"语言共识"受社会长期以来形成的语言观念、语言地位、语势强弱等多种社会因素影响,这种长期形成的社会语言文化生态环境常"逼着"新住民不断提高自己"国语"及汉语方言的能力。

2.2 新住民大都拥有多语能力,"国语"听说能力较好但读写能力较差

数据显示,被测新住民至少会说三种("国语"、汉语方言、母语)

或三种以上的语言/方言；新住民"国语"听、说能力较好，但读、写能力较差，"国语"交际过程中常出现较多的语音、词汇、语法错误；越接近城市中心地带的新住民"国语"能力好于汉语方言，越接近偏乡地带的新住民汉语方言能力普遍好于"国语"。

新住民母国家庭语言背景、夫家家人的支持程度会直接影响新住民的语言能力，即华裔新住民的"国语"、方言能力普遍较高，夫家家人支持新住民去到正规语言课堂学习的新住民，"国语"能力也普遍较高。新住民"国语"能力的高低与母国学历无关（在母国学习的专业为中文的新住民除外），与台湾地区学历有关，即母国学历高的新住民"国语"能力不一定高（母国专业为中文的除外），母国学历低的新住民"国语"能力也可能更高，但是在台湾地区学历高的新住民，"国语"能力都普遍更高。是否走出家庭、步入社会是新住民语言能力高低的一个重要分水岭，一直在家当家庭主妇的新住民"国语"能力普遍较低，有的嫁入台湾多年依然无法用"国语"与人正常交流，已经步入社会工作的新住民"国语"能力普遍较高，一般不存在语言沟通障碍。新住民在认知上形成了身份认同与语言认同统一的现象，即新住民心理上认为"国语"能力高低是她们对"台湾媳妇儿"身份认同最好的证明，为了证明自己对"台湾媳妇儿"身份的完全认同，新住民认为自己说得最好的语言是"国语"。

"国语"听说能力好的新住民可与家人进行正常沟通，能更快融入家庭、社会生活，读写能力好的新住民就业范围更广，她们可借助母语优势在台湾从事和自己母语相关、相对轻松的职业，如语言翻译、东南亚语教师等，读写能力好的新住民还可以辅助孩子的学业，加强与学校老师的沟通；"国语"听说能力差的新住民与夫家家人无法正常沟通，沟通障碍是造成家庭关系紧张的主要原因，面临更大的心理压力,且读写能力较差的新住民就业范围较窄,一般只能从事具体事务性的工作,如农民、工人、店员等,同时也无法辅导孩子的学业,与学校老师沟通较少。

新住民语言能力直接影响到新住民的家庭关系、子女教育、就业、职业、心理等方面,新住民的语言能力不仅与自身有关,还与家庭、家人、学校教育、工作经历、居住地及居住地所处的整个语言文化生态都息息相关。

2.3 新住民高度认同"国语"和闽南话,母语情感认同与语言行为、母国身份认同形成反差

新住民语言态度的考察主要从情感认知和行为倾向两个维度进行。认知主要考察新住民对多语的认知态度,由于语言情感、身份认同等相对敏感、复杂,直接施测新住民难免因碍于情面、道德捆绑等而给出与心里想法不一致的答案,故本研究选择了从侧面施测的策略,将对新住民自己母语情感、母国身份认同的测试分别转嫁到新住民对自己子女的母语教育和子女新住民身份认同上。施测结果显示,华裔新住民与非华裔新住民在语言态度上既有相似之处,也存在一定的差异。

相似之处为:第一,新住民不管是华裔还是非华裔,对"国语"在情感认知和行为倾向上都表现出较积极的态度,二者"国语"的情感认知和行为态度是相匹配的;第二,二者都表现出了较强的多语意识,都注重多语的知识性,特别是对母语的文化价值表现出较强烈的情感认同;第三,二者强烈的母语情感认知与实际的母语学习行为都存在较强烈的反差;第四,在语言学习方面,大部分新住民会选择接受台湾地区当地的语言课程,但课堂之外大部分新住民都没有固定的额外的语言学习时间,因此都认为学"国语"最好的方法是听广播、看电视。

不同之处在于：第一，非华裔新住民认同孩子为新住民族群的比率低于华裔新住民，台湾社会普遍不认同新住民子女的新住民身份；第二，非华裔新住民比华裔新住民更看重多语带来的就业机会，更具体地说，即非华裔新住民更把母语当作寻求工作的一种工具。

通过对新住民语言态度的数据结果分析发现：新住民身份与母国身份分离，即新住民出现认同自己新住民身份而不认同自己母国身份的现象；母国身份与母国语言文化认同的分离，即新住民认同母国文化却不认同自己的母国身份；"国语"和母语的语言双重认同，新住民在情感上既认同"国语"又同时认同母语；新住民强烈的母语情感认同与实际母语教育行为倾向的反差，身份认同影响语言行为，即新住民情感上认同母语，但并没有付诸相应的母语行为，且新住民对自己母国身份的不认同也影响了新住民的母语行为；传统的家庭分工造成了新住民与新住民子女的语言代际困难，女性"主内"、生儿育女等传统家庭分工使得在所有家庭成员里"国语"最弱的新住民依然承担着子女的语言教育、学校教育之重任，新住民"国语"的弱势影响了后代的语言发育和学习，给新住民后代的学习、成长道路带来较大的影响。

3. 新住民语言生态系统剖析

新住民的母语认同与母国身份、母语传承行为是矛盾的，为进一步探究矛盾背后的原因，我们梳理了台湾地区近 20 年的新住民教育辅导政策，发现新住民矛盾心理及行为的背后都与她们所处的特殊的社会背景紧密相关，且母语面临"先天发展不足，后天发展存在缺陷"等问题。这些问题的产生，主要是因为，不管是华裔新住民还是非华裔新住民,她们都是在市场经济催生下与在台湾婚姻市场处于弱势的男性形成的婚配关系,她们被视为市场上交易的商品,故长期以来,她们是被社会所歧视和诟病的,同时被歧视和诟病的还有她们的母语。除此之外,在台湾地区,"国语"与闽南话长期处于强势的社会统治地位,使得新住民母语一直处在社会的夹缝中生存,失去了必要的生存与发展空间。由此可进一步得出结论:新住民族群所处的语言生态系统是残缺的、不完整的,让新住民的语言问题得到解决,需要对新住民的语言生态进行进一步分析。

根据台湾社会近 20 年来开展的一系列新住民语言教育政策实践,新住民语言生态体系初步建成,成为解决新住民语言生态系统问题的理论依据。豪根(Einar Haugen 1972:325)的"语言生态学"(ecology of language)提出"研究任何特定语言与环境之间的相互作用关系"。豪根将语言使用及其产生作用的环境(尤其是语言所处的社会环境)和生物的生态环境进行类比,这就是豪根"隐喻式"语言生态的研究范式。基于此理论,本研究将新住民语言生态系统分为"微观、中观、宏观、超宏观"四个系统。我们提出的新住民语言生态系统是以新住民所处的语言空间为基础生态单位,力图厘清新住民各个语言生态单位间的社会层级关系,并从每个生态单位的组成、参与者及语言话题三个维度来进行阐释,最后就各个生态单位间的现实互动、困境提出相关语言管理建议。

如图 1 所示,新住民语言生态系统中的"微观生态"主要包括新住民家庭和学校的语言生态。语言文化常常是新住民与家人关系产生隔阂的主要原因,是影响整个家庭生态和谐的关键因素。新住民与家庭生态主要参与者使用的语言主要是"国语"和家庭方言,语言话题集中在日常生活的衣、食、住、行,与子女的语言话题还包括学校生活。学校语言生态的主要参与者是学校的老师、同学，老师可能是中小学语文任课老师或者新住民老师，同学可能同是来自母国或者其他东南亚国家的新住民，也可能是来自大陆及港澳地区的新住民，语言话题常常是教学内容和日常交际。纵观新住民的微观语言生态发现，家人的态度以及新住民在家庭中所承担的家务决定了新住民对语言课程的最终选择，即家庭语言生态直接作用于学校语言生态；学校语言生态的课程安排、教学效果直接反映在新住民的语言能力上，且反作用于家庭语言生态。

新住民语言生态系统
- 微观生态
  - 家庭语言生态：华裔与非华裔
  - 学校语言生态：正规与非正规
- 中观生态
  - 民间团体：非"政府"机构与基金
  - 家庭服务中心
  - 地方行政单位：社会局、教育局、警察局
- 宏观生态
  - 内政事务主管部门
  - 教育事务主管部门
  - 卫生福利事务主管部门
- 超宏观生态
  - 社会语言文化

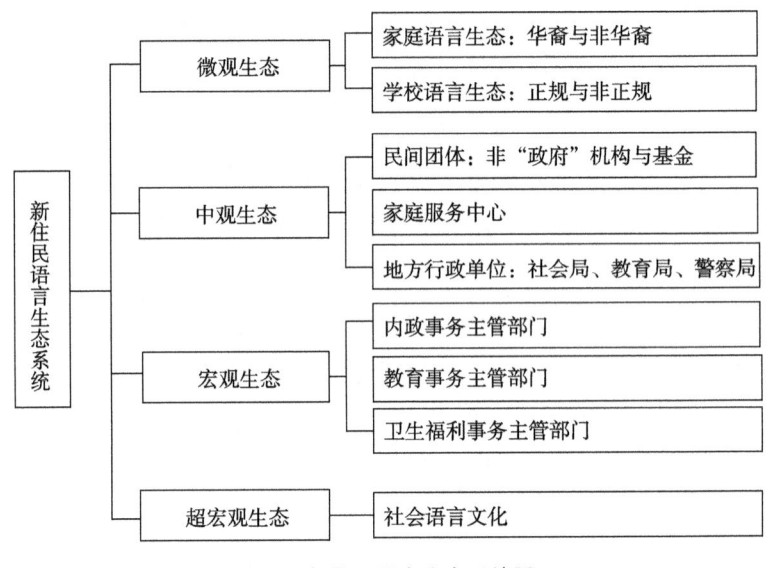

图1　新住民语言生态系统图

新住民语言生态系统中的"中观生态"主要包含民间团体、家庭服务中心及地方行政单位。民间团体的主要参与者为社团工作人员和社团会员，社团工作人员常常是固定的工作人员，但也时常存在工

作人员频繁更换的现象,社团会员主要为来自东南亚各国的新住民及少数来自大陆及港澳地区的新住民,语言话题主要涉及生活咨询、法律援助、语言翻译等;家庭服务中心的主要参与者有行政工作人员、民间团体工作人员、新住民,语言话题主要涉及法律、婚姻、家庭、就业、经济、生活适应、心理等;地方行政的参与者主要有警察、翻译、教师、社团工作人员、社会救助单位等,语言话题主要涉及社会救助、家庭暴力及性侵害、法律援助、语言教育等。

新住民语言生态系统中的"宏观生态"主要包含内政事务主管部门、教育事务主管部门及卫生福利事务主管部门。新住民宏观语言生态的主要参与者为移民单位工作人员、语言翻译者、教育单位工作人员、中小学和社区中心及机构教师、卫生医疗单位工作人员等,语言话题涉及婚姻面谈、居留、身份户籍、生活辅导、母语教育、健康卫生、医疗保险、孕期检查等。

新住民语言生态系统中的"超宏观生态"主要包含整个台湾社会的社会语言文化。新住民语言超宏观生态(即语言文化生态)情况复杂,难以言状,主要包括社会语言文化环境,以及该语言文化环境下人们做出语言选择时的心理活动和认知水平。参与者包括所有语言文化生态中的所有参与者,语言话题包含生活中的衣、食、住、行、育、乐、医等。

在豪根"隐喻式"语言生态理论的基础上,以新住民真实所处的语言空间为基础生态单位,从每个生态单位的组成、参与者及语言话题三个维度,分微观、中观、宏观、超宏观四个层次对新住民语言生态进行详细阐述与分析,并通过分析新住民与各语言生态、同层级各语言生态空间之间、不同各层级语言生态之间的关系,构建出了新住民语言生态系统图。新住民语言生态系统图对解决新住民的语言问题的治理具有现实指导意义。

李宇明(2015:43—45)认为:"语言生活的治理,本质上就是规划语言的社会职能。"他将语言的社会职能细分为工具职能和文化职能,又把工具、文化职能分成显性的和隐性的职能:工具的显性职能为社会交际,隐性职能为思维方式;文化的显性职能是作为文化的组成部分和承载者,隐性职能是身份、情感认同。

新住民语言生态问题的治理,需分别对新住民语言的工具、文化职能的显性和隐性职能进行合理规划。工具职能方面,我们首先要评估新住民语言能力,建立新住民个人学习档案,实行有计划的专案教学,定期对新住民学习情况进行回访,对需要照顾的新住民给予特殊关照。同时,还需加大对新住民的服务意识,保护新住民合法权利,开通新住民事务绿色通道,进行专事专办,开通新住民事务回访机制,增强互动。加大新住民学术调研,真实了解新住民状况。通过媒体关注与新住民相关的社会问题。文化职能方面,需倡导多元文化意识及文化平等意识,树立正确的"语言资源观"。

综上,新住民语言生态理论及相关建议一定程度上丰富了语言生态理论的内容,为未来的新住民语言研究提供一定的理论参考。

4. 结语

台湾地区新住民是台湾社会继闽南族群、客家族群、外省籍族群、少数民族族群后出现的一个新兴族群。来自东南亚国家的新住民面临较大的语言问题,东南亚新住民语言不通给她们的生活带来了极大影响。具体表现为语言不通引发夫妻关系不和,家庭关系紧张,亲子教育缺失等问题,择业就业上也受到来自社会的歧视和刻板印象。新住民语言状况调查数据显示:新住民日常交际最常使用"国语",闽南话是最常使用的汉语方言;新住民大都拥有多语能力,"国语"听说能力较好但读写能力较差;新住民高度认同"国语"和闽南话,新住民母语情感认同与语言行为、母国身份认同形成强烈反差。东南亚华裔新住民和非华裔新住民由于家庭语言背景不同,二者在语言使用、语言能力及语言态度上又呈现出"语言选择趋同""语言能力有差异""语言态度趋同与差异兼具"等特点。解决新住民语言生活问题,需要对新住民语言生态系统的工具职能和文化职能进行合理规划。

参考文献

[1] 李宇明. 中国语言规划三论[M].北京:商务印书馆,2015.
[2] Haugen E. *The Ecology of Language*[M]. Stanford: Stanford University Press,1972.

台湾新住民二代中小学生的语文教育现状

廖湘美

(台湾"中央"大学中文系)

【摘要】 自2015年以来,台湾地区新住民的人口累增接近在地的少数民族,其中最大的新住民来源是中国大陆和越南,成为台湾新兴的重要族群。根据统计,新二代学生就学的人数与区域分布,集中在六都,其次是北部的苗栗、新竹,然后是东部的宜兰、花莲。新住民子女的教育问题,变成教育界不可忽视的重要课题。新二代学生的语文教育,除了有官方制订的教育课纲、母语课程及师资培训方案外,地方政府也有相关文化体验、企业见习等项目计划。此外,还有民间团体对母语学习、师资班、课业辅导等协助。若从新二代的人数、官方及各界对其语文教育的重视,以及文化渊源等条件来看,可预期越南新二代学生未来将能取得良好的新住民语文能力。

【关键词】 新二代;新住民;语文教育;越南

台湾新住民子女身份的官方认定为:以子女出生时,其父或母一方居住台湾地区设有户籍居民,另一方非居住台湾地区设有户籍居民[①]。

---

① 参见 https://stats.moe.gov.tw/files/ebook/Education_Statistics/106/106edu.pdf。

据有关部门 2015 年统计,非台籍配偶冲破 51 万人(全台人口约 2 300 万),与少数民族人数相较近。2016 年累计达 519 312 人①。2017 年累计达 525 723 人②。

非台籍配偶的增加相对地反映在新移民子女人数的成长上,据台湾地区教育事务主管部门统计,2014—2015 学年新移民子女就读初中、小学学生数达 212 057 高点,2015—2016 学年则减少到 207 955 人,减少约 2%。2016—2017 学年新住民子女就读初中、小学学生总人数为 196 178 人,较前一学年减少 11 777 人,减幅为 5.66%;其中小学学生 120 284 人,减少 14 198 人,减幅为 10.56%。自 20 世纪 90 年代中期以来,台湾本地人与东南亚居民婚配情形转少,递延反映至小学新住民子女人数减少③。对于婚配减少的原因,新住民二代、逢甲大学教授何景荣认为,台湾最大的两个新住民来源地大陆和越南近 10 年的就业机会越来越多,因此想嫁来台湾的新住民变少④。

1. 新住民学生就学的区域分布

表 1　语调地区各学年度新住民于中、小学的就学人数⑤

学年度	2017—2018	2016—2017	2015—2016	2014—2015	2013—2014	2012—2013	2011—2012
台湾地区总计	181 301	196 587	207 955	212 057	210 278	203 663	193 062

---

① 参见 https://www.immigration.gov.tw/ct.asp? xItem=1322767&ctNode=29699&mp=1。
② 参见 https://www.immigration.gov.tw/ct.asp? xItem=1334306&ctNode=29699&mp=1。
③ 台湾地区教育主管部门编印《新住民子女就读中小学人数分布概况统计》,第 2 页,2017 年。
④ 参见 https://udn.com/news/story/7266/3298378。
⑤ 参见 https://depart.moe.edu.tw/eD4500/cp.aspx? n=1B58E0B736635285&s=D04C74553DB60CAD。

(续表)

学年度	2017—2018	2016—2017	2015—2016	2014—2015	2013—2014	2012—2013	2011—2012
新北市	30 888	33 074	35 147	35 820	35 713	34 519	32 585
桃园市	21 576	22 940	24 160	24 432	23 927	23 139	21 658
高雄市	19 372	20 971	22 115	22 239	21 852	21 021	19 776
台中市	19 075	20 674	21 688	22 012	21 794	20 885	19 541
台南市	12 369	13 538	14 281	14 496	14 428	13 765	13 034
台北市	12 443	13 232	13 825	13 848	13 410	12 761	12 063
苗栗县	6 309	6 918	7 482	7 683	7 722	7 382	7 002
新竹县	5 567	6 080	6 446	6 620	6 661	6 635	6 344
宜兰县	3 454	3 696	3 879	3 913	3 808	3 634	3 394
新竹市	3 311	3 493	3 605	3 578	3 501	3 351	3 203
花莲县	2 057	2 185	2 205	2 252	2 291	2 185	2 126

新住民人口集中于六大都市[①]。

表2 2017年台湾地区教育事务主管部门公布新住民二代的就学人数

台湾地区总人数	新北市	台北市	桃园市	台中市	台南市	高雄市	宜兰县
	33 074	13 232	22 940	20 674	13 538	20 971	3 696
	16.9%	6.7%	11.7%	10.5%	6.9%	10.7%	1.9%
	新竹县	新竹市	苗栗县	花莲县	嘉义县	嘉义市	基隆市
196 587	6 080	3 493	6 918	2 185	6 314	2 054	3 505
	3%	1.8%	3.5%	1.1%	3.2%	1%	1.8%

个别学校就学人数与表3相较,亦发生比例不平衡现象。

---

① 指台北市、新北市、桃园市、台中市、台南市、高雄市。

表3 语调地区各校新住民学生人数的百分比

地区 层级	台北市	新北市	桃园市	新竹市	苗栗县
小学	8%(4)	8%(3)	0.7%(1)	4.2%(2)	19%(16)
初中	2.5%(2)	4.5%(3)	8.3%(13)	0	3.5%(3)
高中	2.3%(2)	1.5%(1)	0.8%(1)	1%(1)	2.2%(2)

地区 层级	台中市	台南市	高雄市	宜兰县	花莲县
小学	3.3%(1)	14%(26)	14%(9)	6%(4)	18%(13)
初中	8.8%(6)	3.3%(6)	5%(6)	8%(8)	8%(6)
高中	0	0.8%(1)	0	14%(10)	6%(6)

若从百分比例来看,本次语调地区里苗栗、宜兰、花莲三地的新二代学生人数高于六都的比例。与各城市实际就读的学生人数无法全然对应的原因,应是各区域就学新二代学生人口的不平衡。

台湾地区教育事务主管部门亦指出,2016—2017学年若以新住民子女占该县市学生数比率观察,则以连江县(29.26%)、金门县(23.45%)及嘉义县(18.59%)等县市所占比率最高[①]。

若从班级内新住民二代学生的人数比例来看,可以嘉义、基隆地区的个案来了解。根据"2017年新住民二代培力国际研讨会"的大会手册记载[②]:

(1)嘉义市小学(北园小学)五年级19位学生,新二代学生有4

---

① 台湾地区教育主管部门编印《新住民子女就读中小学人数分布概况统计》,第9页,2017年。
② 研讨会由台北教育大学承办,2017年11月25日,台北国泰金融会议厅。

位,约占 21%。六年级 21 位学生,新住民家庭学生有 7 位,约占 33.3%①。

(2) 嘉义县初中(溪口初中)九年级 27 位学生,新二代学生有 7 位,约占 26%。

(3) 基隆市初中(安乐中学)某班 27 位学生,新二代学生有 13 位②,约占 48%。

以上数据都可与各区域就学新二代学生人口不平衡的推测呼应。

台湾地区教育事务主管部门也指出,初中、小学新住民子女学生分布极广,新住民子女就读初中、小学之学校,计有 3 471 所(含附设小学部、初中部),占全体初中、小学学校之 96.55%。学校以 20 至 39 位新住民二代学生的学校最多,计 717 所,占 20.66%;其次新住民二代学生为 100 至 199 人的学校,占 15.47%③。以上有关新住民二代学生的各种数据统计显示,对这类族群学生的语文教育将是未来重要的教育课题。

2. 新住民二代学生的语文教育

从本语调对新二代学生语言态度的观察可以得知,新住民家庭普遍对新住民语言习得并不重视。问及学生对语言的喜好或者是期待的母语,若英语不算在内的话,一致性地偏爱"国语"。其家庭内的

---

① 五年级班:越南、泰国、印度尼西亚、中国大陆各 1 位。六年级班:越南 4 位、印度尼西亚 1 位、中国大陆 2 位。
② 原资料即作"某班",其中有 2 位返台越生。
③ 台湾地区教育主管部门编印《新住民子女就读中小学人数分布概况统计》,第 2 页,2017 年。

语言,则是以汉族的父/母的母语方言为主,所以对于闽南话存在着一定的好感度。这些都显示其对新住民族群及语言态度的认同不高。

2.1 官方制订语文能力培育方案

由于非台籍配偶与少数民族人口相近,新二代学生的教育学习环境相形重要,不得不进行相关的规划。

台湾地区教育事务主管部门 2017 年在"十二年基本教育课程纲要"里将"多元文化教育"的素养分为"我族文化认同、文化差异与理解、跨文化的能力、社会正义"四项。在台湾教育研究院的"十二年基本教育课程研究发展会"公布"十二年基本教育课程纲要"中"语文领域"的"新住民语文课程(草案)"有五项重点[①]。

台湾地区教育事务主管部门自 2016 年起实施为期 4 年的"新住民教育扬才计划"(2016 年 1 月 1 日至 2019 年 12 月 31 日),为新住民学生规划实质性的行动方案:营造友善学习环境、建构语言学习体系、推动境外职场试探与学习体验、培育区域文化经贸人才。计划自 2018 学年度起,将新住民教育扬才计划列入新住民小学母语教材,优先选派新住民子女,或具备相关语文能力的学生,媒合至境外台商实习或就业[②]。

内政事务主管部门 2016 年首次举办"新住民二代培力计划",鼓励新住民子女利用暑假回到外祖父母家乡学习语言及文化交流,以提升自信心、开拓视野、接轨国际。新住民发展基金补助建置"新住

---

① 一、课程发展,二、教材编选,三、教学实施,四、教学资源,五、学习评量。参见 http://www.naer.edu.tw/files/15-1000-10606,c1174-1.php?Lang=zh-tw。
② 参见 https://www.edu.tw/News_Content.aspx?n=0217161130F0B192&s=012AE8B9DD535B4F。

民培力发展信息网"[①]。

2.2 地方政府的项目规划

新北市是全台新住民人数最多的城市,随着东盟经济共同体的发展,亦是翻转东南亚新住民二代教育的契机,因此新北市教育局自2015年起规划办理"新住民二代培力昂扬计划",目的是培育新住民二代子女发挥本身双语言与跨文化特质,辅以岛内外文化认识、职涯认知与企业见习等课程,鼓励学生放眼东盟、接轨国际,成为未来全球性领袖人才。

昂扬计划除培育新住民子女外,还融合了"外婆桥计划"精神,鼓励新住民二代与母国文化的桥接。2015年选送4组新住民亲子,由老师及摄影团队偕同返回学生位于泰国、越南的外婆家,将亲子三代间寻根问祖的感人互动全程纪录,后制以"微电影"方式呈现,搭配教案发送本市各校作为多元文化教材使用。以下是其近年昂扬计划的实施概况:

(1) 2015年度:以夏令营方式培训,在162位学员中甄选20名小学、初中及24名高中职学生,由师长率队至泰国、越南,展开为期7天的文化体验与企业见习行程。参加的学生后续参与了新北市的高中职办理的4场分享会。

(2) 2016年度:拓展国别广度与深度,高中职阶段20位学生于7月前往印度尼西亚企业见习;小学、初中阶段20位学生于8月前往越南文化体验。办理高中职越南企业实习,在2015年昂扬学子中甄选3位学生再度赴越南台商企业深度实地学习及体验。

[①] 参见 https://ifi.immigration.gov.tw/lp.asp? CtNode=36461&CtUnit=19877&BaseDSD=7&mp=ifi_zh。

(3)2017年度:选送50位学生赴越南及印度尼西亚进行企业见习、实习与文化体验,5组新住民亲子办理外婆桥计划。

(4)2018年度:选送46位高中职、初中小学生于7月至8月赴菲律宾、泰国及越南进行文化体验、企业见习及实习[①]。

此外,台中市教育局也开办了"新住民教育资源网"。

2.3 新住民语言的教师培养

近10年来初中、小学学生总数从275.1万人递减为186.1万人,新住民学生数却自8万人成长至19.6万人(2016—2017学年)。

表4 新住民来源地的总人数

新住民来源地总人数	中国大陆	越南	印度尼西亚	泰国
	77 027	79 884	19 153	3 482
	39.2%	40.7%	9.8%	1.8%
196 178	菲律宾	柬埔寨	马来西亚	缅甸
	4 184	4 161	1 436	1 767
	2.1%	2.1%	0.7%	0.9%

非台籍配偶以越南最多,已超过来自中国大陆的配偶。这样的现况便反映在新住民二代学生的比例,来源地以中国大陆、越南、印度尼西亚为最多,尤其是中国大陆、越南。具体数字据台湾地区教育事务主管部门的统计摘录整理如下[②]:

---

① 参见 https://wedid.ntpc.gov.tw/Site/Policy/1986。
② 参见 https://www.edu.tw/News_Content.aspx?n=829446EED325AD02&sms=26FB481681F7B203&s=4C810A112728CC60。

表5 2017—2018学年度新住民(中国大陆、越南、印度尼西亚)学生来源地

县市	来源地	总人数	初中	小学	县市	来源地	总人数	初中	小学
台湾地区总计	中国大陆	73 540	25 909	47 631	高雄市	中国大陆	8 056	2 942	5 114
	越南	72 508	33 369	39 139		越南	8 547	3 997	4 550
	印度尼西亚	16 350	7 834	8 516		印度尼西亚	1 002	509	493
新北市	中国大陆	13 420	4 304	9 116	基隆市	中国大陆	1 357	488	869
	越南	11 794	5 195	6 599		越南	1 368	676	692
	印度尼西亚	2 111	891	1 220		印度尼西亚	195	98	97
台北市	中国大陆	6 322	2 281	4 041	宜兰县	中国大陆	1 265	436	829
	越南	3 271	1 533	1 738		越南	1 586	730	856
	印度尼西亚	499	207	292		印度尼西亚	304	126	178
桃园市	中国大陆	8 503	2 898	5 605	新竹市	中国大陆	1 497	495	1 002
	越南	7 164	3 002	4 162		越南	969	420	549
	印度尼西亚	3 039	1 463	1 576		印度尼西亚	427	196	231
台中市	中国大陆	7 939	2 603	5 336	新竹市	中国大陆	1 908	637	1 271
	越南	7 569	3 429	4 140		越南	1 527	584	943
	印度尼西亚	1 342	688	654		印度尼西亚	1 430	721	709
台南市	中国大陆	5 125	1 885	3 240	苗栗县	中国大陆	2 613	976	1 637
	越南	5 682	2 712	2 970		越南	2 218	988	1 230
	印度尼西亚	520	246	274		印度尼西亚	1 108	540	568

台湾新住民二代中小学生的语文教育现状

(续表)

县市	来源地	总人数	初中	小学	县市	来源地	总人数	初中	小学
彰化县	中国大陆	3 769	1 360	2 409	台东县	中国大陆	472	203	269
	越南	5 331	2 579	2 752		越南	860	387	473
	印度尼西亚	869	427	442		印度尼西亚	149	65	84
南投县	中国大陆	1 450	502	948	屏东县	中国大陆	2 116	860	1 256
	越南	2 237	1 131	1 106		越南	3 864	1 872	1 992
	印度尼西亚	504	267	237		印度尼西亚	709	371	338
云林县	中国大陆	2 766	1 110	1 656	澎湖县	中国大陆	239	96	143
	越南	3 431	1 646	1 785		越南	482	231	251
	印度尼西亚	929	422	507		印度尼西亚	136	80	56
嘉义县	中国大陆	1 915	747	1 168	金门县	中国大陆	1 059	342	717
	越南	2 821	1 354	1 467		越南	160	90	70
	印度尼西亚	546	259	287		印度尼西亚	97	59	38
嘉义市	中国大陆	893	406	487	连江县	中国大陆	162	57	105
	越南	752	405	347		越南	31	10	21
	印度尼西亚	115	66	49		印度尼西亚	4	3	1
花莲县	中国大陆	694	281	413					
	越南	844	398	446					
	印度尼西亚	315	130	185					

由于新二代学生人数急遽增加,因此台湾地区教育事务主管部门拟开新住民课程。"十二年基本教育课程纲要"将新住民语列入"语文"领域(以东南亚国家语文为主)的必修课程,2019—2020学年起所有小一新生可从"本土语、新住民语、闽南语及客家语"里任选一门,每周一节课。

台湾地区教育事务主管部门推估2018—2019学年度小学新住民各语种之开班数为3 338班,推估教师需求数为2 664名[①]。但近年来取得新住民语合格教师资格仅1 058人[②],师资明显不足。有鉴于此,教育事务主管部门对新住民语文教学支持工作人员增能培训教材方面,委托台北教育大学依目前新住民子女学生数较多之越南语、印度尼西亚语先行研发相关语言的生活型及简易型模块及教材,并委请高雄大学研拟"新住民东南亚语文认证作业要点"[③]。

此外,"财团法人语言训练测验中心(LTTC)"2017年首开越南语课程,下一步拟开设泰语课程。

2.4 民间团体的协助

较为显著的是"国泰慈善基金会"投入了对新住民关怀的行动行列,其关怀计划分为三方面:

(1)语文课程的培育。与台北教育大学合作,在台北市区小学

[①] 台湾地区教育主管部门"2018—2019学年度新住民语文课程实施相关规划",参见 https://www.edu.tw/News_Content.aspx? n＝9E7AC85F1954DDA8 & s＝3AED9D9B0382BFA8。

[②] 2016年通过的东南亚语合格教师为881人,包括:越南语632人,占71.7%;印度尼西亚语182人,占20.65%。其他还有:泰国语25人、缅甸语21人、柬埔寨语10人、马来语8人、菲律宾语3人。2017年通过的东南亚语合格教师总数为177人。参见 https://udn.com/news/story/6885/2707255。

[③] 高雄大学东亚语文学系在原有的日语组、韩语组之外,2008年增设越语组,并引进台湾地区唯一的越南语检定考试。

(大成小学、侨爱小学及仁爱小学）规划"新住民妈妈越南语师资坊""儿童越南语"等课程。

(2)新移民子女校园课后辅导计划。与世界和平会于基隆市、新北市、苗栗县、彰化县共同办理"大树培育计划"，由课后照顾老师担任新移民家庭儿童辅导教育的部分，并由志工协助，用以协助新住民家庭子女课后照顾与学习。课程中将结合学科教导与生活自理、品格、生命教育等学习。

(3)文化寻根之旅。"新住民卓越幸福计划"补助学生回越南外婆家的寻根旅程。

3. 小结

新住民二代学生人数上升俨然成为台湾学生里的一个重要族群，从调查结果来看，目前他们碍于家庭外以"国语"、闽南话为社会上的优势语言，加上家庭内语言多以父/母之汉族语言为主，并不重视新住民语的语言习得，所以规划及加强新住民二代学生的语文教育是极为重要的课题。

从目前投入新住民的教育资源，加上越南籍新住民的人数及其与中华文化有着深厚的渊源等条件来看，越南新住民学生将能提高族群的认同度，并有较大机会取得良好的新住民语文能力。

台湾宜兰、花莲中小学生汉语的使用与态度

李正芬

(台湾东华大学中文系)

【摘要】 本文于2015—2016年,选取台湾东部的宜兰、花莲两县市小学、初中、高中各一所学校,调查汉语言使用与态度。宜兰、花莲因族群比例的相异性,影响了族群语言的保存。宜兰小学学生母语的使用及偏好比例皆最高,语言转移比例最低,可知族群的单一性及对家庭的依赖性,皆有利于语言的保存;而花莲族群的多元性则不利于族群母语的维持。研究结果显示,台湾中小学生的族群认同与语言态度之间的关系断裂、族群认同对语言使用或语言偏好并不相关。台湾中小学生已将"国语"视为母语或母语之一,但"国语"未必有较其他方言母语优越的语言价值,语言态度中表现出的社会文化评价并不明显,"国语"已成为中小学生的日常惯用语,对"国语"的态度并不代表对族群母语的不认同,因此有双语认同的倾向。

【关键词】 语言态度;语言认同;语言使用;语言转移

1. 前言

语言是人类社会最重要的沟通工具,与社会发展之间密切相关。

语言用户，常借由语言表现出对于社会群体，以及人我之间关系的态度与观点，其中蕴含着社会发展的复杂性，因此语言的使用也是面对社会的态度与立场。使用语言之时，无论来自潜移默化的习惯或是自觉的选择，皆受到社会文化无可避免的制约与影响，而社会文化的形成，一部分又来自于语言社群的集体意识，因此分析语言使用的情形以探讨语言态度，及其与社会文化之间的关系，是深入了解语言心理以及语言转移的重要途径。

台湾东部以中央山脉及雪山山脉，相隔于台湾西部、北部，早期对外往来交通不便，且族群人口组成亦有其特殊性，形成鲜明的东部特色。1949年之后，东部地区在语言政策与社会文化形成的语言现象之间，表现出区域性的语言使用与语言态度，同时也是社会文化的表征。

台湾东部有三个县市，自北至南为宜兰县、花莲县、台东县。宜兰与花莲之间以雪山山脉相隔，花莲与台东则以花东纵谷相连，分据狭长的花东纵谷北与南。以风土民情而言，花莲、台东较为相近，而宜兰则因清代开始的垦拓方式迥异于花、东，与花东纵谷间又有山脉阻隔，因此虽同属台湾东部县市，在社会文化、语言使用方面，则与花、东两县大相径庭，可代表不同的语言使用及态度类型。

本文以花莲县作为花、东的代表，于2015年至2016年之间，以台湾东部的宜兰、花莲两县作为汉语言使用及态度的调查地区。依据的调查数据为林依庆所调查两县小学、初中、高中各一所学校，本文取其中之汉语族群人口，汉族人口为宜兰县小学65人、初中96人、高中61人，花莲县为小学52人、初中39人、高中67人；调查对象出生于2001年至2008年之间，年龄层为10岁至17岁，使用的汉语为"国语"、闽南话、客家话。本文并进一步比较两地区的统计数据,呈现出其中的共性与特性,以便更清楚地了解两地语言使用及语言态度。

2. 台湾地区"国语"与方言的语言环境及人口

国民政府教育部在战后为取代日本统治时期所使用的日语,于1946年成立台湾地区"国语"推行委员会,开始在台湾推行标准"国语"。"国语"运动的推行,以方言学者魏建功为核心,主张以方言学习"国语"(魏建功1946):

> 我对于台湾人学习国语的问题,认为不是一个单纯语文训练,却已牵联到文化和思想的光复问题,因此恳挚而坦白的提倡台湾人要自己发挥出自己方言的应用力量。

魏建功提倡台湾人要发挥自己方言的应用力量,是因当时通行于台湾的闽南话及客家话,与"国语"同属于汉语方言,在摒弃日语的前提之下,以方言学习"国语"是最快速有效的途径,最终虽是以推行"国语"为目的,但因魏建功为语言学家,深切了解方言的重要性,以及语言与思想文化之间的关联性,因此并未贬抑方言。其后经过二二八事件,学校逐渐禁用方言,加之传媒对方言节目的限制,方言的使用场合受到严重的剥夺,进而影响母语的传习,但总体而言方言仍通行于台湾地区。

台湾除了"国语"之外,最主要的汉语方言为闽南话及客家话,闽南族群是台湾人口最多的族群,闽南话也是使用人口最多的方言。

台湾自1946年直至1987年解严为止,推行41年的"国语"运动,使得台湾地区大多数的人口会说"国语",黄宣范(1993:229)依据1990年人口普查结果推估,全台约有82.5%为"国语"、闽南话的双语人口。台湾地区行政管理机构于2010年实施人口及住宅普查,选取与本次调查对象相近的年龄层 6—14 岁及 15—24 岁的统计结果，则可见其中的差异性。

表1 6岁以上常住人口在家使用语言情形

年龄层	每百位常住人口在家使用各类语言之相对人次		
	"国语"	闽南话	客家话
6—14 岁	96.0	69.7	3.8
15—24 岁	94.9	78.6	4.8

此两类年龄层的"国语"使用人次皆超过90，随着年龄层的下降，"国语"的使用人次越高，闽南话及客家话的使用人次则随着年龄层下降，使用人次越低，但仍可见闽南话是使用人口最多的方言。

除上述调查之外，台北"中研院"社会学研究所2014年发表台湾社会变迁基本调查报告（傅仰止等2014），其中统计2013年台湾18岁以上人口之家庭语言，比例较高的有"国语"、闽南话、客家话、"国

表2 2013年台湾18岁以上人口之家庭语言

出生年	请问您在家里最常讲"国语"、闽南话、客家话，还是哪一种语言呢？			
	"国语"	闽南话	客家话	"国语"和闽南话都有
1945 年之前	12.3%	71.4%	8.8%	5.7%
1946—1955	15.2%	59.1%	4.4%	21.4%
1956—1965	19.8%	56.2%	4.5%	19.0%
1966—1975	32.6%	38.1%	5.2%	23.2%
1976—1985	43.6%	28.6%	2.5%	24.7%
1986—1994	57.3%	22.3%	1.0%	19.1%

语"和闽南话都有等四类①,整体平均分别为"国语"31.4%、闽南话44.2%、客家话1.9%、"国语"和闽南话都有19.5%。若以不同年龄层统计,年龄层越低,"国语"的使用比例越高,方言使用的比例则越低。

由上表清楚可见,"国语"的使用随年龄层降低而递增,方言的使用则随年龄层降低而递减,方言的使用在年轻族群中已逐渐失去语言的活力,尤其以客家话最为显著,不论使用人口的相对人次或是百分比,在年轻族群中能使用客家话的人口已寥寥可数。

Kubler(1981:195)曾观察大城市中闽南族群的语言使用,许多家庭为了孩子就学做准备,开始在家庭中使用"国语"。此现象与钱冠连(2005:221)讨论的新加坡第三代华人使用英语的背景相似:

> 血缘原则、情感原则、文化原则暂时让位给开放原则、实用原则、经济原则。

在家庭中将母语的位置暂时让位而开始使用"国语",其意义有两个层面:其一是对原母语方言情感的重估;其二是"国语"将成为母语之一,而成为双语家庭。台湾最优势的闽南族群尚且如此,何况是其余方言的使用者。

本文的调查对象出生于2001年至2008年间,距Kubler在1981年的观察,已过了10年之久,在行政管理机构及"中研院"的调查报告中,可知随着年龄层的递减,"国语"的使用率越高。因此可合理推测,本文大多数调查对象无论原族群语言为何,在家庭中已是双语并行,甚至只使用"国语",因此对于母语方言的情感,随着社会的发展,与文化之间的依存度已不若以往。

---

① 问卷题号及比例:01."国语"31.4%,02.闽南话44.2%,03.客家话1.9%,04.少数民族语0.1%,05."国语"、闽南话都有19.5%,06."国语"、客家话都有1.5%,07."国语"、闽南话、客家话都有0.8%,08.其他0.6%。

3. 宜、花汉人族群比例

方言的形成有许多因素，其中族群迁移与地理阻隔为重要的两个原因，代表着语言在固定区域内，由同一群体稳定使用，能在语言的渐变中形成新的语言体系。语言的变化为常理，语言的渐变正代表语言的稳固性，而此稳固性来自于族群人口的凝聚力。因此可推论，单一族群比例越高，语言使用越单一，则外界的影响力较难凌驾于族群语言之上。若族群人口的组成较多元，语言的使用则较易受到影响。

台湾是多元族群的社会，在族群通婚及"国语"政策的影响之下，方言保存不易，但因闽南话族群有人口优势，因此随着族群人口群居的差异性，语言使用的情形亦随之不同。宜兰与花莲同在台湾东部，但拓垦及人口移入的方式不同，族群人口的组成与比例具有明显的差异性，对两县市语言使用产生了影响。

3.1 宜兰族群人口比例

宜兰拓垦于18世纪初，由原居于三貂角的漳浦人吴沙（1731—1798）带领漳、泉、粤三籍汉族人进入兰阳平原一同垦荒，被称为开兰始祖。宜兰虽说是三籍合垦，但三籍中漳籍十居其九，以漳州府人为主要移民，漳浦人又占其中的44%（陈进传1991:154）。宜兰以漳州府人为主要移民，泉州人极少。

据林依庆《宜兰地区中小学生语言使用调查》表1的整理，宜兰族群人口以汉人为主，其中福建籍人口占95.9%，具极高的比例，自称为"内地"的日本人占1.2%，原居于兰阳平原的噶玛兰人，在汉族人移垦后亦仅余2.4%。闽南族群成为宜兰最主要的住民，宜兰可谓族群相当单一的地区。

除了闽南及客家族群之外,还有自 1945 年至 1965 年之间陆续由大陆来台的外省人,20 年间移入台湾近 160 万人,各县市人口皆有增加,而宜兰则是全台外省人口增加最少的县市,1965 年宜兰的外省人口有 29 785 人(李桂芬 2010:32—38)。这些外省人除了操持闽南话者,皆属泛"国语"人口。

3.2 花莲族群人口比例

宜兰垦拓始于原住台湾北部的漳浦人,吴沙率乡勇二百余人,招三籍流民开始移垦(詹素娟 1998:3),因此是以汉族为主的地区。花莲县虽与宜兰同在台湾东部,但因有中央山脉与西部阻隔,与相邻的宜兰又相隔以雪山山脉,无论从西部或自北部进入花莲,皆需翻山越岭,交通极为不便。地理上的阻隔使得花莲的少数民族人口高于其他县市,日据时期是以少数民族为主要居住人口的地区。

表 3　日据时期花莲人口统计表(部分年度)[①]

年度	1909	1914	1920	1930
少数民族	15 074(59%)	17 804(45%)	19 428(39%)	23 246(31%)
汉族	9 016(35%)	12 416(32%)	17 991(36%)	36 889((50%)
日本人	1 361(5%)	8 626(22%)	11 223(23%)	12 285(17%)
其他	76(1%)	460(1%)	654(2%)	2 023(2%)

1909 年花莲居住的少数民族人口高于汉族,占 59%。但汉族人口逐渐成长,至 1930 年,汉族人口大幅成长,花莲族群比例开始产生变化,汉族超越了少数民族,成为花莲人口比例最高的族群,但也仅占半数,与全台的 89.6% 相去甚远。由此可知,花莲人口的组成具有其特殊性。

---

① 吴翎君《续修花莲县志·历史篇》,第 118 页,花莲市文化局,2006 年。

林依庆《花莲地区中小学生语言使用调查》表3依据1935年的调查,花莲地区的汉人,除了福建籍之外,亦有部分为广东籍,主要分布在凤林、玉里两支厅,且超越了福建籍的人口,所操持的方言是客家话。至今说客家话在凤林、玉里两乡镇的人口比例依旧强势,也是1920年之后汉族人口增加的主要原因。

若仅比较福建籍与广东籍人口,则可知花莲的福建人口并非一枝独秀,与宜兰大相径庭。

表4　1935年各支厅福建籍与广东籍人口比例[①]

	福建籍	广东籍
花莲港支厅	78%	22%
凤林支厅	41.1%	58.9%
玉里支厅	33.6%	66.4%
研海支厅	88.1%	11.9%

花莲港支厅位于今花莲市区,当时也是花莲人口最密集之处,广东客籍人口占有22%。由凤林、玉里两支厅的人口比例可见广东客籍人口的优势,玉里支厅的广东客籍人口几近福建客籍人口的倍数。

自1945年至1965年之间陆续由大陆来台的外省人口,移入花莲的有46 293人,使得花莲人口增加35%,外省人口高于1930年时花莲汉人总人口数的36 889人(李桂芬 2010:37—38)。与宜兰相较,外省人口对于花莲族群比例产生较大的影响力,也是花莲"国语"人口的主要来源。

[①] 孟祥瀚《日据时期花莲地区客家移民的分布》,客家文化学术研讨会,2000年10月,台湾"中央"大学客家研究中心。

4. 中小学生族群比例对语言使用的影响

"国语"为台湾的共同语,具有官方语言的身份,普遍使用于各式场合,除了特殊语言课程之外[①],"国语"亦为教育语言,中小学生在校时通常使用"国语"。因此本文语言使用之统计,以家庭用语为依据,可区辨出族群属性与家庭用语之间的关联性,可从中得知族群语言的使用现象,而统计数据同时可提供族群语言转移的情形。

由前文宜兰、花莲两县的人口比例特殊性的讨论,可知宜兰县人口以福建籍为主,人口占比为91.85%,且以漳州府为主流,是以单一族群为主的县市。宜兰县的闽南话至今仍保有漳腔"毛裤"类特有的[ūi]韵,且对此音有高度的语言认同[②],充分可见单一族群所展现出的语言凝聚力,亦即语族人口对于语言活力具有关键的影响力。

花莲则是多元族群的县市,1909年至1930年,少数民族与汉族人口互有消长,为花莲人口比例最高的两个族群。汉族人中的福建籍人口在花莲市区虽为主流,但比例远不如宜兰县,而广东客籍人口比例在南花莲更超越福建人口,多元族群的组成为花莲的特色之一。

花莲、宜兰两县因族群组成比例的不同,对于中小学生的语言使用产生了影响,在相同的语言政策之下,因语言环境的不同,表现出

---

① 2001年开始,台湾将"乡土语言"纳入课纲,2008年改为"本土语言",小学学童需于闽南话、客家话及少数民族语任择一种语言,每周至少一节课。

② 李仲民在《从语言地理学论台湾闽南语语言地图的编制观念与方法——以台湾东北部闽南语为样本》一文中,调查宜兰"毛裤"韵的念法时,发现宜兰人视"毛裤"类为特色:"因为'毛裤'韵念/ūi/,在宜兰有高度的语言认同,视为是宜兰腔的特色之一。所以当我们调查'毛裤'韵的字类时,宜兰人便特别强调/ūi/。"台湾中国文化大学中国文学研究所博士学位论文,第177页,2009年。

不同的语言使用情形。

4.1 宜兰中小学生族群与语言使用的关系

2016 年宜兰地区汉族占全部人口的 95.34%,本文宜兰中小学生调查人数共有小学 71 人、初中 106 人、高中 74 人,其中台湾在地的汉族人口为小学 65 人、初中 96 人、高中 61 人[①]。据林依庆《宜兰地区中小学生语言使用调查》表 5 所整理,汉族学生分别占比为 92%、91%、82%,可知宜兰中小学生汉族比例大致与宜兰地区相当,与其他族群相较,具有绝对的优势。

宜兰是以福建籍为主要族群的地区,此现象同时表现在中小学生的族群比例之中。

表 5　宜兰中小学生汉族人口与比例

人口(222)	闽南	"国语"	客家	闽南与客家
小学(65)	59(90.7%)	4(6.2%)	0	2(3.1%)
初中(96)	88(91.6%)	4(4.2%)	0	4(4.2%)
高中(61)	54(88.5%)	2(3.3%)	0	5(8.2%)

宜兰中小学生以闽南人口为主,有少数"国语"人口,无客家人。闽南人口的比例,自 1935 年以来并无剧烈的变化,为汉族人口的主流。此外,在宜兰亦可见不同汉人族群的通婚现象,闽客通婚可见于各级学校。[②]

---

① 新住民包含近年来因两岸通婚移入台湾的大陆人口,虽亦为汉族,但与三代皆居住在台的汉族人,对于汉语的使用及态度上并不相同,因此本文中的汉族人口暂不列入新住民中的大陆人士。
② 不同族群通婚的父母组合,例如父客母闽或父闽母客,对于母语或族群认同上皆会产生影响,有其区别的必要性,然本文通婚例证过少,不影响语言使用及态度的讨论,因此全文皆不特别区分父母各自所属的族群。

中小学生族群人口与家庭语言使用人数及比例,统计如表6:

表6 宜兰中小学生族群人口与家庭语言使用比例①

	族群人口		使用语言人口数与比例			
			闽南话	"国语"	客家话	闽南话和"国语"
小学	闽南	59	24(40.7%)	23(39%)	0	12(20.3%)
	"国语"	4	0	4(100%)	0	0
	闽南与客家	2	1(50%)	1(50%)	0	0
	族群人口		使用语言人口与比例			
			闽南话	"国语"	客家话	闽南话和"国语"
初中	闽南	88	2(2.3%)	55(62.5%)	0	31(35.2%)
	"国语"	4	0	4(100%)	0	0
	闽南与客家	4	0	2(50%)	0	2(50%)
	族群人口		使用语言人口与比例			
			闽南话	"国语"	客家话	闽南话和"国语"
高中	闽南	54	1(1.8%)	34(63%)	0	19(35.2%)
	"国语"	2	0	1(50%)	0	1(50%)
	闽南与客家	5	0	4(80%)	0	1(20%)

首先讨论闽南族群的家庭语言,宜兰族群组成一向以福建籍为大宗,族群较为单一,在"国语"强势的影响之下,宜兰闽南族群小学学童

---

① 本表以凸显小学、初中、高中学生在家庭中的语言使用比例及特征,因此仅统计第三代学生的语言使用,未涉及第一代及第二代。细分学生所属族群,以说明不同族群语言转移的方向。

仍有24人(40.7%)在家庭内主要使用母语,但随着年龄增长,初中、高中生仅分别为2人(2.3%)及1人(1.8%)。使用"国语"的比例分别为小学23人(39%)、初中55人(62.5%)、高中34人(63%)。

此现象的成因有三:(1)小学学童对于父母的依赖度较高,因此尚能维持族群语言的使用;(2)随着年龄增长,语言社群由家庭移转至学校及同侪,因此将共同语带入家庭;(3)父母亲本为双语使用者,在家庭中迁就并会同子女的惯用语言。

本文前面统计了2013年台湾18岁以上人口之家庭语言(见表2),18岁以上方言的使用随年龄层降低而递减,"国语"的使用随年龄层降低而递增。此调查虽与中小学生有年龄的差距,但除了小学的家庭语言使用之外,初、高中生的语言使用与此表结果相符,即脱离小学阶段之后,族群语言的优势渐失,逐渐向共同语靠拢。宜兰县闽南族群小学生仍能有40.7%维持使用族群语言,实来自于宜兰族群的单一性及其衍生出的语言凝聚力。

此外,部分闽南族群学生成为双语使用者,在家庭中使用闽南话和"国语"两种语言,分别为小学12人(20.3%)、初中31人(35.2%)、高中19人(35.2%),显示闽南话并未完全被"国语"取代。考虑在家庭中双语使用的情形,因此表7以使用人次的方式呈现:

表7 宜兰初中、小学闽南族群学生家庭语言使用人次与比例

人口	家庭语言使用人次与比例	
	闽南话	"国语"
小学(59)	36(61%)	35(59.3%)
初中(88)	33(37.5%)	86(97.7%)
高中(54)	20(37%)	53(98.2%)
合计(201)	89(44.2%)	174(86.6%)

在小学阶段,闽南话的使用仍高过"国语",而初中、高中则维持约 37% 的闽南话使用比例,整体而言有 44.2% 的使用比例。部分闽南族群成为闽南话和"国语"双语家庭;使用"国语"或以"国语"为家庭语言之一的占 86.6%,年级越高"国语"使用比例越高。

除了闽南族群之外,宜兰还有少数"国语"族群及闽客通婚族群。小学、初中"国语"族群的家庭用语仅有"国语",高中则有 1 位(50%)为"国语"和闽南话双语;而闽客通婚族群则完全放弃客家话,以"国语"为主流,小学有 1 位(50%)使用闽南话,初中有 2 位(50%)、高中有 1 位(20%)使用闽南话和"国语"双语。

宜兰虽以闽南族群为主,闽南话亦为当地的优势语,每百位常住人口在家使用闽南话的有 94.7 位,使用"国语"的有 78.2 位,闽南话使用人口仅次于台湾西部闽南族群大本营的云林、台南、嘉义三县①,但"国语"族群的家庭语言并不因此而受影响,绝大多数仍使用"国语",仅少数成为双语家庭,而客家话则在本次的调查中完全消失,语言活力极弱。

"国语"因为语言政策的推动,成为台湾的共同语,强势覆盖至语言使用的高阶场域,因此"国语"使用的普及是能够预测的,而宜兰闽南族群小学生仍能有 40.7% 维持使用族群语言,且在整体的家庭语言中族群语言的使用高于"国语",实来自于宜兰族群的单一性及其衍生出的语言凝聚力。

4.2 花莲中小学生族群与语言使用的关系

据林依庆《花莲地区中小学生语言使用调查》的统计,2016 年花莲地区汉族占全部人口的 77.56%,花莲中小学生调查人数共有小

---

① 参见 https://www.dgbas.gov.tw/public/Attachment/210814203971.pdf。

学72人、初中75人、高中96人,其中台湾在地的汉族人口为小学52人、初中39人、高中67人,各占比例为72%、52%、70%。花莲人口的组成较为多元,与宜兰有显著的不同,本次花莲县所调查的小学及高中位于花莲市区,初中位于花莲县寿丰乡,人口比例具有地域性的差异,同时也是花莲人口分布的特征。小学及高中学生汉族比例大致与花莲县平均值相当,但初中族群少数民族占有45%,因此汉族比例下降;新住民人口与宜兰县相同,在中小学生同年龄层中有增加的趋势,为台湾近年来新移民增加的结果。

在花莲族群人口比例的讨论中,可知花莲汉族人以福建、广东,以及1945年后来台的大陆人士为主,因有通婚的关系,族群与组合除了单纯的闽南、"国语"、客家之外,还可分为闽"国"及闽客组合。①这也是多元族群社会的普遍现象。族群人口与比例如表8:

表8 花莲中小学生汉族人口与比例

人口(156)	闽南	"国语"	客家	闽南与"国语"	闽南与客家
小学(54)	21(38.9%)	3(5.6%)	2(3.7%)	6(11.1%)	22(40.7%)
初中(35)	13(37.1%)	2(5.7%)	3(8.6%)	1(2.9%)	16(45.7%)
高中(67)	32(47.8%)	3(4.4%)	9(13.4%)	4(5.9%)	19(28.5%)

中小学生的语言使用,随着族群的多样化而较宜兰复杂许多,族群人口与家庭语言使用人数及比例,统计如表9:

---

① 闽南与"国语"组合、闽南与客家组合的先后顺序未依父母籍贯,父母籍贯虽对族群认同产生影响,但因样本数过少,不影响本文的讨论,若细分父母籍贯则组合太过复杂反模糊本文重点,因此先后顺序暂依全台语言人口的多寡排列。

表 9　花莲中小学生族群人口与语言使用比例①

	族群人口		使用语言人口与比例				
			闽南话	"国语"	客家话	闽南话和"国语"	闽南话、"国语"和客家话
小学	闽南	21	2(9.5%)	12(57.2%)	0	7(33.3%)	0
	"国语"	3	0	3(100%)	0	0	0
	客家	2	0	1(50%)	1(50%)	0	0
	闽南与"国语"	6	0	6(100%)	0	0	0
	闽南与客家	22	0	16(72.8%)	0	3(13.6%)	3(13.6%)
	族群人口		使用语言人数与比例				
			闽南话	"国语"	客家话	闽南话和"国语"	闽南话、"国语"和客家话
初中	闽南	13	1(7.7%)	5(38.5%)	0	7(53.8%)	0
	"国语"	2	0	2(100%)	0	0	0
	客家	3	0	3(100%)	0	0	0
	闽南与"国语"	1	0	0	0	1(100%)	0
	闽南与客家	16	1(6.3%)	6(37.5%)	0	7(43.7%)	2(12.5%)
	族群人口		使用语言人数与比例				
			闽南话	"国语"	客家话	闽南话和"国语"	闽南话、"国语"和客家话
高中	闽南	32	1(3.1%)	23(71.9%)	0	8(25%)	0
	"国语"	3	0	3(100%)	0	0	0
	客家	9	0	8(88.9%)	0	0	1(11.1%)
	闽南与"国语"	4	0	4(100%)	0	0	0
	闽南与客家	19	1(5.3%)	13(68.4%)	0	5(26.3%)	0

① 此表与表 10 相同，为聚焦于第三代学生的语言使用，细分族群及语言转移方向，不涉及第一代及第二代。

花莲人口较多的族群仍属闽南,但各级学校学生在家中使用闽南话的人数,仅为个位数,分别为小学 2 人(9.5%)、初中 1 人(7.7%)、高中 1 人(3.1%)。在宜兰可见小学学生因对家庭依赖性高,致使族群语言使用比例也较高,此现象在花莲并不存在,可知花莲族群的多元性并不利于族群语言的保存,反而利于共同语的普及,因此在家庭使用"国语"的比例极高,分别为小学 12 人(57.2%)、初中 5 人(38.5%)、高中 23 人(71.9%)。

此外,部分闽南族群学生成为双语使用者,在家庭中使用闽南话和"国语"两种语言,分别为小学 7 人(33.3%)、初中 7 人(53.8%)、高中 8 人(25%)。闽南话的使用在花莲存在着城乡差异,位于寿丰乡的初中,闽南话使用占 54.2%,比例显然较市区的小学 27.7% 及高中 17.9% 为高。

花莲的"国语"族群中小学生合共 8 人,无一例外全数维持以"国语"为家庭语言,并未受到其他族群的影响,是语言使用最稳固的族群,其稳固性来自于语言政策及"国语"共同语的地位。闽"国"通婚族群合共 11 人,家庭使用的语言仅初中 1 人为闽南话、"国语"双语,其余皆向"国语"靠拢,以"国语"为家庭语言。

花莲客家族群占有一定的比例,1935 年在花莲市还能占 22% 的人口比例,在初中、小学学生族群中亦可见到客家族群的分布,尤以高中为多,各级学校共有 14 位客家人,但是仅有小学 1 人(7%)之家庭语言为客家话,高中 1 人(7%)为"国"客双语,其余皆以"国语"为家庭语言。花莲客家人口的优势,亦呈现在闽客族群的数量当中,小学 22 人、初中 16 人、高中 19 人,多数学生以"国语"为家庭语言,小学 16 人(72.7%)、初中 6 人(37.5%)、高中 13 人(68.4%),闽南话、"国语"双语使用亦为数不少,小学 3 人(13.6%)、初中 7 人(43.7%)、高中 5 人(26.3%),客家话在闽南话及"国语"的双重渗透之下,几乎消失了。

此外,闽客族群选择以闽南话为家庭语言者,初中、高中各有 1 人;而闽南话、"国语"和客家话三语使用者有小学 3 人(13.6%)、初中 2 人(12.5%)。花莲有客家话背景的各级学生,包括父母皆客家人或父母其一为客家人者共有 71 人,在家庭中能使用客家话者有 7 人(10%),其余皆以"国语"或闽南话、"国语"双语为家庭语言,且无城乡及年龄的差异,可知客家族群在花莲虽有聚集,但在"国语"、闽南话的竞争之下,仍然失去了语言的活力。

将双语使用人口计入各族群家庭使用语言,则花莲初中、小学生整体家庭语言使用人次及比例如表 10:

表 10 花莲初中小学生家庭语言使用人次与比例

人口	家庭语言使用人次与比例		
	闽南话	"国语"	客家话
小学(54)	15(27.7%)	49(90.7%)	4(7.4%)
初中(35)	19(54.2%)	33(94.2%)	2(5.7%)
高中(67)	12(17.9%)	64(95.5%)	1(6.7%)
合计(156)	46(29.4%)	146(93.5%)	7(4.5%)

花莲为多元族群社会,"国语"已成为家庭语言使用比例最高的语言,闽南话及客家话使用比例皆低,客家话尤其明显,仅有 4.5%。

4.3 宜、花中小学生家庭语言使用的差异性

宜兰、花莲两县市汉族人主要由闽南、"国语"、客家三族群所组成,但由于族群比例不同,造成语言之间的竞合关系不同,进而影响家庭语言使用的差异。在中小学生家庭语言使用的统计中,可观察出语言在族群及地域影响下的竞争、渗透与消长。

宜兰是闽南族群聚集的县市,本文调查对象的闽南族群约占90.5%,虽有闽客通婚的族群,但无人使用客家话,宜兰族群的单一性保存了族群语言的使用。对家庭依赖度较高的小学学童,有40.7%在家庭中单纯使用闽南话,若与闽南话、"国语"双语合计,共有61%在家庭中会使用闽南话。而花莲为多元族群组合的县市,闽南族群人口比例虽相对最高,但也只占42.3%,远不及宜兰的90.5%,因此同样是小学学童,家庭中单纯使用闽南话的比例仅为9.5%,闽南话、"国语"双语使用合计则有42.8%。若将闽南话、"国语"双语使用的比例计入闽南话的使用,花莲的闽南话使用比例便提高许多,与宜兰的61%相去不远,此正可说明花莲闽南族群的家庭用语已被"国语"渗透,以双语使用为多。由两县市的比较,清楚可知族群的单一性是语言保存及凝聚的关键。

"国语"族群在花莲相较于宜兰,属人口较多的族群,又因语言政策的推动、族群的多元性、社会环境的影响,使得"国语"成为花莲主要的家庭语言,"国语"也渗入非"国语"族群的家庭语言,大多数家庭成为双语家庭,"国语"的使用人次及比例,皆远高于闽南话、客家话。而宜兰"国语"的使用情形与花莲有相同的趋势,可谓全台的普遍现象,但是族群单一性,使得"国语"使用比例不及花莲。

此外,花莲客家及闽"国"、闽客通婚的族群,家庭语言使用皆以"国语"为主,可知族群的多元性并不利于族群语言的凝聚,而是向共同语趋同,在"国语"及闽南话的双重竞争下,加速了客家话的消失。

闽南话在台湾虽为强势方言,在中南部使用人口高于"国语"甚多,在宜兰亦展现其凝聚力,但在花莲并不敌"国语"的优势,使用比例仅有29.4%,整体性的语言现象无法超越地域性的族群特性。

5. 语言转移与语言态度

台湾地区是典型的多语社会,由多元族群所组成,因移民及垦拓方式的不同,各县市族群分布类型及比例皆有其差异性,但族群之间少有空间阻隔,语言接触极为频繁,主要使用的汉语为闽南话、"国语"、客家话。闽南话为人口的优势语,"国语"则为台湾的共同语,是政治及文化上的优势语,而客家话使用人口最少也最为弱势。三语在频繁接触之下,产生竞合关系,进而影响家庭语言,出现双语或语言取代的"语言转移"(language shift)现象。Nancy H. Hornberger (2010)定义"语言转移"是指在社群成员的生活中,一种语言逐渐被另一种语言所取代。[①] 邹嘉彦、游汝杰(2007:300)亦由母语的角度,认为语言转移是社会成员没有继承上代的母语,转而使用另一种语言的现象。

黄宣范(1994:257—258)曾列出语言转移的四个原因:(1)法律因素;(2)人口因素;(3)社会升迁与中产阶级兴起;(4)经济势力。台湾自1946年开始推行"国语"运动,而后2001年推行乡土语言课程,社会经历了语言政策的推动,高、低阶语言的竞争,以及语言维护(language maintenance)的努力,使得家庭语言开始产生变化。语言除了受到上述外因的影响之外,亦受到语言态度的影响,王远新(1999:128)在《语言调查中的语言态度》中说:

> 语言态度这种社会心理现象实质上反映的是人们对一种语

---

① Nancy H. Hornberger 对语言转移的定义:"the gradual displacement of one language by another in the lives of the community members."参见 http://www.oxfordhandbooks.com/view/10.1093/oxfordhb/9780195384253.001.0001/oxfordhb-9780195384253-e-28。

言变体的社会文化价值的认识和评价,因此,从客观上讲,语言的生命在于使用,对语言态度起决定作用的因素是一种语言变体是否为人们所使用,以及与此相联系的语言变体的社会文化功能。人们在对一种语言变体做出评价时,并不是以它的结构特点为依据,而是立足于它的社会文化功能及其所反映或代表的历史和文化特点。

王远新由语言态度联系出语言使用是对社会文化的功能与评价。语言与社会文化两者之间关系密切,因此语言态度影响语言的使用,进而表现为语言转移的现象。

宜兰、花莲因族群组合方式以及族群比例的相异性,影响了族群语言的保存,族群的单一性有利于语言的存留;而中小学生的语言使用,除了族群因素之外,对家庭的依赖性亦与语言使用密切相关,年龄越小使用族群语言的比例也越高。在内、外因素影响之下,无可避免地发生语言转移。因此,可由语言使用的情形统计出语言转移的程度,同时也可从中探讨中小学生的语言态度。

5.1 宜、花中小学生语言转移现象

宜兰、花莲中小学生的语言转移皆属以共同语取代族群母语,或以优势方言取代之。台湾社会由多元族群组成,语言接触频繁,因此家庭中常见双语现象,Fishman(1964:35)讨论语言转移时,认为要回答"使用何种语言"时,语言学家对于"干扰"(interference)与"转换"(switching)的关切,是研究语言维持和语言转移的必要成分。[①]

[①] J. A. Fishman(1964:35):"It would seem that the linguist's concern with interference and switching is anecessary ingredient of the study of language maintenance and languageshift, if only to answer the question 'WHICH language is being used'."

可知干扰与转换只是语言转移的历程而非结果,邹嘉彦、游汝杰(2007:300)也认为继承了上代母语,就不属语言转移:

> 如果他们除了继承上一代母语以外,又学会另一种语言,就不应属"语言转移",而只是透过附加语言而发展成为具备双语或多语能力的社会成员。

因此本文有关语言转移之统计,以家庭语言已非族群母语者为主;而双语或多语或为语言转移的历程,为较清楚呈现中小学生语言行为,表11并列转移及双语(多语)现象,未转移则不列入统计。

表11 宜兰中小学生语言行为

	族群人口		语言转移	双语(多语)
			"国语"	闽南话和"国语"
小学	闽南	59	23(39%)	12(20.3%)
	闽南与客家	2	1(50%)	0
	族群人口		语言转移	双语(多语)
			"国语"	闽南话和"国语"
初中	闽南	88	55(62.5%)	31(35.2%)
	闽南与客家	4	2(50%)	2(50%)
	族群人口		语言转移	双语(多语)
			"国语"	闽南话和"国语"
高中	闽南	54	34(63%)	19(35.2%)
	"国语"	2	0	1(50%)
	闽南与客家	5	4(80%)	1(20%)

宜兰地区中小学生之族群组合较花莲为单纯,以闽南族群为大宗,少数为"国语"或闽客。表11的语言行为表现有四个要点:(1)闽

南及闽客族群的语言,皆向"国语"发生转移;(2)语言转移中未出现"国语"族群,可知"国语"族群的家庭语言维持良好,未受优势方言的影响,因此皆未发生语言转移的现象;(3)小学阶段闽南族群语言转移的比例为39%,远低于初中的62.5%及高中的63%,是闽南族群在宜兰优势的表现,尚能使小学学生未发生大量的语言转移;(4)初中、高中学生与学校或社会的链接度高,语言转移的比例也越高,进而影响与父母交谈所使用的语言。

表11中双语的学生皆是闽南话和"国语"双语,双语比例亦是小学20.3%最低,初中、高中皆为35.2%。在语言属性及比例上皆与语言转移的表现一致。表12列出转移及双语(多语)现象,未转移则不列入统计。

表12 花莲中小学生语言行为

	族群人口		语言转移	双语(多语)	
			"国语"	闽南话和"国语"	闽南话、"国语"和客家话
小学	闽南	21	12(57.1%)	7(33.3%)	0
	客家	2	1(50%)	0	0
	闽南与客家	22	16(72.7%)	3(13.6%)	3(13.6%)
	族群人口		语言转移	双语(多语)	
			"国语"	闽南话和"国语"	闽南话、"国语"和客家话
初中	闽南	13	5(38.5%)	7(53.8%)	0
	客家	3	3(100%)	0	0
	闽南与"国语"	1	0	1(100%)	0
	闽南与客家	16	6(37.5%)	7(43.7%)	2(12.5%)

(续表)

	族群人口		语言转移	双语(多语)	
			"国语"	闽南话和"国语"	"国语"和客家话
高中	闽南	32	23(71.9%)	8(25%)	0
	客家	9	8(88.9%)	0	1(11.1%)
	闽南与客家	19	13(68.4%)	5(26.3%)	0

花莲地区族群组合较为多元,在族群人口与语言使用比例表中(表9),中小学生族群及语言类别复杂,但在语言行为表中,则单纯许多,可知语言已有明显趋同的变化。表12的语言行为有四个要点:(1)闽南、客家、闽客族群的语言,皆向"国语"发生转移;(2)语言转移中未出现"国语"族群,可知"国语"族群的家庭语言维持良好,未发生语言转移的现象;(3)语言转移的比例有地域性的差异,初中位于乡村,小学及高中位于市区,都市区语言转移的比例较高;(4)客家族群的语言转移程度高出闽南族群甚多,几乎转移完成,仅余1人为"国语"、客家话双语,此为弱势语言的常态。

花莲地区的双语现象,无论闽南、闽"国"、闽客族群,皆以闽"国"为主,与语言转移方向一致;然花莲毕竟有为数不少的客家人,因此闽客族群出现了闽南话、"国语"和客家话三语学生。

由宜兰、花莲语言行为的讨论,可知语言转移已普遍发生于中小学生的家庭语言当中,虽因族群人口或地域的不同而有程度的差异,但却具有普遍性;而双语人口虽非语言转移讨论的对象,但与语言转移的方向一致,或可视为语言转移的潜在对象,是未来讨论语言维护(language maintenance)时不可忽视的语言社群。

5.2 宜、花中小学生语言态度

宜、花中小学生家庭语言的转移具有普遍性,家庭语言的转移,表现在父母与小孩两端,亦即语言转移在家庭中延伸至两个世代,语言转移的现象在台湾社会具有结构性与普遍性。

语言转移发生的原因,除了黄宣范列举的社会外部因素之外,亦因用户对语言的评价与忠诚度,进而影响语言态度。台湾于 2001 年开始推行乡土语言课程(2008 年改为本土语言),2003 年九年一贯课程纲要闽南语基本理念中,期望借由乡土语言课程,提高对族群语言的兴趣与态度[1]:

> 培养学生探索、热爱闽南语的兴趣与态度,并养成主动学习的习惯。

2003 年九年一贯课程纲要已将语言态度列入教育理念当中,2018 年修订之十二年课程纲要中,对于本土语文的教育基本理念更加清晰,举闽南话为例[2]:

> 闽南语文课程纲要参照联合国教科文组织《世界文化多样性宣言》的精神,以尊重语言人权与保障文化多样性,落实本土语文复振、传承与创新为宗旨,培养学生探索、热爱台湾闽南语文的兴趣与态度,建立自我认同的价值观。

十二年课程纲要虽修订于 2018 年,但却代表九年一贯之后 15 年间发展出的教育理念,因已意识到部分族群语言的使用开始消失,

---

[1] 2003 年九年一贯课程纲要语文学习领域包括有"国语"、英语、闽南话、客家话、少数民族语,参见 https://www.k12ea.gov.tw/92_sid17/minnan.pdf。
[2] 十二年基本教育课程纲要语文领域中之本土语文包括闽南语文、客家语文、少数民族语文,参见 https://www.naer.edu.tw/ezfiles/0/1000/attach/82/pta_14147_1273142_81581.pdf。

故而从保存文化多样性的角度,强调语文的复振与传承,借由培养语言兴趣与态度,进而建立"自我认同的价值观"。

本文所据的调查对象皆为实施九年一贯课程改革后的学生,但却不见族群语言提振的效果,在林依庆《宜兰地区中小学生语言使用调查》的表10可见,在语言使用上,无论宜兰或花莲的中小学生,最喜欢的仍是共同语。

宜兰小学学生在本次调查中,是母语使用比例最高的学生族群,因此语言转移的比例低,表现在选择最喜欢使用的语言时,母语方言仍为两县市各级学生中最高,占了24%,各调查统计的结果相当一致。由宜兰小学的统计数据可知,族群凝聚力及家庭依赖性对语言使用产生了影响,加之对语言的熟悉,从而表现出在语言使用上的偏好。

初、高中生最喜欢使用的语言比例最高为"国语",母语方言所占比例极低,仅2%与5%,甚至低于英语,选择英语应是受到学习科目、考试升学的影响,以及国际化重要性的认识。可知社会外因对于语言态度的影响,在学生族群中有明显的作用,内在的族群认同或对族群母语的评价并不显著。其中高中生虽以闽南族群最多,占有88.5%,但有67%自认属"国语"族群,可知"国语"已成为母语之一,族群认同未必以父母族群为依据,而是受到家庭语言使用习惯的影响,导致族群认同的改变,也因此高中生偏好的语言以"国语"为主流。

花莲汉族学生最喜欢使用的语言人数及比例,见林依庆《花莲地区中小学生语言使用调查》表12,表中可见花莲中小学生最喜欢使用的语言,仍是共同语。但初中地理位置的特殊性,在语言使用、语言转移及语言态度上,皆异于小学及高中,喜欢使用国语的比例为三级学校最低,但也超过半数,喜欢使用母语方言的比例也最低,但选择"国语"和方言的比例较高,呈现倾向双语认同的语言现象。

花莲整体而言最喜欢使用的语言仍集中在"国语",王远新(1999:130)认为,与少数民族聚居区相比,多民族杂居语言人的语言态度更加开放。花莲族群较宜兰多元,若就语言态度的开放性而言,对族群母语的忠诚度未若宜兰高,而向双语使用或是共同语倾斜。

宜兰、花莲学生偏好使用的语言比例,与前文所讨论的语言使用、语言转移的统计比例一致,使用比例最高的语言,也是最喜欢使用的语言;语言态度与语言使用的行为一致,两地区中小学皆以"国语"比例最高。因此虽然乡土语言课程已推行近15年,但并未达到族群母语传承的目的,"国语"依旧是中小学生最喜欢使用的语言,可见台湾的教育政策须留意语言态度对语言维护的重要性,仍应创造兼容多元文化的语言学习情境。

台北"中研院"社会学研究所2014年发表的基本调查报告,统计出2013年台湾18岁以上人口之家庭语言,叶高华(2017:98)以回归分析闽南话的使用,得出族群认同与"跟小孩说闽南话的意愿"并无关联性,也无助于不惯用闽南话者转用闽南话,对于流失闽南话的家庭而言,族群认同再强也无助于恢复闽南话。

由此可见,台湾的族群认同与语言态度之间的关系是断裂的,族群认同对于挽回语言使用,或语言偏好并不相关,中小学生喜欢说"国语",只因"国语"为共同语,具有沟通的便利性;如本文讨论,此世代的台湾中小学生,已将"国语"视为母语或母语之一,而未必有"国语"较其他方言优越的语言价值,语言态度中表现出的社会文化评价并不明显,"国语"已成为中小学生的日常惯用语,但对"国语"的态度并不代表对族群母语的不认同,因此有双语认同的倾向。

6. 结语

台湾宜兰及花莲两地区,在移民垦拓及族群组合上具有区域性特征,两地区汉语的使用及态度,在语言使用现况以及语言政策推行的影响下,成为台湾东部社会文化的表征。

宜兰、花莲因族群比例的相异性,影响了族群语言的保存。宜兰小学学生母语的使用及偏好比例皆最高,语言转移比例最低,可知族群的单一性及对家庭的依赖性,皆有利于语言的保存;而花莲族群的多元性则不利于族群母语的维持。

本研究发现,年龄越小使用族群语言的比例越高,随着年龄增长,初中、高中学生语言社群由家庭逐渐移转至学校及同侪,亦将共同语带入家庭,成为主要的家庭语言。可见部分家庭语言的转移,并非语言的社会外因导致父母主动向"国语"倾斜,而是由学童带入家庭,本是双语使用的父母愿意会同,使得"国语"人口增加。家庭中父母对语言的态度,才是影响语言使用的关键。

宜兰、花莲中小学生的语言使用、语言转移及语言态度三者一致,以"国语"比例最高,闽南话次之,客家话则处于濒危的状态。在台湾有两个影响语言使用的主要原因:一是族群混居的社会,造成语言的混用;二是早期"国语"政策,使得"国语"成为年轻世代的母语之一。因此语言的使用导致族群认同的改变,如原为闽南族群的学生自觉转变为"国语"族群。由此可见,族群认同与语言使用及语言转移,是互为因果的关系。

参考文献

[1]陈进传.清代宜兰汉人的移动[J].台北文献,1991(98).

[2]傅仰止、章英华、杜素豪、廖培珊.台湾社会变迁基本调查计划第六期第四次调查计划执行报告[R].台北:"中研院"社会学研究所,2004.

[3]黄宣范.语言、社会与族群意识——台湾语言社会学研究[M].台北:文鹤出版公司,1993.

[4]李桂芬.花莲地区外省人口分布研究[D].花莲:台湾东华大学硕士学位论文,2010.

[5]李仲民.从语言地理学论台湾闽南语语言地图的编制观念与方法——以台湾东北部闽南语为样本[D].台北:中国文化大学博士学位论文,2009.

[6]孟祥瀚.日据时期花莲地区客家移民的分布[R].客家文化学术研讨会,桃园:台湾"中央"大学客家研究中心,2000.

[7]钱冠连.语言:人类最后的家园——人类基本生存状态的哲学与语用学研究[M].北京:商务印书馆,2005.

[8]王远新.语言调查中的语言态度[A].陈章太、戴昭铭编.世纪之交的中国应用语言学研究[C].北京:华语教学出版社,1999.

[9]魏建功.何以要提倡台湾话学习"国语"[N].新生报·"国语"(第二期),1946年5月28日.

[10]吴翎君.续修花莲县志[M].花莲:花莲市文化局,2006.

[11]萧新煌等.台湾全志[M].南投:台湾文献馆,2011.

[12]杨廷理.议开台湾后山噶玛兰即蛤仔难节略[A].噶玛兰厅志[C].宜兰:宜兰文献委员会,1968.

[13]姚莹.噶玛兰原始[A].噶玛兰厅志[C].宜兰:宜兰文献委员会,1968.

[14]叶高华.台湾民众的家庭语言选择[J].台湾社会学刊,2017(62).

[15]詹素娟.历史转折期的噶玛兰族——十九世纪的扩散与变迁[A].台湾地区文献会.台湾原住民历史文化学术研讨会论文集[C],1998.

[16]邹嘉彦、游汝杰.社会语言学教程[M].台北:五南图书公司,2007.

[17]Fishman, J. A. Language maintenance and language shift as a field of inquire: A definition of the field and suggestions for its further development.

[J]. *Linguistics*,1964(9).

[18] Hornberger, N. H. Language shift and language revitalization. In Robert B. Kaplan (Ed.)[C]. *The Oxford Handbook of Applied Linguistics* (2ed.).Oxford:Oxford University Press,2012.

[19] Kubler, C. C.(顾百里). *The Development of Mandarin in Taiwan:A Case Study of Language Contact*[M].台北:学生书局,1985.

花莲地区中小学生语言使用调查

林依庆

(台湾"中央"大学中文系)

【摘要】 花莲地区位于台湾东部,是台湾面积最大的行政区域,人口比例根据1908年所发布的统计,少数民族比例最高,而目前少数民族的人口比例与台湾其他地区相比亦为头筹。花莲地区中小学生的语言使用方面,语言转移绝大部分都转移为"国语",语言价值观全都认同汉语方言或者"国语"。

【关键词】 花莲;少数民族;新住民;"国语"

1. 前言

花莲地区位于台湾地区东部,是台湾地区面积最大的行政区域,面积为4 628平方公里,虽占地颇大,总人口数截至2017年4月共330 343人,其中男性167 947人、女性162 396人[①]。第1次人口普查为日据初期的《1905年临时台湾户口调查记述报文》,当时全台湾地区行政区域仅有20厅,东部地区只有宜兰与台东2厅,宜兰厅大

---

① 人口统计根据花莲县民政局2017年4月的数据,参见 http://ca.hl.gov.tw/files/15-1004-68361,c556-1.php。

约是现今宜兰地区的范围,台东厅则涵盖现今花莲与台东两地区,本文所调查的区域即为花莲地区。人口比例根据1908年所发布的统计,族群比例如下①:

表1 1908年花东地区族群比例

	福建人	广东人	熟蕃	生蕃
台东厅	9.5%	3.1%	12.1%	73.3%

福建指的是祖籍福建者,广东指的是祖籍广东者,但当时并未明确定义语言属性,只能确定祖籍;熟蕃为现今平地少数民族,生蕃则是现今山地少数民族,表示当时已有山地与平地少数民族的差异。其中,熟蕃比例和整个台湾地区相比较高,台湾地区熟蕃人数超过10%者仅有地瓜寮厅的19.4%、恒春厅的12.9%和台东厅的12.1%;生蕃的比例和整个台湾地区相比为最高,几乎是全部生蕃的人数,只有2个厅标明比例,即南投厅0.2%和恒春厅0.1%,其他厅的比例均是0。以台东厅的人口比例观之,熟蕃与生蕃异于其他区域,比例高于福建与广东,而广东人比例最少。

1909年,20厅改成12厅,花莲独立为厅,称花莲港厅;1920年,12厅改为5州2厅,花莲同样为花莲港厅②。因行政区域多做划分,以下便依本文中运用到的时间与行政区域制作图表:

---

① 萧新煌等《台湾全志》卷三《住民志·族群篇》,表3-6"台湾各地区人口'种族别'比例",第208页,台湾文献馆,2011年。其数据来源:临时台湾户口调查部《1905年临时台湾户口调查记述报文》,第60—61页,1908年。

② 1909年花莲从台东厅独立。(见《日据时期台湾统计书》,第4页,南天书局,2004年。该统计书由"台湾总督府民政部"文书课、"台湾总督府民政部"调查课、"台湾总督官房"统计课整理后复印而得,1899年至1944年出版,记录自1897至1942年的统计报告。)

表 2　花莲、台东日据时期行政区域变迁

	1901	1909	1920	1926
花莲地区	台东厅	花莲港厅	花莲港厅	花莲港厅
台东地区		台东厅	台东厅	台东厅

日据后期的花莲地区人口比例如下[①]：

表 3　1935 年台湾地区人口调查结果（依"种族别"人口比例分布）

	日本	朝鲜	福建系	广东系	平埔	高砂	其他
花莲港厅	13.6%	0.1%	24.1%	18.5%	5.7%	35.7%	2.3%
1. 花莲支厅	25.4%	0.2%	37.4%	10.1%	2.3%	21.1%	3.5%
2. 凤林支厅	6.8%	0	18.6%	26.3%	2.2%	43.9%	2.2%
3. 玉里支厅	6.5%	0	13.6%	27.3%	17.6%	33.9%	1.1%
4. 研海支厅	7.9%	0	18.0%	3.1%	0.9%	69.7%	0.4%
台湾地区	5.2%	0.03%	75.7%	13.9%	1.1%	2.9%	1.1%
人口数	270 448	1 468	3 946 064	726 524	58 790	152 915	56 292

1935 年，台湾地区人口总数为 5 212 719 人，花莲港厅有 111 508 人，占总人口数的 2.1%。此地人口比例较高者包含：广东系 18.5%，平埔 5.7%，高砂 35.7%。平埔指的是平地少数民族，高砂指的是山地少数民族。

依花莲县政府民政局 2017 年 4 月的数据，少数民族人口共

[①] 萧新煌等《台湾全志》卷三《住民志·族群篇》，表3-7"日据末期台湾各地区'种族别'人口比例分布"，第 214—215 页，台湾文献馆，2011 年。其他地区比例如下：花莲港厅有 111 508 人，占 2.1%；台北州有 1 024 516 人，占 19.7%；新竹州有 712 355 人，占 13.7%；台中州有 1 162 330 人，占 22.3%；台南州有 1 332 343 人，占 25.6%；高雄州有 732 845 人，占 14.1%；台东厅有 70 711 人，占 1.3%；澎湖厅有 66 111 人，占 1.2%。

92 472 人,占花莲地区总人口数的 27.99%,其中男性 46 699 人,女性 45 773 人(含平地、山地少数民族)。上表中的平埔与高砂比例总和为 41.4%,比例较现在高。依据日据时期的调查,此地区山地少数民族族群以泰雅人、布农人、阿美人为主,人口数如下表[①]:

表4　1911 年花莲港厅高山族人口统计

族群名	花莲港厅
阿美	15 907
泰雅	5 837
布农	2 693

再对照 2017 年 4 月花莲地区少数民族人口统计[②]:

表5　2017 年 4 月花莲地区少数民族人口统计前四名

族群名	人口数
阿美人	52 752
太鲁阁人	22 574
布农人	8 132
泰雅人	2 681

1911 年花莲港厅高山族只有阿美、泰雅、布农 3 个少数民族族群,2004 年自泰雅人分出一个族群,正名为太鲁阁。下表是日据时

[①] 萧新煌等《台湾全志》卷三《住民志·族群篇》,表2-2"1911 年台湾高山族社数与人口数统计表",第 79 页,台湾文献馆,2011 年。
[②] 参见 http://www.ris.gov.tw/fr/346。县市少数民族人数按身份及族别,依 2017 年 4 月的统计。

期至现在官方承认的少数民族族群①：

表6　日据时期至今官方承认的少数民族族群

日据时期至2000年	2000年至2010年	2011年后
泰雅人	泰雅人	泰雅人
	太鲁阁人（2004）	太鲁阁人
	赛德克人（2008）	赛德克人
赛夏人	赛夏人	赛夏人
布农人	布农人	布农人
邹人	邹人	邹人
		拉阿鲁哇人（2014）
		卡那卡那富人（2014）
	邵人（2001）	邵人
鲁凯人	鲁凯人	鲁凯人
排湾人	排湾人	排湾人
卑南人	卑南人	卑南人
阿美人	阿美人	阿美人
	噶玛兰人（2002）	噶玛兰人
	撒奇莱雅人（2007）	撒奇莱雅人
雅美人	达悟人	达悟人

---

① 日据时期至2000年的部分见萧新煌等《台湾全志》卷三《住民志·族群篇》，表2-1"《台湾番社户口一览》与《番社户口》族群分类对照表"，第78页，台湾文献馆，2011年；2001—2008年正名的少数民族族群见同书第89—90页；2009年正名的撒奇莱雅见 http://www.apc.gov.tw/portal/docDetail.html? CID=9F8DD7380193DF45&DID=3E651750B4006467691345E6991FFC；2014年正名的拉阿鲁哇和卡那卡那富见：http://www.apc.gov.tw/portal/docDetail.html? CID=35AE118732EB6BAF&DID=0C3331F0EBD318C27776DD89CD303BD8。

日据时期只有 9 个少数民族族群,每一族群中有番社。2000 年后经过正名,越来越多少数民族族群独立,至今已有 16 个族群。

花莲地区是大家口中常称"后山"的地方。族群可分为闽南人、客家人、少数民族与新住民 4 大类。其中,少数民族的人口比例与台湾其他地区相比最高,而客家人的人口比例在台湾客家区域占第 5。

本次调查人数以及 3 大族群的比例与人数见下表:

表 7　2016 年 12 月花莲地区族群比例与人数

	汉族	少数民族	新住民
人数(426 630)	77.56%(330 911)	21.68%(92 479)	0.76%(3 240)
小学(72)	75%(54)	10%(7)	15%(11)
初中(75)	47%(35)	45%(34)	8%(6)
高中(96)	70%(67)	24%(23)	6%(6)

一般情形而言,应是汉族人数最多,少数民族次之,新住民最少,而花莲地区初中、小学的比例却不尽然,可用两种观点分析:一是以小学、初中、高中谈人数比例,二是以族群谈人数比例。第一部分,小学位于花莲地区中心区域,且是明星学校,所以汉族比例与新住民比例较高,少数民族比例较低;初中位于花莲地区较偏僻区域,定位为区域性初中,所以汉族比例与新住民比例较低,少数民族比例较高;高中位于花莲地区中心区域,但与其他高中成绩相比较为落后,所以汉族比例最高,少数民族次之,新住民最少。接着是第二部分,以族群比例观之,汉族人数应该最多,初中因为区域初中的关系人口数较少;少数民族比例应该介于二者之间,初中亦是因为区域初中的关系人口数较多,小学亦是因区域关系而人口较少;因非台籍配偶的比例越来越高,新住民人口自高中至小学应越来越多。

2. 语言转移情况

此次对花莲区域中小学生的调查，以问卷形式进行，分别于2015年、2016年调查东部地区高中、初中和小学学童的语言使用习惯。目前有效的调查人数是1所高中共计96人（汉族67、少数民族23、新住民6），1所初中共计75人（汉族35、少数民族34、新住民6），1所小学共计72人（汉族54、少数民族7、新住民11）。高中和小学位于市区，初中位于郊区。

2.1 汉族

此先不将少数民族与新住民列入，只呈现汉族。高中共96人中，23人少数民族、6人新住民；初中共75人中，34人少数民族、6人新住民；小学72人中，7人少数民族、11人新住民。依此可得下列表格：

表8 汉族学生语言转移情况

	第一代	第二代	第三代
小学（54）	39％（21）	13％（7）	48％（26）
初中（34）	74％（25）	3％（1）	24％（8）
高中（65）	42％（27）	22％（14）	37％（24）

因表格叙述为转移情况，故将不转移列于此。小学皆转移；初中不转移者1人，全部初中汉族学生为35人；高中不转移者2人，全部高中汉族学生为67人。依序观之，汉族学生小学部分多是祖父母与父母辈坚持母语，而第三代发生转移，次多的是祖父母辈语言转移，最后则是父母辈的语言转移，但没有完全不转移的学生。初中部分比例最高的为祖父母辈转移，接着是第三代转移，最少的是父母辈转移。1人未转移，HJ7-11祖父母与父亲均是闽南话，外祖父母与母

亲均是客家话,而第三代选择闽南话。高中部分最高和次高比例相距不远,分别是祖父母辈和第三代,父母辈的比例稍微少一点。2人未转移,HC2-4祖父母辈与父母辈均是闽南话,第三代亦使用闽南话;HC2-27和HC2-4相同,不同的是即使到高中职阶段,第三代都使用闽南话。此认定转移与否先由问卷分辨他是否使用"国语",依照传统父系社会的观念,祖父母辈先看祖父是否使用"国语",倘若勾选不知道才看祖母,父母辈亦同。接着依每个方言的转移状况,分成闽南、客家、少数民族、新住民,闽南和客家因同为汉族,两者同表观之,少数民族和新住民另各立单元,接着是汉族学生各方言转移情况。

表9 汉族学生各方言转移情况

小学	闽南话、客家话和"国语"	闽南话和客家话	闽南话和"国语"	客家话和"国语"	"国语"
第一代(21)		100%(2)	80%(12)		20%(7)
第二代(7)	100%(2)		13%(2)		9%(3)
第三代(26)			7%(1)		71%(25)
初中	闽南话、客家话和"国语"	闽南话和客家话	闽南话和"国语"	客家话和"国语"	"国语"
第一代(25)	100%(4)	86%(6)	92%(11)	100%(2)	22%(2)
第二代(1)		14%(1)			4%(1)
第三代(8)			8%(1)		78%(7)
高中	闽南话、客家话和"国语"	闽南话和客家话	闽南话和"国语"	客家话和"国语"	"国语"
第一代(27)	100%(3)	67%(4)	72%(13)	100%(2)	14%(5)
第二代(14)		33%(2)	28%(5)		19%(7)
第三代(24)					67%(24)

括号中的为人数,百分比表示一种语言、双语甚至三语在祖父母辈、父母辈与自身的比例多寡,由此看出每一代语言变化的差异。由上表可知,无论小学、初中或高中,最多还是转移为"国语",可代表先前推行的"国语"教育成果。闽南话和"国语"代表6岁前用的语言是闽南话和"国语",客家话和"国语"指6岁前用的语言是客家话和"国语"。其中,小学的闽南话和"国语"栏第二代为特殊个案,HD5-74未填6岁前使用的语言,我们的处理方式便以母语定之。此外,无论祖父母辈还是父母辈均无使用闽南话的痕迹,只使用"国语"与客家话,初中的闽南话、客家话和"国语"也极为特殊,HJ9-9家中长辈只使用闽南话与"国语",但自己6岁前使用的语言包含闽南话、客家话和"国语",甚至到小学和初中也同样使用三种语言。

2.2 少数民族

少数民族的情形如下:

表10 少数民族学生语言转移情况

	不转移	第一代	第二代	第三代
小学(7)	0	3	1	3
初中(34)	1	26	2	5
高中(23)	0	12	5	6

因总人数较少,遂不以比例标示,仅标明人数。花莲地区的少数民族人口本来就较台湾其他地区高,可参看表7。少数民族人口多集中居于郊区,因为调查的初中位于郊区,所以少数民族学生在班级比例自然较高;小学和高中皆位于市区,其中高中的少数民族学生比例较高。第一代祖父母辈语言转移的情况最多,和日据时期的政策

相关,接着是第三代的语言转移,最后才是父母辈。初中不转移的案例为HJ7-20,祖父母辈与父辈均为双语,为少数民族语与客家话,第三代的族群认同与母语认定为少数民族,但在6岁前选择客家话,小学时使用的语言为少数民族语,初中时使用的语言为客家话,交替使用。

2.3 新住民

新住民的情形如下:

表11 新住民学生语言转移情况

	不转移	第一代	第二代	第三代
小学(11)	0	1	2	8
初中(6)	1	4	1	0
高中(6)	0	2	2	2

依上表所见,花莲地区的新住民人口有越来越多的趋势。新住民一般是台湾地区男子与非台籍女子所生的第三代,在族群认同上都倾向父亲,此情形小学、初中、高中皆有;此地亦有非台籍男子与台湾地区女子所生的第三代,在族群认同上都倾向二者皆有,此情形仅出现于小学;更有非台籍男子与非台籍女子所生的第三代,在族群认同上倾向父母,此情形仅在小学出现,且只1人,HD5-6只有父母辈而无祖父母辈,虽然族群认同为父母辈,但母语与6岁前使用的语言,乃至于家庭内外使用的语言全部以"国语"为主。语言转移的部分几乎转移为"国语",唯一不转移者是HJ7-26,虽然没有祖父母辈的记录,但父亲为客家籍,母亲为印度尼西亚籍,第三代族群认同为客家籍,从母语到小学时期也都选择客家话。

语言转移的部分不论是汉族、少数民族或新住民,无论祖父母辈、父母辈或第三代,绝大部分转移为单一语言"国语"或是双语中一语言为"国语"的情形。综上所述,不转移的个案汉族部分由高中到小学递减,少数民族与新住民的部分仅初中各有一名。

3. 语言价值观

前面谈到的语言转移情况其实属于家庭内部的转移,即祖父母辈、父母辈或是第三代的转移,与其家庭息息相关。此讨论的语言价值观指的是经讨家庭内部与就学后的学习,对以下 4 个问题中所做的选择:喜欢的语言;希望自己的母语是哪种语言;使用方言是否会比"国语"亲切;若能使用方言沟通,未来是否增加就业机会。每个族群的 4 个表格,前两个和后两个可以相互比较讨论。同样分为汉族、少数民族、新住民 3 个族群讨论。

3.1 汉族

汉族学生的语言价值观如下,表 12 是汉族学生喜欢的语言。

表 12 汉族学生喜欢的语言

	母语方言	"国语"	英语	"国语"和英语	"国语"和方言	其他
小学(54)	11%(6)	81%(44)	4%(2)	2%(1)	0	2%(1)
初中(35)	6%(2)	54%(19)	6%(2)	9%(3)	20%(7)	6%(2)
高中(67)	4%(3)	84%(56)	3%(2)	1%(1)	4%(3)	3%(2)

上表中,母语方言指的是第三代的祖父母辈或父母辈使用的语言,"国语"和方言指的是"国语"和母语方言,其他是未选择或选择非母语方言、"国语"、英语以外的语言,或者是选择三种以上的语言,例

如初中的两位学生 HJ9-10 即选择韩文，HJ8-5 选择"国语"、母语方言和英语。

依比例而言，仍尊"国语"，而初中部分较为特别，"国语"只占一半的比例，恐怕与郊区的使用习惯有关。综合来说，汉族学生还是最喜欢"国语"，三级学校超过一半以上的人选"国语"，次多的是选择母语方言及"国语"和母语方言两者的，最少的则是英语或"国语"和英语的组合。

表 13　汉族学生希望自己的母语是哪种语言

	母语方言	"国语"	英语	"国语"和英语	"国语"和方言	其他
小学(54)	30%(16)	56%(30)	9%(5)	0	2%(1)	4%(2)
初中(35)	9%(3)	31%(11)	6%(2)	17%(6)	26%(9)	11%(4)
高中(67)	12%(8)	46%(31)	30%(20)	3%(2)	1%(1)	7%(5)

表 13 是希望自己的母语是哪种语言，表示可以自己选择。在这份表格中，虽然"国语"仍然是比例最高的，但跟上表相比是下降的，其他部分几乎上升，特别在小学中，母语方言的比例提高，可视为受母语教育的影响，更认同自己的母语。

另外，高中选择英语为母语的比例也显著提升，与小学重视母语方言成反差现象。位于市区的高中生因为社会接触面较广，且花莲市区的观光客较多，英语成了实用性的语言。在其他方面，除了仍有学生选择三种以上的语言或韩文之外，初中的 HJ7-3 和高中的 HC2-23 选择和母语完全不同的少数民族语，推测在花莲地区少数民族比例较高，便想融入他们；初中的 HJ8-4 选择母语和英语，可视为双语教育的成功。

表 14 汉族学生认为使用方言是否会比"国语"亲切

	会	不会	看情况
小学(54)	11%(6)	19%(10)	70%(38)
初中(35)	37%(13)	3%(1)	60%(21)
高中(67)	21%(14)	13%(9)	66%(44)

表 14 中,无论小学、初中还是高中,最高比例的皆是"看情况"。此一选项反映正向肯定方言,表示会依实际使用方式选择。

表 15 汉族学生认为若能使用方言沟通,未来是否增加就业机会

	会	不会	看情况
小学(54)	24%(13)	33%(18)	43%(23)
初中(35)	54%(19)	5%(2)	40%(14)
高中(67)	52%(35)	9%(6)	39%(26)

表 15 显示,初中和高中在比例上是比较相近的,超过一半的学生肯定使用方言沟通能增加就业机会,较使用亲切感有提升,表明职场环境对方言使用的态度是友善的。小学方面,持否定态度较高,说明他们接触的环境较少使用方言。

3.2 少数民族

少数民族学生的语言价值观依次如下:

表 16 少数民族学生喜欢的语言

	母语方言	"国语"	英语	"国语"和英语	"国语"和方言	其他
小学(7)	43%(3)	43%(3)	14%(1)	0	0	0
初中(34)	3%(1)	47%(16)	3%(1)	18%(6)	15%(5)	15%(5)
高中(23)	4%(1)	65%(15)	4%(1)	9%(2)	0	17%(4)

在喜欢的语言中,选择"国语"的还是大部分,除了小学之外,初中和高中的比例突出。分别来看,小学的母语方言和"国语"人数相同;初中则有部分学生选择"国语"和英语、"国语"和方言两个选项;高中则是除了"国语"外其他都只有一两个人选择。归于"其他"的为:

HJ7-16、HC2-79 选择"国语"、英语、少数民族语;

HJ9-20 选择"国语"、少数民族语、闽南话;

HC2-69 选择"国语"、客家话、英语;

HC2-80 和 HC2-82 选择"国语"、少数民族语、英语;

以上 6 位学生选择 3 个选项,还有位初中生 HJ8-11 对此选项没有选择。

表 17　少数民族学生希望自己的母语是哪种语言

	母语方言	"国语"	英语	"国语"和英语	"国语"和方言	其他
小学(7)	86%(6)	0	0	0	0	14%(1)
初中(34)	26%(9)	24%(8)	3%(1)	6%(2)	9%(3)	32%(11)
高中(23)	13%(3)	30%(7)	26%(6)	9%(2)	13%(3)	9%(2)

表 17 显示,少数民族学生对于希望哪种语言是自己的母语的选择大部分平分在多个选项中。小学部分除了 HD5-60 选择韩语外,其他人都选择母语方言,小学是大力推行母语教育的时候,少数民族学生的族语更是重点;初中则平分于母语方言和"国语"两个选项,应是母语教育的延续与"国语"使用的频繁度致使较多学生选择此选项,"其他"的选项共有 11 位同学,其中 9 位学生选择三种语言,即:

HJ7-16 选择英语、少数民族语、"国语";

HJ8-13 和 HJ8-17 选择英语、"国语"、少数民族语;

HJ8-14 和 HJ8-15 选择"国语"、英语、少数民族语；

HJ9-4 选择少数民族语、"国语"、闽南话；

HJ9-16 选择英语、闽南话、"国语"；

HJ9-20 选择少数民族语、闽南话、"国语"；

HJ9-22 选择"国语"、少数民族语、闽南话；

另外两位同学 HJ7-19 和 HJ8-18 选择双母语方言：闽南话、少数民族语。高中和初中不同，人数相近的是"国语"和英语，可能是课业压力才会有此选择，其他选项是选择三种语言。

表 18　少数民族学生认为使用方言是否会比"国语"亲切

	会	不会	看情况
小学(7)	29%(2)	0	71%(5)
初中(34)	26%(9)	9%(3)	65%(22)
高中(23)	22%(5)	22%(5)	57%(13)

在使用方言是否会比"国语"亲切这个选项中，少数民族学生表现得类似汉族学生，一样都是"看情况"的比例最高，也表示他们对方言的正向肯定。

表 19　少数民族学生认为若能使用方言沟通，未来是否增加就业机会

	会	不会	看情况
小学(7)	29%(2)	14%(1)	57%(4)
初中(34)	32%(11)	6%(2)	62%(21)
高中(23)	35%(8)	13%(3)	52%(12)

对于使用方言是否增加就业机会，少数民族学生选择"看情况"的比例依旧超过一半，表示他们认为使用方言可能增加就业机会。

3.3 新住民

新住民学生的语言价值观如下:

表20 新住民学生喜欢的语言

	"国语"	其他
小学(11)	91%(10)	9%(1)
初中(6)	83%(5)	17%(1)
高中(6)	83%(5)	17%(1)

新住民的学生在喜欢的语言中仅分为两类:一是大部分人选择的"国语",二是三级学校各有一位选择了三种语言,即:

HC2-94 选择"国语"、客家话、闽南话;

HJ8-23 选择"国语"、法语和少数民族语;

HD5-73 选择日语。

特别的是,身为新住民,祖父母辈或父母辈即使使用闽南话、客家话或少数民族语,他们还是喜欢"国语"。

表21 新住民学生希望自己的母语是哪种语言

	母语方言	"国语"	英语	其他
小学(11)	18%(2)	64%(7)	9%(1)	9%(1)
初中(6)	17%(1)	17%(1)	17%(1)	50%(3)
高中(6)	17%(1)	50%(3)	33%(2)	0

表21依小学、初中、高中分别叙述较恰当,因三者反映情形不同。在希望自己母语是哪种语言的新住民中,小学比例最高的是"国语"。

初中比例最高的是"其他",包含:

HD5-73 和 HJ7-26 选择法语;

HJ8-23 选择"国语"、闽南话和少数民族语；

HJ9-25 选择"国语"、闽南话和英语。

初中选择母语方言、"国语"、英语的各有 1 例。高中比例最高为"国语"。

表 22　新住民学生认为使用方言是否会比"国语"亲切

	会	不会	看情况
小学(11)	9%(1)	36%(4)	55%(6)
初中(6)	33%(2)	17%(1)	50%(3)
高中(6)	17%(1)	33%(2)	50%(3)

表 22 中的方言指的是汉语方言，不是非台籍的母语方言。三级学校学生皆是"看情况"与"会"的总合比例超过 60%。

表 23　新住民学生认为若能使用方言沟通，未来是否增加就业机会

	会	不会	看情况
小学(11)	18%(2)	18%(2)	64%(7)
初中(6)	33%(2)	0	67%(4)
高中(6)	83%(5)	0	17%(1)

表 23 显示，花莲地区不论市区或郊区，新住民对方言的好感度还是相当高的。

4. 结语

虽然样本数不多，但透过问卷观察，赫然发现花莲地区学生有许多少数民族、客家学生，和台湾其他地区的学生背景大不相同。虽然大部分的学生很多时候都使用"国语"，但仍有少部分学生在家庭内

沟通时使用族群语言。

  新住民学生的比例逐年增高，不论父亲、母亲或双亲为非台籍人士的新住民，他们的语言转移现象以及语言价值观全都认同汉语方言或者是"国语"。家庭是语言的堡垒，目前这些学生的语言取向显然受到家庭的影响。若是希望他们重视家族的非台籍母语，则有赖未来教育相关单位的鼓励及振兴方案。

台湾闽南族群中小学生语言转移与语言价值观

林素卉

（马来西亚新纪元大学学院中文系）

【摘要】 2015 至 2017 年，通过发放问卷，就台湾北、中、南及东部地区小学、初中与高中总计 1423 名闽南籍学生母语方言的语言转移、语言价值观及本土语言课程之成效进行调查。结果显示，不论地区或年龄，母语方言的消退及转移都已成不可逆之势。究其因，其方言母语不被认同具有实际价值，即使本土语言课程被认为对于母语学习有利，却仍无法扭转学生们对待方言消极的学习态度，闽南话即便是台湾最强势的方言，母语的传承仍旧面临巨大挑战。

【关键词】 语言转移；闽南话；"国语"；语言价值；乡土语言

1. 前言

台湾社会人口当中，以汉族为主要族群，而其中又以闽南人口占最大多数。依据黄宣范(1993:21)的调查，台湾人口结构为闽南人 73.3%、外省人 13%、客家人 12%、少数民族 1.7%。由于人口众多，闽南话是通行语"国语"之外，在台湾最普及的语言。然而在"国语"优势的语言环境之下,青年学童因为教育政策及大环境的影响,方言母语多发生语言转移。2015 年到 2017 年,通过问卷调查了台湾各县市小学、初中、高中学童的语言使用情况,其中闽南族群学童共有 1 423 名,主要目的是探讨少数民族母语转移、语言价值观及"乡土语言"课程的成效。

2. 台湾闽南族群与语言政策

台湾闽南族群是指祖籍来自中国福建闽南话地区(其中以泉州、漳州、厦门为主)的汉族,其中以"本省人"居多。台湾"本省人"是指于明清时期,来自中国移民的后代,其中以闽南人口占最多数,客家人口次之。然台湾闽南人口还包含部分"外省人",第二次世界大战以后,随国民党来台的军民被称为"外省人",入台时间为 1945—1956 年,共计 640 072 人。根据 1956 年的统计,这批"外省人"当中来自福建省的人口就占了 15.35%,其中自然有部分为闽南话人士。[①] 因此,不论是光复前或后,台湾人口结构都还是以闽南人口为最多数。

从台湾人口结构来看,闽南话是台湾最优势的语言,但根据目前情况,闽南话的语言转移程度相当高,学童常用语几乎都以"国语"为主,鲜少以闽南话为主。闽南话之所以由强势逐渐转为弱势,主要原因为国民党来台之后推行"国语"政策,目的是消灭日本侵占时所遗留的日语,削弱方言分歧所造成的隔阂。这项政策对各族群母语都造成了严重的打击,且这一政策一直持续到解严之后。

在"国语"政策实施之后,造成方言母语传承断裂,当今中年阶层多数因为接受"国语"教育而成为双语人士,母语的使用频率大幅度

---

① 数据源自萧新煌等《台湾全志》卷三《住民志·族群篇》,台湾文献馆,2011 年。

降低,使"国语"逐渐取代母语,成为社会最普遍使用的语言。而青年一代因为接受"国语"教育,家庭上因为父母是双语者,可以学习母语方言的机会大不如前,母语方言开始面临死亡的危机。解严之后,台湾当局废除"国语"政策,开始转为推广本土语言,将母语课程纳入小学及初中必修课程当中,试图挽救面临濒危的母语。

2001年,台湾当局将"乡土语言"纳入课纲当中[①],规定小学学童必须于闽南话、客家话及少数民族语中选择一种语言,每周修习至少一节课程的政策已施行18年,其成效是否彰显,可以从本文的调查中去了解。

3. 台湾闽南族群学童语言转移情况

2015年至2017年,通过问卷调查了台湾北部(台北、新北、桃园、苗栗)、中南部(台中、台南、高雄)及东部(宜兰、花莲)地区,总计1 423名闽南籍学童,各区级别人数如下表:

表1 闽南族群学童人数

北部	人数	中南部	人数	东部	人数
小学	150	小学	200	小学	76
初中	213	初中	236	初中	109
高中	208	高中	171	高中	60

其中东部地区由于人口较少,故调查人数相对较少。但不论地区及级数差异,台湾闽南学童在未就学以前所学习的语言以"国语"占大多数。以下分地区来看各级别学生家庭教育用语情况。

---

① 原名定为"乡土语言",2008年改为"本土语言"。

表 2　北部闽南学童学龄前家庭教育用语

级别	闽南话	"国语"	闽南话及"国语"	其他
小学	8％(12)	72％(108)	16％(24)	4％(6)
初中	11％(24)	76％(162)	10％(21)	3％(6)
高中	13％(27)	80％(166)	6％(13)	1％(2)

表2中"其他"选项中包含使用外语、其他汉语方言或勾选超过两种语言;百分比后括号中的数字为人数。北部闽南学童学龄前家庭用语大多以"国语"为主,少数同时使用闽南话及"国语",只有约一成学生在学龄前完全使用方言母语。三个级别所得出的结果差异很小,只能得知台湾北部地区闽南学童在未就学的阶段很少有机会接触母语方言,以此可推测当地学生闽南话基础能力普遍不佳。接着来看中南部地区学生情况。

表 3　中南部闽南学童学龄前家庭教育用语

级别	闽南话	"国语"	闽南话及"国语"	其他
小学	29％(58)	65％(130)	6％(12)	0
初中	14％(33)	73％(172)	11％(26)	2％(5)
高中	8％(14)	74％(127)	15％(25)	3％(5)

台湾中南部地区属闽南话较为盛行的地区,从学童的调查结果也可以看出端倪,中南部学童在学龄前家庭使用母语方言的比例比北部地区高,平均有二至三成家庭使用闽南话。但调查结果当中较特别的是年级越低,家庭母语使用闽南话的比例却越高。接着再看东部地区的情况。

表 4 东部闽南学童学龄前家庭教育用语

级别	闽南话	"国语"	闽南话及"国语"	其他
小学	36%(27)	60%(46)	4%(3)	0
初中	10%(11)	83%(90)	6%(7)	1%(1)
高中	3%(2)	83%(50)	12%(7)	2%(1)

东部闽南学童的调查结果相当特别，初中及高中表现相当一致，学龄前家庭用语几乎都以"国语"为主，使用闽南话的比例很低，但小学学生家庭母语使用闽南话的比例却相当高，甚至是三个地区中最高的。这一情况相当特别，与中南部地区闽南学童情况几乎一致。接着再来观察闽南学童家庭祖父母辈、父母辈及第三代母语转移的情况。首先来看北部的情况。

表 5 北部闽南学童家庭三代母语方言不转移比例

级别	第一代	第二代	第三代
小学	43%	27%	8%
初中	54%	32%	11%
高中	68%	55%	13%

从表 5 可见，目前闽南祖辈一代的母语已有半数发生转移，而第二代大约还保留三成的闽南人仍然在家庭使用母语方言，但到了第三代学童依然使用母语方言为家庭语的人数仅有一成。另外则是三级别学童的差别，高中学童年纪大约与小学学童相差六至七岁，但转移比例确有相当明显的差异，高中学童父母辈及祖父母辈母语方言不转移者超过半数，但小学学童父母辈及祖父母辈母语方言不转移者则都低于半数，且第二代不转移者只有四分之一。

表6 中南部闽南学童家庭三代母语方言不转移比例

级别	第一代	第二代	第三代
小学	56%	41%	29%
初中	63%	33%	14%
高中	72%	50%	8%

　　台湾中南部是早期闽南族群的聚集地,而北部则有较多的外省族群。一般而言中南部的闽南话使用频率会比北部高上许多,因此从表6的结果看来,第一及第二代母语方言不转移者比北部多了一成左右,但第三代的情况比较特殊,年纪较小的小学学童在家庭中使用闽南话者比高中多,而初中生语言不转移者比例介于两者之间。

表7 东部闽南学童家庭三代母语方言不转移比例

级别	第一代	第二代	第三代
小学	70%	67%	36%
初中	42%	18%	10%
高中	55%	42%	3%

　　台湾东部地区人口密度较低,族群分布亦不平均,闽南、客家、外省及少数民族等皆有相当数量人口。从表7结果来看,三个级别学生家庭母语方言的转移差距相当大,这或许与居住地区有关,东部地区城乡发展并不平均,一般只有在市中心地区商业经济较为发达,其他地区则很少对外的商业活动。语言接触与城市发展有直接关系,因此若是乡镇的学校,母语方言的保存情况会比城市地区较好。

根据北部、中南部及东部的调查结果,发现北部地区闽南话的流失最为严重,中南部地区则相对保守许多。至于东部,母语方言的保留与居住环境有相当大的关系,但整体而言,三代的语言转移落差还是相当明显,第一代过半数都还使用母语方言,但第三代母语不转移者只有两成左右,母语方言的传承已经出现很大的危机。

4. 台湾闽南族群学童语言价值观

继语言转移之后,本文将探讨闽南学童的语言价值观,分为两部分:语言喜好与实用价值。关于语言喜好问题为:(1)"喜欢的语言";(2)"希望自己的母语是哪个语言"。语言实用价值为:(1)"与自己同族群对象谈话,使用族群方言母语会比'国语'更亲切吗?";(2)"认为能使用闽南话、客家话或少数民族语沟通,未来可以增加就业机会吗?"。首先来看喜好部分。

表8 北部闽南学童喜欢使用的语言

级别	闽南话	"国语"	闽南话及"国语"	其他
小学	4%(6)	73%(110)	9%(13)	14%(21)
初中	6%(13)	66%(140)	14%(30)	14%(30)
高中	3%(6)	84%(175)	4%(8)	9%(19)

表8中"其他"选项包含使用外语、其他汉语方言或勾选超过两种语言。没有列明其他语言的细项是由于本文主要探讨闽南话被优势语"国语"覆盖,学童喜好的语言繁杂,包括其他汉语方言、少数民族语、英语、日语、韩语等,故难以一一列明。表8显示,北部学童几乎一致倾向喜欢"国语",但也有约一成学生同时喜欢母语方言及共同语;喜欢闽南话的学童寥寥无几,且数量比使用方言母语为家庭语

的人数更少。这表明有少数学生虽然母语未转移,但各人喜好上却已经偏向共同语。

表9 中南部闽南学童喜欢使用的语言

级别	闽南话	"国语"	闽南话及"国语"	其他
小学	20%(40)	68%(136)	7%(14)	5%(10)
初中	8%(19)	78%(184)	4%(9)	10%(24)
高中	13%(22)	75%(128)	4%(7)	8%(14)

相较于北部,中南部学生喜欢闽南话者相对较多,但人数只有一到两成,与喜欢"国语"的人数无法相比。从这样的结果来看,即便是闽南话较为强势的地区,学童还是倾向于优势的共同语。

表10 东部闽南学童喜欢使用的语言

级别	闽南话	"国语"	闽南话及"国语"	其他
小学	34%(26)	58%(44)	5%(4)	3%(2)
初中	4%(4)	66%(72)	13%(14)	17%(19)
高中	5%(3)	82%(49)	5%(3)	8%(5)

接着是东部的闽南学生,从结果来看,各级别结果差异极大,但与前文所讨论的语言转移的结果成正比。这表明语言的熟悉程度与语言喜好并行,东部地区小学学童有不少人依然以母语方言为家庭用语,因此这些学童也认同母语方言是自己最喜欢的语言。母语几乎都已转移的初中和高中学生,喜好闽南话的比例和北部学生一致,这大概是因为城市地区共同语较为兴盛的结果。接着来看闽南学童希望哪种语言是自己的母语。

表 11　北部闽南学童希望自己的母语是哪个语言

级别	闽南话	"国语"	闽南话及"国语"	其他
小学	11％(17)	65％(97)	6％(9)	18％(27)
初中	18％(38)	50％(107)	9％(19)	23％(49)
高中	17％(35)	51％(107)	3％(6)	29％(60)

北部学生希望自己母语是闽南话者人数约一到两成,人数比例虽明显较"国语"差距甚远,但却比表 8 喜欢使用的语言高出一些。这表明有少数学生虽然较喜欢"国语",但在母语情感认同上,依然希望自己能保存祖宗的语言,即拥有母语传承的观念。

表 12　中南部闽南学童希望自己的母语是哪个语言

级别	闽南话	"国语"	闽南话及"国语"	其他
小学	28％(56)	49％(98)	7％(14)	16％(32)
初中	23％(54)	47％(111)	1％(2)	29％(69)
高中	26％(44)	46％(79)	2％(3)	26％(45)

中南部学生的调查结果与北部学生相同,希望自己母语依然为祖籍方言者比喜欢母语者的人数多。这再一次证实有少数学生希望自己的母语方言可以继续保存,尽管自己最喜欢的已经不是本身的母语方言。中南部学生希望自己母语为闽南话的比例不足一半,这表示语言环境的差异确实对语言价值观造成影响。

表 13　东部闽南学童希望自己的母语是哪个语言

级别	闽南话	"国语"	闽南话及"国语"	其他
小学	37％(28)	45％(34)	5％(4)	13％(10)
初中	6％(7)	52％(57)	15％(16)	27％(29)
高中	18％(11)	43％(26)	2％(1)	37％(22)

最后是东部学生的情况,与北部及东南部相同,有部分学生依然在乎方言母语的传承,而语言环境多使用闽南话的小学学生希望自己母语依然是闽南话的比例也明显比初中、高中学生高。

表 14　北部闽南学童是否认为与同族群者使用母语感到亲切

级别	会	不会	看情况
小学	15%(23)	23%(34)	62%(93)
初中	32%(68)	17%(36)	51%(109)
高中	44%(91)	9%(19)	47%(98)

从表 14 来看,北部闽南学童认为使用族语是否亲切在各级别上有很明显的对比,年纪越大的学童,越认同使用母语沟通较为亲切;反之,年纪越小的学童越不认同使用母语会感到亲切。这一情况同样表现在中南部及东部学童的调查结果中。以下先看中南部及东部的调查结果,再一并讨论这一现象。

表 15　中南部闽南学童是否认为与同族群者使用母语感到亲切

级别	会	不会	看情况
小学	19%(38)	13%(26)	68%(136)
初中	24%(57)	16%(38)	60%(141)
高中	41%(70)	13%(22)	46%(79)

中南部学童与台北学童调查结果一致,年纪越大者认同使用族语沟通而更有亲切感。稍有差异的是,中南部学生认同者比例较北部稍低。这可能是因为在中南部使用闽南话者比北部更多,北部能够与同族群者使用族群语的机会较少,能够使用同一母语沟通时反而备感亲切。

表16　东部闽南学童是否认为与同族群者使用母语感到亲切

级别	会	不会	看情况
小学	8%(6)	20%(15)	72%(55)
初中	20%(22)	14%(15)	66%(72)
高中	28%(17)	15%(9)	57%(34)

东部学生的调查结果在级别对比上与前两区域一致，但最大的差异是整体认同比例与两区相比明显较低。这或许是由于东部是台湾观光胜地，外来旅客众多，面对外来旅客可以使用的语言多半是共同语"国语"或英语、日语等其他外语，能够在家庭外部使用母语方言的概率很低，因此并不认为族群语特别亲切。

三个地区年纪越大的学童越认同母语的亲切，应该与社会化程度有关。年纪轻者对外沟通的概率相对较低，年长者与年幼者沟通时，多半会配合年幼者的语言习惯，而改为使用"国语"，但高中生已经接近成年，必须开始学习顺应外在的语言习惯，因此小学及初中学生在外部环境下，能够使用方言母语的概率或许比高中学生低，导致对母语方言的使用没有太大的感受。

表17　北部闽南学童是否认为母语能力对就业有帮助

级别	会	不会	看情况
小学	30%(45)	20%(30)	50%(75)
初中	26%(55)	22%(47)	52%(111)
高中	43%(89)	12%(25)	45%(94)

接着是方言母语对于就业的帮助上，北部学童各级别认同比例不一，但大致认同者比不认同者多。语言主要扮演沟通工具的角色，多使用一种语言实际不会对任何工作有害，但对于不同的工作环境，

母语能力是否都能给予工作正面帮助就不得而知。另对于闽南学童来说，闽南话是逐渐趋于劣势的语言，不会使用"国语"的闽南人已经是极少数，因此有大约两成学生认为闽南话在就业上没有实质帮助。

表18　中南部闽南学童是否认为母语能力对就业有帮助

级别	会	不会	看情况
小学	50%(100)	11%(22)	39%(78)
初中	22%(52)	23%(54)	55%(130)
高中	36%(62)	21%(35)	43%(74)

中南部学生的调查结果和北部差异不太大，唯有半数小学学生认为母语能力会对就业有帮助，这或许是因为中南部地区仍有许多闽南话用户，在如此的语言环境下，会认为能流利使用母语方言对于沟通交流有一定帮助。对于升学压力较大的初中、高中学生而言，母语方言的帮助或许有限，因此不认同者比例较小学学生高。

表19　东部闽南学童是否认为母语能力对就业有帮助

级别	会	不会	看情况
小学	26%(20)	24%(18)	50%(38)
初中	38%(41)	16%(18)	46%(50)
高中	44%(27)	13%(7)	43%(26)

最后来看东部学童的情况，在级别差异上，年纪越大的学生越认同母语能力对就业有帮助，年纪越小的学生越认为母语能力对就业没有帮助。这一结果似乎与使用母语是否感到亲切的回答一致。另要考虑的是，东部小学学生闽南话的使用率比初中、高中学生高，喜好度也是如此，但对于母语的实用性态度较初中、高中消极。这或许

是因为东部闽南学童本身处在闽南话优势的环境下,会使用闽南话者占大多数,因此有闽南话能力并不特殊,导致认为闽南话在就业上没有特别帮助。

5. 本土语言课程实施成效

从前面的调查结果来看,闽南族群学生母语未转移者已是极少数,而喜好"国语"的人数又明显高于母语,至于母语对将来的实用程度也并非很乐观的情况下,闽南话的保存已出现很大的危机。

当局为了挽救母语,将母语方言加入中小学生的基础课程当中,规定每周都需要研修本土语言,但实施成果如何,可以试着从学生的调查结果中进一步了解。

表20 闽南学童"乡土语言"课程对母语的学习成效

	级别	有利	效果不大	没必要	其他
北部	小学	73%(110)	13%(20)	7%(10)	7%(10)
	初中	68%(145)	14%(30)	11%(23)	7%(15)
	高中	61%(126)	25%(52)	7%(15)	7%(15)
中南部	小学	76%(152)	15%(30)	6%(12)	3%(6)
	初中	64%(151)	20%(47)	11%(26)	5%(12)
	高中	62%(105)	29%(50)	5%(9)	4%(7)
东部	小学	34%(26)	16%(12)	30%(23)	20%(15)
	初中	53%(58)	24%(26)	17%(19)	6%(6)
	高中	62%(37)	20%(12)	12%(7)	6%(4)

北部及中南部学生的调查结果基本一致,平均有六到七成学生认为课程对母语方言的学习有帮助,两成左右认为效果不大,只有少

数学生认为这一课程没有必要性。但东部学生的调查结果比较特别,认同母语课程者人数较少,尤其是语言环境有较多机会接触闽南话的小学学生尤其不认同本土语言课程的教育成效。从整体结果来看,本土语言教学似乎有相当的成效,大多数的学生认同这一课程对母语学习有利。接着看另一问题,学童是否赞成将母语方言纳入升学考试之中。

表 21　闽南学童是否赞成将母语方言纳入升学考试当中

	级别	同意	不同意	没意见
北部	小学	17%(25)	51%(77)	32%(48)
	初中	22%(47)	44%(94)	34%(72)
	高中	11%(23)	59%(123)	30%(62)
中南部	小学	13%(26)	67%(134)	20%(40)
	初中	12%(28)	52%(123)	36%(85)
	高中	10%(17)	60%(103)	30%(51)
东部	小学	11%(8)	50%(38)	39%(30)
	初中	14%(15)	58%(63)	28%(31)
	高中	27%(16)	38%(23)	35%(21)

从表 21 来看,同意将母语方言纳入考试的学生人数极少。从学生角度来看,自然不乐于增加任何一个项目的考试,另一方面又能推测学生对于自己的母语自信心或许不足,因此不希望重要的升学考试纳入这一科目。从表 20、表 21 的调查结果来看,学生基本认同本土语言课程有助于母语学习,或许课程内容不够深入,所以学生的母语能力依然有限,导致学生虽然觉得学习有不少成效,但没有信心面对考试。

6. 结论

根据语言转移、语言价值观及本土语言教学成效等各方面来看，闽南话虽然是台湾最强势的方言，但也面临消失的威胁。在通行语"国语"的强力竞争下，学童即使自认为是闽南族群，语言喜好却明显偏向"国语"，即便是闽南话最强势的中南部地区，学童对方言母语的喜好程度也只有两成左右。

汉语方言在台湾逐渐趋于劣势的情况下，母语的实用程度不被看好。对于母语方言即将消失的危机，虽然当局的本土语言课程政策推行已有 18 年的时间，但从调查结果来看，实施成效似乎不佳。学童虽然有过半数认为该课程有助于母语推广，但学生母语程度并没有显著的提升，方言母语的未来令人相当担忧。

参考文献

[1] 黄宣范. 语言、社会与族群意识——台湾语言社会学的研究[M]. 台北：文鹤出版公司，1993.
[2] 萧新煌等. 台湾全志[M]. 南投：台湾文献馆，2011.

台中客籍学生语言使用个案访谈

庄斐乔

(台湾"中央"大学中文系)

【摘要】 本访谈于2018年6月进行,个案为出生于台中石冈区的24岁男硕士生,其小学六年级前为三代同堂。访谈主要记录的重点是:(一)小学、初中求学及参赛经历,(二)家乡的史地背景,(三)父系、母系的家庭背景,(四)语言的使用、族群意识与自评,(五)东势、石冈地区的校园客语课程,(六)客家文化的保存与推广,(七)特有词汇,(八)深度访谈与台中语调之比较。台中地区除特定乡镇外,客家话的使用并不普遍,本个案成长于近山区的非都市地带,故具有访谈的价值。个案小学就读客家话为优势母语的东势小学,除了当地人多使用客家话外,镇公所也努力推行并支持客家话的相关活动,学校教师力推大埔腔的客家话教学,同学间皆以客家话沟通。不过中学时期,就读的石冈初中并无乡土语言课程,高中至离台中市较近的大里高中求学,该时期的校内同学沟通都使用"国语"。个案从小学、初中到高中阶段,都是语文竞赛的客家话选手,不过个案认为家庭教育对他的客家话能力并没有太大的帮助,大多用闽南话或"国语"和家人沟通。他认为学校开设本土语言课程对客家话的保存能给予极大的帮助,并且其学习客家话抱着"我活在这个地方,需要这个语言"的心态。

【关键词】 客家话;本土语言课程;访谈;语言调查;台中市

个案为 24 岁的台湾"中央"大学文学院硕士班一年级的男生,出生地为台中石冈区。出生至小学六年级为三代同堂,小学六年级过后与双亲及弟弟一同生活(按:2018 年 6 月期间访谈)。

1. 小学、初中求学及参赛经历

个案小学就读隔壁乡镇的东势小学,1999 年因"九二一"地震的关系,家乡石冈区当地的小学校舍均已震毁,尚未重建,故于隔壁乡镇的东势小学就读。东势、石冈[①]同为客家话使用为大宗的地区,东势较石冈更靠近山区,民风较为封闭,保留了更多客家文化,当地人口也多使用客家话。镇公所推行并支持、鼓励客家话相关活动,附近的东势小学、新盛小学、东新小学均积极支持活动。个案说当年日本卡通片《花田一路》,在客家电视台配音有客家话的四县腔、海线腔,却没有大埔腔,所以东势区的老师因此受到刺激,大力推动大埔腔客家话教学。东势区的老师开发了许多民间客家话教材,包括客家话故事、客家话课本等。个案回忆小学时期,同学们都乐于以客家话沟通。

因石冈初中升学率较东势初中高,所以个案回到家乡就读初中,特别的是,该校学生没有上乡土语言课程。东势初中有客语的乡土语言课程,显示东势较石冈更积极保留客家文化。高中就读离台中市较近的大里高中,住校三年。不论是初中还是高中阶段,在学校内与同学的沟通都使用"国语"。

个案从小学到高中为止,均参加台湾地区"国语"语文竞赛。经过

---

① 东势镇、石冈乡所属的台中县,2010 年与台中市合并升格为直辖市"台中市"。

校内、县市、全台湾比赛,每次会有两个月的客家话密集集训。个案提道:"客家话集训的老师未必与选手使用同一种客家话腔调。有时提供给选手只有讲稿内容跟语调上的帮助。有趣的是,苗栗卓兰的客家话通常混杂两种以上的腔调,往往被客家话竞赛的老师诟病。"

2. 家乡的史地背景

东势地区的客家先民主要由广东大埔迁移过来。东势区靠近深山,因运输木材的关系,开发史较石冈早。石冈连接丰原(闽南区)跟东势(客家区),为闽客交界区。有一条"匠寮巷",当地多为客家人,是木匠聚集地,更有全台第一间祭拜鲁班的巧圣先师庙。由于东势的地理环境较为封闭,直到现在,当地仍保留学客家话的传统,而出身东势的客家子弟教师群也热心推动客家话保存,故小学的乡土语言课程仅有客家话。

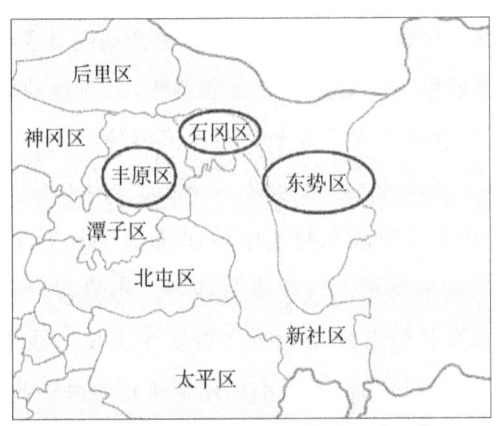

图1 台中丰原、石冈、东势区地图①

---

① 截自 https://travel.taichung.gov.tw/zh-tw/Attractions/MapTour。

家乡石冈地区则为闽客混用地区，个案从小就可以听到闽南话跟客家话，闽南话为强势语言，在电视上也常看到闽南话新闻，所以两地小学的乡土语言课程都是只有客家话，借以保存客家文化。因东势较乡下，对客家话保存较好，个案表示在路上听到的语言依然以客家话为主。

根据本次语调资料，印度尼西亚籍新住民在桃园、新竹、苗栗及台中地区，有较多且集中的现象。个案表示：小学时代没有这样的现象，但现代越来越多了。不过石冈区的非台籍配偶以越南籍居多。据观察，很多石冈、新社等客家地区现在正在念初中、小学的晚辈，多是越南籍配偶的孩子，"国语"为平日惯用语言，并不会使用客家话，就连平时惯用闽南话的长辈也使用"国语"和孩子沟通。

3. 父系、母系家庭背景

个案的双亲均是石冈区人。父系宗祠，堂号是来自北方的，为"西河堂"，供奉的开台祖为清康熙年间定居的人，祠堂内还有道光皇帝所赐匾额，祠堂公厅有管理员居住。有趣的是，父系虽具客家血缘，但宗祠开会却使用闽南话沟通。

因为与丰原地区地缘关系密切，石冈区部分客家人被闽南话同化，所以很多当地客家人认为自己是闽南人。比如个案的爷爷从小讲闽南话，个案的爷爷从小告诉个案自己是闽南人，且日常生活仅会使用闽南话；奶奶为可使用闽南话的客家人。但其据文史工作者考察，其父系族谱及祠堂所展现的祭祀文化是客家传统之祭祀，个案直到大学时，才发现自己父系家族其实是客家人。但父亲较常使用闽南话，不会讲客家话。又比如，个案邻居家的爷爷跟个案爷爷用闽南话沟通，但跟个案讲客家话。邻居大部分都讲客家话，但其实都能讲闽、客双语。

母系宗祠,位于石冈区的土牛村,特别的是,祭拜两个姓氏的祖先,因为个案的曾曾祖母,前后嫁给两个不同姓氏的先生。个案的外祖父为客家人,外祖母为闽南人。土牛村分为上土牛与下土牛,上土牛靠近东势,较为繁华,下土牛接近石冈,有客家文化馆。土牛村的小学内还保存着土牛村土牛民蕃地界碑,当地为清代汉蕃交界处,为汉人跟少数民族生活地区的交界。

4. 语言使用、族群意识与自评

个案其实以前不太关注自己是闽南人还是客家人,但因为小学有时候也会写语言调查的问卷,才会回家询问爸妈是闽南人还是客家人。从小生长在双语环境中,对于族群意识并不强烈。开始有客家人意识,是上大学二年级时,写了一份有关追寻族谱的报告,开始对族谱有些兴趣,翻开自己家族的族谱,才开始关注客家这一块。

个案最常使用"国语",后来才是闽南话、客家话。与社区大学[①]的长辈及邻居长辈多使用客家话,与爷爷讲闽南话,跟父亲沟通用"国语"、闽南话,跟母亲沟通则"国语"、闽南话、客家话都可以使用。与弟弟、年纪小的亲戚用"国语"交谈,在学校基本使用"国语",但小学经常使用客家话。

个案认为,客家人的明显象征是客家话,没有过客家传统节庆"天穿日"没关系,但要会使用客家话。认为自己对客家身份认同度高,会告诉他人自己是客家人。

父亲为使用闽南话的客家人,但族群意识不强烈。妈妈有客家

---

① 比较接近大陆的老年大学。

族群意识,是可流利使用"国语"、闽南话、客家话的客家人,因工作是在当地开服饰店的关系,客人使用何种语言沟通,便配合客人使用。妈妈和爸爸、爷爷三人讲闽南话,爸妈沟通则是使用"国语"、闽南话。小时候妈妈的客家话程度较个案流利,但个案后来经历"国语"语文竞赛,故客家话词汇量较大。

弟弟较不常与人交流,与家人用"国语"沟通,但会一些客家话的脏话。在客家话的学习上,与个案相同,均在重视保存客家话的东势小学就读。个案弟弟不会讲客家话,但会听客家话,这并不是同龄人的常态。一般来说,个案回想小学时期,同学乐于使用客家话,因老师多为外地考进来的,同学喜欢用客家话讲悄悄话。

对于客家话的流利程度(以 1—10 分计算),个案认为自己的客家话流利程度有 10 分,闽南话因为有些词汇不熟悉则是 8.5 分。因爷爷、父亲使用闽南话沟通,不会客家话,所以闽南话是从家庭中学习而来的,而非正式透过学校学习。街坊邻居的平均客家话流利程度 9 分,闽南话 9 分,但客家族群意识不高。

个案全家中,只有个案看客家电视台(客家采茶剧)及连续剧,爷爷每天看民视的闽南话连续剧。个案认为家庭教育对他的客家话能力并没有太大的帮助,大多用闽南话或"国语"和家人沟通,很少讲客家话,只有讲秘密时才和妈妈使用客家话。认为学校开设本土课程对保存客家话有很大的帮助,个案大部分的客家话是在学校学习,在外头和人对话习得的。

东势地区的中老年人的客家话非常流利,达到 9.5 分,但不太使用闽南话,"国语"也不甚标准,客家意识甚高。据个案观察,认为石冈区的人客家话意识大约 5 分,没有东势高,东势的客家族群意识有 8—9 分。这甚至可从地方首长的讲话及民办报纸的文稿中看到,东势区的乡亲会说"我们客家人",但石冈人会说"我们石冈人",有明显的不同。

个案对未来的另一半,并不期望为客家人,但倘若是客家人,会有亲切感;更期待是具有共同记忆的同乡。父母对下一代的婚姻,亦不要求一定要与客家人联姻。族群已不成为这一代父母对于孩子的另一半的期许。

5. 东势及石冈地区的客家话课程

东势的小学、初中都有客家话课,东势只有大埔腔的教学。每天早上7点半到8点为客家话晨读时间,学校挑五位种子学生进行矫正语调一对一教学,教材多元,包含《三字经》、客家话俚语、客家话散文等东势子弟教师的自编教材,上面有注音。母语课除了口语音,还包括俗谚(客家话称为"师傅话")、散文课文及客家童谣;也有文读音,包括《三字经》、唐诗等教材。

由于个案长期为种子学员及培训选手,从小学到高中均有参赛经验,如说故事比赛、客家话演讲、客家话朗读、客家话即席演讲等项目。除了小学参加的说故事比赛为客家民间故事、有一年的客家话即席演讲题目是"客家文化传承之我见"外,其他均与客家文化无关。之后个案也在社区大学学习书法,学员多为使用流利客家话且"国语"不甚流利之长者。个案学习客家话抱着"我活在这个地方,需要这个语言"的心态。个案在18岁前通过中高级客家话检定,当局为奖励未满18岁过中高级客家话检定的学生免报名费,且有高额奖金。

东势镇公所推行客家话保存课程,配套的客家话说故事比赛,公开提供奖金、奖状,附近的中小学都强力配合,因校长多为在地客家子弟出身,客家意识高,也都热心参与。另外还设立客家话师资班,培训原本就会说客家话的老师,除了自己专业课程外,也带学生的客家话方言课。民间也举办说故事比赛,民众配合度高,因为有奖金、奖状,小学生的参加度高。

6. 客家文化的保存与推广

东势的观光活动兴盛,如结合客家蓝染手作课程、绿色步道,旅客可以骑脚踏车经过一连串的石冈、梅子、土牛、东势等大埔音系的客家村落。但个案认为观光客将石冈仅当作一个补给的中继站。

石冈的观光景点,则有亚洲最大的全木造桥——"情人木桥"。土牛村有刘氏祖厝改建的客家文化馆,是清代台湾最有名的风水师之一"跳蚤师"所鉴定的风水宝地。到目前为止,刘氏宗祠的清明节祖祭,还保留着主祭官穿蓝色长袍的客家传统。

7. 特有词汇

"阿比摆"是台中大埔腔地区的特有词汇,且是当地普遍的用词,包括东势、石冈、新社等地。形容疯癫的女人或浓妆艳抹的女人。东势地区有个家族出生了一名弱智女。伴随她的出生,家族兴盛;她的死亡,家族衰落。这名弱智女常从东势到土牛用扫把打人,所以大埔音系的家庭若有小孩不吃饭,父母就会说"阿比摆来了"。

8. 深度访谈与台中语调之比较

本次语言调查所访问的台中地区,除特定乡镇外,客家话的使用并不普遍。主要调查对象是以近台中都市区的学校为主,分别位于西屯区、南屯区及丰原区,而本个案深度访谈的生长地区则在近山区的非都市地带。据统计,台中地区汉族人群中(依据父辈的族语),高中121位汉族人,祖父母辈母语使用客家话者仅4人;初中70位汉族人,祖父母辈母语使用客家话者仅5人;小学部分,客家话使用者仅1人。据2010—2011年台中市客家人口分布表[①],我们可知台中区以东势的客家人口最为集中,高达77.02%,石冈客家人口占46.31%,新社客家人口占45.09%,比例都接近或超过一半。台中客家人在本次调查里属于少数,应是所调查的并非客家人密集区所致。

---

① 台中市客家事务委员会,参见 http://www.hakka.taichung.gov.tw/public/Attachment/126010/31021221049.pdf。

台湾网民简化字使用情况调查分析[*]

张 为 林清霞

(闽南师范大学文学院)

【摘要】 通过对台湾地区网络文字的海量爬取可以发现,台湾地区的互联网上有一定数量的简化字存在。通过定量统计分析可知,台湾地区网络简化字的出现,既与台湾地区自身的语言文字环境有关,也受到两岸语言文化交流的巨大影响。日益紧密的两岸语言文化交流则是催生台湾地区网络简化字的直接原因。

【关键词】 台湾地区;网络简化字;定量统计;两岸交流

在人们的普遍认识中,汉字有繁简之分,大陆通行简化字,而台湾地区仍使用繁体字。然而实际情况并非完全如此。台湾地区也与大陆一样,进行过多次汉字简化的尝试和努力,但由于诸多历史原因,台湾地区的语言文字长期无法按照一以贯之的规划设想规范统一,因此在日常的语言文字应用上稍显混乱。目前台湾地区的文字使用遵循着两套用字标准:一是印刷用的《常用国字标准字体表》,主

---

[*] 本文为教育部重大攻关项目(20JZD043)子课题(20JZD043-A-1)、国家语委"十四五"项目"语言监测视域下的台湾地区'台语文'使用情况调查研究"(YB145-46)的阶段性成果。

要为繁体字;一是手写的书写规范《标准行书范本》,其中就有大量的简化字。随着中国综合国力的不断增强、两岸交往的日益密切以及互联网等新兴文字载体的不断发展,台湾地区的汉字使用情况实际上也随之发生着巨大的变化。根据笔者的初步调查,大陆简化字在台湾地区的渗透力和影响力正在逐渐地增强。

关注两岸语言文字现状的学者或语言文字工作者对于简化字在台湾地区的逐渐出现和发展可能会有一定的感性认识,但要对简化字在台湾地区的发展现状形成一个清晰准确的认识,则需要更大规模、更加科学的定量统计分析。

1. 调查材料的选取及对比繁简字组的确定

在科学技术高度发展的当下,网络已经取代传统书写媒介成为人们日常交流的主要手段。对于大多数现代人而言,可能一连几天都没有机会摸到笔,却几乎没有一天不在用手机或电脑输入文字。这些通过手机或电脑输入的文字则主要依靠网络传播和储存。因此,在互联网高度发达和普及的今天,相比于研究传统的书信、便签,研究互联网上的文字更能够反映台湾地区同胞的日常用字情况。通过前期调查,笔者推测大陆简化字在台湾地区的出现和发展与两岸日益紧密的语言文字交流密不可分。两岸的语言文化交流中最直接、最常用的方式就是互联网上的交流。因此对台湾互联网中存在的简化字进行定量研究,有助于我们触及问题的根源。

1.1 文字材料的甄别和获取

在获取台湾地区网络文字材料时,本文特别注意两方面的问题:首先,并不简单地对台湾地区网络上的文字进行无甄别的广泛收集,避免因收入过多来源不明的内容给研究带来不可预估的影响;其次,有意识地避开知名度较高的台湾门户网站。这是因为来自知名门户网站的材料用字大多比较正式、规范,且基本出自受过专业训练的编辑之手,无法全面反映台湾网民的用字情况,也难以敏感地捕捉到当下台湾地区繁简字使用情况的细微变化。

因此本文最后将材料收集的范围锁定在台湾几大著名论坛,如PTT、低卡等。在论坛的选择上首先考虑该论坛的知名度和人流量,同时也兼顾到论坛的性质、定位以及常用人群。这样选择的理由在于:其一,论坛中的文字内容来自台湾各个阶层、各个年龄段的网民,能够广泛地反映台湾同胞当下的用字情况;其二,论坛中的文字内容具有其他任何材料所无法比拟的丰富性和多样性,是绝佳的语言文字研究素材;其三,论坛的文字不需要接受过多的审查、规范,充分保留了台湾网民最真实的用字习惯。

本文采用以下方法获得语料:首先利用网站爬取技术对台湾主要论坛,如PTT、低卡等进行爬取,获得文本材料(爬取的语料范围设定为2005—2020年的全部论坛文本材料)。然后对文本材料进行"提纯"处理,去除重复标题、无意义的复制粘贴内容及非中文符号等,从而提取出不含标点的纯中文字符材料。通过初步的网络爬取,共获得各类字符 200 888 352 个,"提纯"处理之后,剩余字符 12 479 346 个。本文以最终获得的全部纯中文字符作为统计样本。

1.2 繁简对应字组的确定

关于两岸繁简字形的差异比较,较早、较科学的方式是费锦昌(1993)在《海峡两岸现行汉字字形的比较分析》一文中所采用的方式:将大陆的《现代汉语常用字表》(1988年1月)、《现代汉语通用字表》(1988年3月)和台湾地区1982年颁布的《常用国字标准字体表》进行比较,得出两岸存在繁简字形差异的字数是 1 474 字。南京大学刘依婷(2015)的硕士论文《大陆与台湾汉字字形比较研究》用同样的方法将大陆 2013 年颁布的《通用规范汉字表》中的一级字表和台湾地区 1982 年颁布的《常用国字标准字体表》放在一起进行比对，得出的两岸繁简字数量为 1 080 组。

然而我们知道，汉字的繁简字关系并非绝对一一对应的关系。在大陆的汉字简化过程中，绝大多数的汉字简化方式，如简化复杂部件、起用字形简单的古字俗字以及另造新字等固然产生了大批一一对应的繁简字组，但诸如同音字合并等方法也造成了部分"一简对应多繁"的复杂情况。此外，受简化偏旁类推的影响，存在繁简不同写法的汉字数量实际上是相当庞大的。加之台湾地区所使用的文字系统对于传统意义上的"繁体字"也并非一成不变地沿袭继承。因此在具体的研究中，应该将多少繁简字组纳入统计范围，实际上还没有一个确数。因此本文在进行具体的比较统计之前，还是选择再进行一次关于两岸繁简字组的统计工作。

本文将中华人民共和国国务院于 2013 年颁布的《通用规范汉字表》中的一级字表以及台湾地区 1982 年颁布的《常用国字标准字体表》放在一起进行比对，查找存在繁简字形差异的汉字字组。在运用与前述诸位学者基本相同的方法对上述字表进行比较时，对于"一简对应多繁"的情况则以简化字所对应的"多繁"数量进行统计。例如，简化字体系中的"台"同时对应繁体字体系中的"台""臺""颱"三字（"檯"字《常用国字标准字体表》未收），在统计中则以繁体字形"臺""颱"记为两组（繁简同形的"台"不计算在内）。统计得出实际的数字为 1 195 组。

2. 台湾网络文字中简化字存在情况调查

在确定了繁简字组之后，笔者在调查文本中按照这 1 195 组繁简字组逐组进行检索，统计以上各繁简字组中繁简字形在文本中分别出现的数量以及所对应的词条。对于因同音代替造成的一简对应多繁的情况，只统计繁简字形不同那一组的繁简字数。例如，繁体字中的"后"和"後"在简化字中均写作"后"，则只调查文本中本应写作"後"而实际用了"后"的字数。在调查文本中，"后"字共出现了138次，但真正用为"後"义的仅40例，则仅记录此40例。

以上述1 195组繁简字为检索对象进行统计，共在调查文本中找到简化字形162 527个，与之相对应的繁体字共2 268 739个。换言之，在台湾地区"印繁写简"的规范要求之下，台湾互联网用字本应当使用规范的繁体字形，却在调查文本中出现了十多万个一般通行于大陆的简化字形，占调查文本总字数的1.3%。如果仅以繁简字组在调查文本中的对应字数进行统计的话，占比则高达7.16%。

繁简字组，共有223个字组在调查文本中发现了不符合台湾地区文字规范的简化字形。出现简化字的字组占到繁简字组总数的15.6%。详下表：

表1 简化字形统计表

序号	繁简字组	简化字数	简化字总数占比	序号	繁简字组	简化字数	简化字总数占比
1	台-臺	58 632	36.075 2%	7	缲-繰	396	0.243 7%
2	湾-灣	30 160	18.556 9%	8	干-幹	294	0.180 9%
3	论-論	30 126	18.536 0%	9	么-麼	198	0.121 8%
4	坛-壇	30 126	18.536 0%	10	准-準	146	0.089 8%
5	过-過	9 614	5.915 3%	11	潇-瀟	114	0.070 1%
6	斗-鬥	980	0.603 0%	12	庄-莊	104	0.064 0%

(续表)

序号	繁简字组	简化字数	简化字总数占比	序号	繁简字组	简化字数	简化字总数占比
13	家-傢	60	0.036 9%	35	韩-韓	16	0.009 8%
14	马-馬	56	0.034 5%	36	级-級	16	0.009 8%
15	虫-蟲	52	0.032 0%	37	举-舉	16	0.009 8%
16	国-國	52	0.032 0%	38	溃-潰	16	0.009 8%
17	缰-韁	50	0.030 8%	39	钱-錢	16	0.009 8%
18	杠-槓	48	0.029 5%	40	养-養	16	0.009 8%
19	后-後	40	0.024 6%	41	题-題	14	0.008 6%
20	统-統	38	0.023 4%	42	体-體	14	0.008 6%
21	厘-釐	38	0.023 4%	43	队-隊	12	0.007 4%
22	表-錶	24	0.014 8%	44	儿-兒	12	0.007 4%
23	们-們	24	0.014 8%	45	个-個	12	0.007 4%
24	赛-賽	24	0.014 8%	46	记-記	12	0.007 4%
25	传-傳	20	0.012 3%	47	唠-嘮	12	0.007 4%
26	吁-籲	20	0.012 3%	48	搂-摟	12	0.007 4%
27	证-證	20	0.012 3%	49	谢-謝	12	0.007 4%
28	来-來	18	0.011 1%	50	这-這	12	0.007 4%
29	习-習	18	0.011 1%	51	状-狀	12	0.007 4%
30	爱-愛	16	0.009 8%	52	决-決	12	0.007 4%
31	厂-廠	16	0.009 8%	53	复-復	10	0.006 2%
32	动-動	16	0.009 8%	54	关-關	10	0.006 2%
33	发-發	16	0.009 8%	55	伙-夥	10	0.006 2%
34	刚-剛	16	0.009 8%	56	赠-贈	10	0.006 2%

（续表）

序号	繁简字组	简化字数	简化字总数占比	序号	繁简字组	简化字数	简化字总数占比
57	杆-桿	10	0.006 2%	79	栋-棟	6	0.003 7%
58	制-製	9	0.005 5%	80	范-範	6	0.003 7%
59	撑-撐	8	0.004 9%	81	惯-慣	6	0.003 7%
60	还-還	8	0.004 9%	82	华-華	6	0.003 7%
61	会-會	8	0.004 9%	83	觉-覺	6	0.003 7%
62	机-機	8	0.004 9%	84	经-經	6	0.003 7%
63	简-簡	8	0.004 9%	85	两-兩	6	0.003 7%
64	洁-潔	8	0.004 9%	86	门-門	6	0.003 7%
65	开-開	8	0.004 9%	87	区-區	6	0.003 7%
66	恼-惱	8	0.004 9%	88	问-問	6	0.003 7%
67	洒-灑	8	0.004 9%	89	张-張	6	0.003 7%
68	无-無	8	0.004 9%	90	众-眾	6	0.003 7%
69	戏-戲	8	0.004 9%	91	叠-疊	6	0.003 7%
70	虾-蝦	8	0.004 9%	92	喽-嘍	6	0.003 7%
71	瘾-癮	8	0.004 9%	93	办-辦	4	0.002 5%
72	佣-傭	8	0.004 9%	94	报-報	4	0.002 5%
73	缘-緣	8	0.004 9%	95	鲍-鮑	4	0.002 5%
74	晋-晉	8	0.004 9%	96	贝-貝	4	0.002 5%
75	嘘-噓	8	0.004 9%	97	边-邊	4	0.002 5%
76	板-闆	6	0.003 7%	98	变-變	4	0.002 5%
77	尘-塵	6	0.003 7%	99	财-財	4	0.002 5%
78	单-單	6	0.003 7%	100	产-產	4	0.002 5%

(续表)

序号	繁简字组	简化字数	简化字总数占比	序号	繁简字组	简化字数	简化字总数占比
101	达-達	4	0.002 5%	123	烂-爛	4	0.002 5%
102	岛-島	4	0.002 5%	124	里-裡	4	0.002 5%
103	电-電	4	0.002 5%	125	怜-憐	4	0.002 5%
104	独-獨	4	0.002 5%	126	龄-齡	4	0.002 5%
105	断-斷	4	0.002 5%	127	领-領	4	0.002 5%
106	尔-爾	4	0.002 5%	128	炉-爐	4	0.002 5%
107	坟-墳	4	0.002 5%	129	轮-輪	4	0.002 5%
108	疯-瘋	4	0.002 5%	130	买-買	4	0.002 5%
109	贵-貴	4	0.002 5%	131	蒙-矇	4	0.002 5%
110	号-號	4	0.002 5%	132	签-簽	4	0.002 5%
111	话-話	4	0.002 5%	133	侨-僑	4	0.002 5%
112	计-計	4	0.002 5%	134	倾-傾	4	0.002 5%
113	纪-紀	4	0.002 5%	135	请-請	4	0.002 5%
114	挟-挾	4	0.002 5%	136	时-時	4	0.002 5%
115	间-間	4	0.002 5%	137	双-雙	4	0.002 5%
116	姜-薑	4	0.002 5%	138	谁-誰	4	0.002 5%
117	奖-獎	4	0.002 5%	139	说-說	4	0.002 5%
118	结-結	4	0.002 5%	140	丝-絲	4	0.002 5%
119	进-進	4	0.002 5%	141	头-頭	4	0.002 5%
120	绝-絕	4	0.002 5%	142	为-為	4	0.002 5%
121	夸-誇	4	0.002 5%	143	雾-霧	4	0.002 5%
122	懒-懶	4	0.002 5%	144	现-現	4	0.002 5%

(续表)

序号	繁简字组	简化字数	简化字总数占比	序号	繁简字组	简化字数	简化字总数占比
145	讯-訊	4	0.002 5％	167	掴-摑	4	0.002 5％
146	压-壓	4	0.002 5％	168	泾-涇	4	0.002 5％
147	样-樣	4	0.002 5％	169	轻-輕	4	0.002 5％
148	业-業	4	0.002 5％	170	参-參	2	0.001 2％
149	遗-遺	4	0.002 5％	171	侧-側	2	0.001 2％
150	义-義	4	0.002 5％	172	驰-馳	2	0.001 2％
151	营-營	4	0.002 5％	173	处-處	2	0.001 2％
152	赞-贊	4	0.002 5％	174	罚-罰	2	0.001 2％
153	战-戰	4	0.002 5％	175	费-費	2	0.001 2％
154	职-職	4	0.002 5％	176	丰-豐	2	0.001 2％
155	黄-黃	4	0.002 5％	177	盖-蓋	2	0.001 2％
156	挣-掙	4	0.002 5％	178	构-構	2	0.001 2％
157	换-換	4	0.002 5％	179	规-規	2	0.001 2％
158	灾-災	4	0.002 5％	180	欢-歡	2	0.001 2％
159	癫-癲	4	0.002 5％	181	几-幾	2	0.001 2％
160	税-稅	4	0.002 5％	182	颈-頸	2	0.001 2％
161	缢-縊	4	0.002 5％	183	据-據	2	0.001 2％
162	脱-脫	4	0.002 5％	184	霉-黴	2	0.001 2％
163	讧-訌	4	0.002 5％	185	闷-悶	2	0.001 2％
164	资-資	4	0.002 5％	186	柠-檸	2	0.001 2％
165	并-並	4	0.002 5％	187	软-軟	2	0.001 2％
166	帻-幘	4	0.002 5％	188	师-師	2	0.001 2％

(续表)

序号	繁简字组	简化字数	简化字总数占比	序号	繁简字组	简化字数	简化字总数占比
189	饰-飾	2	0.001 2%	207	监-監	2	0.001 2%
190	颂-頌	2	0.001 2%	208	蝎-蠍	2	0.001 2%
191	态-態	2	0.001 2%	209	猪-豬	2	0.001 2%
192	涂-塗	2	0.001 2%	210	猫-貓	2	0.001 2%
193	袜-襪	2	0.001 2%	211	键-鍵	2	0.001 2%
194	弯-彎	2	0.001 2%	212	吕-呂	2	0.001 2%
195	网-網	2	0.001 2%	213	厨-廚	2	0.001 2%
196	辖-轄	2	0.001 2%	214	忆-憶	2	0.001 2%
197	贤-賢	2	0.001 2%	215	况-況	2	0.001 2%
198	学-學	2	0.001 2%	216	减-減	2	0.001 2%
199	询-詢	2	0.001 2%	217	茎-莖	2	0.001 2%
200	厌-厭	2	0.001 2%	218	别-彆	2	0.001 2%
201	与-與	2	0.001 2%	219	系-係	2	0.001 2%
202	约-約	2	0.001 2%	220	面-麵	2	0.001 2%
203	筑-築	2	0.001 2%	221	向-嚮	2	0.001 2%
204	匮-匱	2	0.001 2%	222	鸭-鴨	1	0.000 6%
205	恒-恆	2	0.001 2%	223	鱼-魚	1	0.000 6%
206	疱-皰	2	0.001 2%				
总字数			162 527				

由上表可以看出，前五个字组的简化字数要远远多于其他字组的简化字数，占到了所检索简化字总数的97.62%。在这五组字中，"台""臺"的通用现象自古有之。"臺"字写作"台"，最早见于元代的

俗字当中,属于一种"同音代替"的简化现象。在台湾地区教育主管部门的"常用国字标准字体笔顺学习网"[①]中,"台"(ㄊㄞˊtái)"臺"二字并收,且释义无别,但二字的释文内容均用"臺"而不用"台"。可见在台湾的用字规范中,"台""臺"二字虽可通用,但依然以"臺"为标准写法。但在调查文本中,"台"字出现的次数要远远高于"臺"字,达到了58 632次。所涉及的词语不仅仅限于"台灣"以及与之相关的"台南""台中""台北""台東"等词,诸如"講台""陽台""後台""台階"等词也多用"台"字。相反,"臺"字在调查文本中仅出现了552次,所涉及的词语与"台"字无别。此外,"檯"字不见于本文所采用的字表当中,但在调查文本中也出现了110次,用在"檯面""吧檯"等词中。

"過"字写作"过"是一直到现代汉字才出现的草书楷化写法,本不该在台湾的网络用字当中大面积出现。但本次调查竟在文本中发现了9 614个简化字"过"(与之对应的繁体字形"過"共发现29 738个),这是非常值得关注的现象。本次调查所发现的简化字"过"绝大部分集中出现在词语"过客""过去"以及词组"潇洒过"当中,且调查文本中的"潇洒过"这一词组共计出现36次,整个词组均使用了简化字形。由此可以推测,调查文本中"过"字的大量出现,唯一合理的解释是转载了某段来自大陆的文本且被论坛网友大量复制。

"论—論""坛—壇"两组因为组合在一起形成"论坛"一词,在调查文本中出现的简化字数相同,都是30 126个。调查文本中,"论""坛"两个简化字形仅在组合成"论坛"一词时出现,不作别用。与之相对应的,繁体字"論"在调查文本中共出现24 284次,繁体字"壇"共出现17 332次;繁体字形的"論壇"一词共出现了17 264次。"论"

---

① 参见 https://stroke-order.learningweb.moe.edu.tw/home.do。

"坛"二字在台湾网络中同时出现简体写法,显然与二者共同组成"论坛"一词直接相关。

"台湾"之"湾"字,根据台湾地区的规定应写作"灣",但在本次调查文本中,却发现了 30 160 个简化字"湾",与之相对应的繁体字形"灣"则只有 16 866 个。进一步考察文本中出现"湾"字的词语,则发现简化字"湾"绝大部分出自"台湾"一词。而与之相对应的繁体字形"灣"虽然字数较少,所参与组成的词语却要丰富得多。可见简化字"湾"的出现是"臺灣"一词整体简化的结果。

在本次调查的文本中,因共同构成词语而一同简化的还有如"签发""处罚""斗鱼""规范""传单""状况""韩国瑜"等。这些词语中的字用在其他语句中,绝大多数仍使用繁体字形,唯独在共同构成上述词语时一同被类推简化。汉字的结构变化往往是在一批具有某种共同特点的字中发生,如具有相同构件的一批汉字整体发生类推简化,使用频率较高的一批汉字写法整体趋简,等等。本次调查中这种"因组合构成某一词语而被一并简化"的现象,明显有别于上述几种聚合式的演变,是在组合关系中发生的字形改变。此种现象虽不是本文讨论的重点,却可能是一种非常值得深入探讨的汉字演变形式。

3. 台湾网络文字中简化字存在原因探析

通过以上调查可以非常清晰地看出,即使是相对规范稳定的信息化文字,台湾的网络文字也已经一定程度上受到简化字的影响。问题在于此种变化的产生究竟是台湾文字系统自身的内部动因使然,还是受到了大陆用字习惯的影响,或是二者兼而有之。

本文首先从台湾文字系统自身查找原因。

如前文提到,由于种种原因,台湾地区的语言文字应用长期无法完全统一规范而稍显混乱。简言之,台湾地区的文字政策可以概括为"印繁写简"。王博立、史晓东等(2015)曾对这样的用字状况做过比较恰当的描述:"(台湾)汉字使用中存在与大陆截然不同的特点:大陆是官方制定、采用简化字,台湾则是民间选择使用简笔俗字,这正是台湾汉字简化的特殊表现。"这样的文字政策实际上就给简化字的存在和发展提供了一定的空间。

事实上,台湾地区虽然在汉字简化的问题上持一种比较消极的态度,但国民党当局历史上也曾多次研究和制定汉字简化的相关方案。1979年,台湾地区教育主管部门公布的手写体规范《标准行书范本》,就整理了大量通行于民间的简体俗字,与大陆通行的简化字非常接近。据骆毅(1990)《台湾〈标准行书范本〉出版10周年》统计,《标准行书范本》中与大陆《简化字总表》字形完全相同的字数563个,占到《简化字总表》总字数的24.8%。如果加上字形近似的字数,则占比达到了30.5%。

将本次调查文本中存在简化字的繁简字组与《标准行书范本》进行比对,发现共有93个字组中的简化字与《标准行书范本》中的字形完全相同,在调查文本中的总字数为89 713个,占比为55.2%。详下表。

表2 《标准行书范本》与调查文本简化字写法相同的字组

1	台-臺	6	厘-釐	11	来-來	16	体-體
2	坛-壇	7	们-們	12	爱-愛	17	个-個
3	么-麼	8	赛-賽	13	韩-韓	18	记-記
4	潇-瀟	9	传-傳	14	养-養	19	唠-嘮
5	虫-蟲	10	证-證	15	题-題	20	搂-摟

(续表)

21	谢-謝	40	喽-嘍	59	倾-傾	78	罚-罰
22	状-狀	41	办-辦	60	请-請	79	费-費
23	还-還	42	报-報	61	双-雙	80	丰-豐
24	会-會	43	边-邊	62	谁-誰	81	规-規
25	机-機	44	达-達	63	说-說	82	欢-歡
26	简-簡	45	电-電	64	头-頭	83	闷-悶
27	洒-灑	46	独-獨	65	为-為	84	软-軟
28	戏-戲	47	尔-爾	66	雾-霧	85	师-師
29	虾-蝦	48	坟-墳	67	现-現	86	颂-頌
30	瘾-癮	49	贵-貴	68	讯-訊	87	袜-襪
31	单-單	50	号-號	69	样-樣	88	辖-轄
32	栋-棟	51	话-話	70	遗-遺	89	学-學
33	觉-覺	52	计-計	71	营-營	90	询-詢
34	两-兩	53	挟-挾	72	赞-贊	91	与-與
35	门-門	54	间-間	73	战-戰	92	猫-貓
36	区-區	55	领-領	74	讧-訌	93	鱼-魚
37	问-問	56	炉-爐	75	资-資	总字数:89 713 占比:55.2%	
38	张-張	57	签-簽	76	参-參		
39	众-眾	58	侨-僑	77	侧-側		

　　如上表所示,在本次获取的简化字中,有超过一半的字在台湾地区《标准行书范本》中存在写法完全相同的字形。换言之,调查文本

发现的简化字中，至少上述 93 组字在台湾地区的手写体中已有这样书写的习惯。由于简化字形书写的天然便利性，这些简化字形在台湾地区民间还是获得了很大一部分人的拥护。更多的人虽然在书写中依旧使用繁体，但对于这些简化字形并不陌生，至少在认读上没有什么障碍。随着现代技术的发展和日益普及，手写体和印刷体之间早已不存在不可逾越的鸿沟，由此可以推断，《标准行书范本》中的这些简化字形所产生的影响恐怕不仅仅局限于手写层面，很可能也间接对印刷字、信息化汉字产生了一定程度的影响。

那么，可以据此认为本次调查中大量简化字的发现主要是由于台湾自身文字系统的内部变化使然吗？本次的调查结果似乎并不支持这样的看法。

本次收集的简化字并不遵守部首类推简化的规则。例如，在调查文本中发现了简化字"贝"，用于英国球星贝克汉姆的人名当中。当进一步查找以"贝"为部首的字时，却发现这些字并不受部首类推简化的影响，仍然写作繁体字。如"責"仍然写作繁体而不写成"责"，"賂"仍然写作繁体而不写成"赂"。再如，在调查文本中发现了一定量的简化字"马"，而调查文本中从"马"的字却依然写作繁体字形，如写"駕"而不写"驾"。

如果调查文本中发现的简化字是台湾地区汉字写法逐渐趋简的一种内部演变的话，那调查的结果应该符合类推简化的规律。之所以发现的简化字不遵从类推简化的规律，说明台湾网络中简化字的大量出现，其主因可能不是文字系统的自我演变。

于是笔者进一步把所收集到的简化字，按照其在台湾地区最新的"常用语词调查语料统计分析字频表"（吴鉴城等 2018：392）中的使用频率位次，制成图表如下：

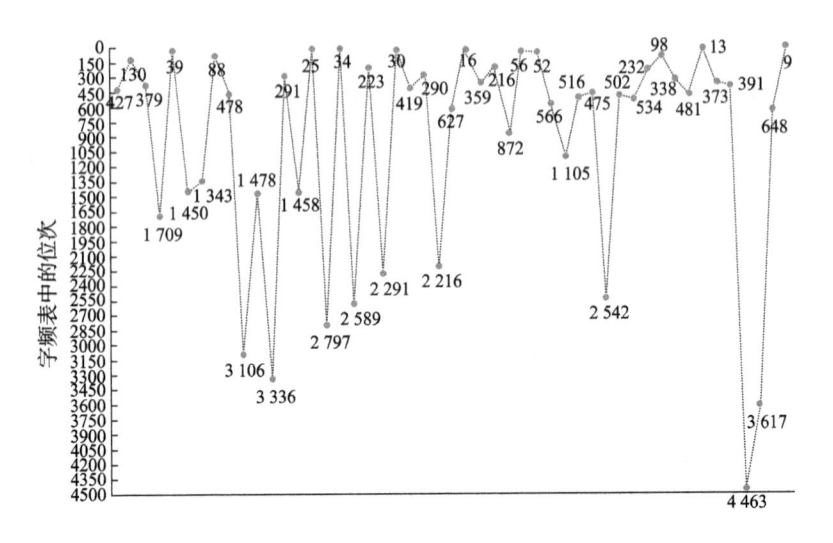

图 1　字组在台湾字频表中的位次分布图（前 50 组）

说明：图表中的横坐标为调查文本中发现简化字数量最多的前 50 个字组，由左向右排列。纵坐标为台湾地区"常用语词调查语料统计分析字频表"中的字频序位。

通过上面的图表可以看出，调查文本中发现简化字数量最多的前 50 个字组在汉字使用频率表上的分布非常零散，没有任何规律可循。王凤阳（1989：92）曾在《汉字频率与汉字简化》中指出："字的应用率和字的笔画数是成反比的……应用频率高的字一般地趋向简化。"这也就是现在我们常提到的"常用字笔画趋简率"。因此，如果调查文本中大量简化字形的出现是台湾文字系统的内部变化，那么基于语言经济性的自发调节，简化字形应该率先在使用频率相对较高的字中出现。上文图表所反映的情况，完全不能支持这种推论。

可以据此推测，调查文本中简化字的大量出现，有台湾自身汉字使用的内在因素，但也有来自外部的直接影响。具体来说，就是海峡两岸日益频繁的语言文化交流,尤其是发生在网络上的文字交流。

本次统计的文本中,含有简化字的词或词组共计 110 542 个,共有词条 358 个。在这 358 个词条中,共有 93 个词条能够通过词语本身或上下文语义确定其带有明显大陆讯息特点,占到词条总数的 25.98%。这 93 个词条共有词或词组 44 445 个,占到词(词组)总数的 40.21%。其中特别典型的词如"中华人民共和国"(出现 44 次)、"简体"(出现 22 次)、"斗地主"(出现 12 次)、"登记"(出现 11 次,与大陆法规相关)、"公证"(出现 8 次,与大陆法规相关)、"斗鱼"(出现 8 次)、"港澳台"(出现 5 次)、"侨胞"(出现 2 次)、"马云"(大陆名人,出现 17 次)等,均带有明显的大陆词语特点。

此外,如前文提及的,此类词往往有一个非常明显的特点,即"全词使用简化字形"。构成该词的字在文本的其他词句当中绝大多数仍使用繁体字形,但参与构成上述词语时,则"全词简化"。根据这一特征推测,这些词极有可能是台湾同胞在频繁的两岸语言文化交流中习得并且习用的,有的则是台湾网民在浏览大陆网页的时候直接复制得来的。

基于这些原因,本文认为两岸日益紧密的语言文化交流是台湾网络上简化字大量出现的另一主要原因,而且更有可能是最为直接的原因。

通过前面的分析可以发现,台湾地区网络用字并不如人们所认识的那样,是清一色的繁体字。仅在本文约两千万字的小规模调查文本中,已混入了十多万个简化字形。在这些简化字形中,有的是台湾地区民间手写体习用的简化字形,有的则是在与大陆的语言文化交流中受大陆用字形影响而出现的简化字。

通过前文的分析本文认为,台湾网络文字中简化字的出现,既与台湾自身的语言文字环境紧密相关,同时也受到日益密切的两岸语言文化交流的巨大影响。是内外两方面因素的共同作用,造就了当前台湾地区网络用字的基本面貌。内部因素方面,台湾民间手写体中简化字形的长期存在可能在一定程度对印刷文字和信息化文字造成了影响,至少部分消除了台湾网民在认读和使用这些简化字时的障碍;外部因素方面,两岸日益紧密的语言文化交流是台湾地区网络上简化字大量出现的另一主要原因,也是最为直接的原因。

台湾网络文字中简化字的大量出现已经是一个日益清晰的事实,也引起了台湾同胞越来越多的关注和思考。在本次整理的论坛文本中,多次发现诸如"检举简化字""禁止简化字""爱用简化字"的论坛公告,也看到了很多关于"是否应该使用简化字"的争论。

王博立、史晓东等(2015)在《语料库语言学视角下的台湾汉字简化研究》一文中曾谈道:"在两岸交流不断深入的背景下,大陆简化字对台湾汉字的使用习惯造成的影响日益显著,也导致了台湾社会对大陆简化字存在一定的抵触心理。"作为习用繁体字形的台湾同胞,在面对这样一种全新的字用现象时的微妙心理是一个非常有趣的研究课题,而简化字在台湾网络文字中的逐渐增多以及这一现象背后所折射的祖国大陆的强大文化影响力和渗透力则是一个不争的事实。

参考文献

[1]费锦昌. 海峡两岸现行汉字字形的比较分析[J].语言文字应用,1993(1).

[2]刘依婷. 大陆与台湾汉字字形比较研究[D].南京大学硕士学位论文,2015.

[3]骆毅. 台湾《标准行书范本》出版10周年[J].语文建设,1990(6).

[4]王博立、史晓东、陈毅东、任文瑶、阎思瑶. 语料库语言学视角下的台湾汉字

简化研究[J].北京大学学报(自然科学版),2015(2).

[5]王凤阳.汉字学[M].长春:吉林文史出版社,1989.

[6]吴鉴城、蔡羽筠、林庆隆.常用语词调查语料统计分析字频表[A].吴鉴城、蔡羽筠、林庆隆.2011至2015年常用语词调查报告书[R].台北:语文教育及编译研究中心,2018.

当前华语文教学课程设计的省思

竺家宁

(台湾政治大学中文系退休教授;英国韦尔斯大学客座教授)

【摘要】 这些年,台湾地区在发展华文教学方面做出了很多的努力,华文教育工作蓬勃发展,几乎每个大学都设立了华文所、华语文中心。这样快速的发展,难免会造成师资不足以及毕业学生就业难的问题。当前台湾的华语教学工作,应该更强调"三个重视":重视本体、重视历史、重视描写。

【关键词】 华语教学;教材教法;语言共性;汉语史;新词

笔者自1982年开始从事华语教学的工作,指导外国学生学习中文。1982至1983年应聘到韩国檀国大学任教,一年的时间当中,尝试了解外国人学习中文的盲点和困难在哪里,也尽量注意如何更有效地激起他们的学习动机。之后,在淡江大学担任美国青年学生的华语教学工作,这些学生是从美国回来参加夏令营的华裔子弟。在教学互动当中,感受到西方环境长大的青少年跟受东方文化影响的韩国人,两者在学习华文的心态上、所用的方法上不尽相同。之后,笔者不曾离开过对外汉语教学领域,同时也进行相关的研究工作,发表一些华文教学的论文,出席一些华文教学的研讨会,也经常担任华文所、华文教程的专题演讲工作。在长期的教学和研究当中,累积了一些经验与心得，同时也观察了国外的华语教学工作和大陆在这方面的发展，注意到两岸之间华文教学的一些特点，也体认到目前发展华文教学的一些不足。

这些年，台湾在发展华文教学方面，做出了很多的努力，华文教育工作蓬勃发展，几乎每个大学都设立了华文所、华语文中心。这样快速的发展，难免会造成师资不足的现象以及毕业学生的出路问题。大多数华文所没有足够的专任师资，多半是向外借才，由中文系、英文系的师资来支持华文所的教学工作。也有一些非专业本行的师资，由于临时的需要而客串担任一些课程，这是我们华文教学所面临的一项问题。

笔者依据个人的所见所知，感到当前台湾地区的华语教学工作，亟需强调"三个重视"：重视本体、重视历史、重视描写。

1. 重视本体

所谓"重视本体"，指的是对中文（汉语）的全盘了解。从事对外汉语的教学工作，真正需要"贩卖"的就是中文本身，犹如老王卖瓜，有再好的推销技巧，不如更讲究瓜的质量，有最好的瓜，才能有稳定而长久的顾客。如果只凭推销技巧，喊得天花乱坠，固然有人会存着买一次试试看的心理，终究难以为继，这就是"老王卖瓜"的原理。我们的华语教学工作，目前比较重视的是教材的设计、教法的改进、教学理论的探讨、教学经验与技术的切磋，这些固然很重要，然而更值得我们思考的是"瓜"在哪里？

一位成功的华语教学者，要卖的"瓜"就是华语教学的"本体"，也就是我们是否有足够的中文（汉语）的完整知识，包含：汉语的语音有哪些特点？汉语的构词有哪些特点？汉语的语法又有哪些特点？这些特点跟其他国家的语言有什么不同？作为一位语言教学者,是否能够透过比较说出它们的共性与殊性？我们在教学中文的时候,是否会用英文的语言规则来比附？所采用的是否都是英文语法的术语？特别是中文的词汇跟语法,跟英文比起来有很不一样的地方。例如中文的动补构词、联绵词、重叠词,中文的词类划分问题、兼语句问题、连动句问题、零句问题,等等。这方面的知识都是每位华文教学者的本体知识,在师资培养上、课程设计上,我们应该要有足够的这方面课程。而且在观念上,避免用英文文法来套招,用英文文法的知识来理解中文文法,这样很可能会产生误导,以致无法真正了解中文的特性。

一般观念认为,教好外国人中文,自己英文一定要好。我们认为,教好外国人中文,自己中文一定要好,"中文能力"才是第一顺位。

2. 重视汉语的历史

所谓"第二个重视",是重视汉语的历史。语言是一条源远流长的河流,脉脉相连而不断,现代我们使用的语言现象,不能通通归之于"习惯"是这样,或者只告诉学生:"字典"是这样说的。其中必然有一个形成的理据。语言教学者不但要能够知其然,还要能够知其所以然,这个所以然,往往就是从历史中形成的,要从历史中找答案。如果我们只讲现代汉语,忽略古代汉语,就如同抽刀断水一样,必然无法把教学工作做得圆满。

年轻的西方学生,在学习上往往积极而好问,勇于思考,经常提出一个又一个的"为什么",使得华语教师不断面临严酷的考验跟挑战,如果我们不具备充分的汉语历史的知识,只能推给"习惯使然",或者只能告诉他们,这是"依据词典"来的。这对于喜欢打破砂锅问到底的那些西方学生来说，一定不能得到满足。例如：luggage为什么要叫作"行李"？跟姓李的人有什么关系？孔子时代没有"爸"这个字，那么当时的人怎么叫爸爸呢？"茶"这个字，是中国文化的一个特征，这个词在很多语言里头产生不同的变体，无论是英文、法文、德文、韩文，还是汉语中的闽南话，都是同一个"茶"字衍生出来的发音，如何联系起来看？这些都得从声韵学的知识中获得解答。

又如汉字的教学，我们会告诉学生，西方用的是拼音文字，中文用的是形声文字。伦、轮、沦、纶的声符都是"仑"，这个道理外国学生很容易理解，但是洛、落、络、路的声符怎么是"各"的音呢？这里也必须从声韵学的知识中找到答案，否则还不算是真正懂得了汉字。

中国传统的语文教学当中，把声韵学、训诂学、文字学称为"小学"，"小学"的"小"字，不是微不足道的意思，正好相反，"小"是基础的意思，"小学"就是每个学习中文的人，应该具备的基础知识。有的人直觉地认为，这些学科都是中文系的老古董，没有实用性，这是大大的错误。如果我们一直强调这些学科多么难，又不实用，是一个误导。小学的知识，就是语言的知识，语言是活生生的东西，现在的发音、现在的用词、造句方式，都是一脉相承下来的，不是突然从花果山蹦出来的。

为什么一般人会认为小学知识很难，关键在于"教材教法"的问题。目前我们比较缺乏这样的导入工作，让学习者了解声韵、文字、训诂的实用性，以及面对如何教、如何学的技巧性问题，这是我们有待努力改进的地方。我们希望古汉语的专家学者，不仅仅关起门来做自己高深的研究，更可以把研究的心得通俗化、普及化，让所有的人都看得懂，都知道怎么样应用在我们的生活当中。笔者近年来进行的"语言十旅"撰写计划，例如"古音之旅""语音学之旅""声韵之旅""词汇之旅"等,正是基于这样的构想。65集"声韵之旅"视频的播出,也是基于这个构想。

3. 重视描写

所谓"第三个重视",指的是重视"描写工作"。语言学的研究,有两个层面:一是"规范语言学",二是"描写语言学"。前者告诉人们"应该"怎么说,要定出一个标准,遵守一定的规则;后者告诉人们,在社会交际中,"实际"是怎么说话的。

语言是一个动态的现象,不是固定不变的,出自于千万人之口,一定会有许多变体产生,这些变体,往往会以惊人的速度,透过大众传播媒介,逐渐成为普遍的现象。在初期,这些变体会被认为俚俗而不正式,虽然大家都这么说了,词典却还没有收进去,社会的新词不断涌生,就是这种现象。例如,在规范教学当中,称谓用语"爸爸""妈妈""哥哥""妹妹",第二个字要念为轻声,然而,在台湾实际的社会用语当中,这个轻声往往已经消失,两个字念成一样的高度了,更年轻的"新新人类",第二个字不但不念轻声,两个字的音调也不念为同高,反而是把第二个字提升了高度,甚至产生了书写上的变体,像"美眉"之类的。如果一个小朋友,放学回家说"爸爸好""妈妈好"的时候,用的是标准轻声,这时父母反而会十分紧张地摸摸孩子的额头,看看是不是发烧了。他不是念得很标准、很正常吗,怎么反而被认为不正常了?这就是"语言规范"和"语言描写"的差距。

又如"瞎"是动词,意思是"目盲",这是字典里规范的,但是我们也会说"你很瞎耶!",这使得"瞎"就变成了形容词。这样的语言变体,大量地在我们生活中出现,我们不能否认它、抗拒它。对讲究客观的语言学者来说,既然是一个存在的客观事实,我们就应该要研究它,了解它,找出它的演化规律。这就是描写语言学。

同样的道理,我们在华语教学上,过去只讲究规范与标准,然而,一个外国人学了非常规范的汉语、非常标准的汉语,一旦进入我们的社会,立即发现中间有了一条鸿沟,他说的话跟我们说的话,显然是不同的,他永远会被认为是一个外国人,永远不能够真正融入我们的社会。因此,在华语教学上,除了规范式的教学,告诉他们应该怎么说之外,还应该有描写式的教学,告诉他们实际该怎么用。

这几年,新词的研究,受到了高度的重视,正是意识到语言是一个生命体,它也有生老病死的过程,我们不能只看壮年时期、成熟时期的语言,也要看萌芽时期、幼儿时期的语言。唯有了解语言这种生灭变化,才能够更确切地掌握语言、了解语言,圆满地达成华语教学的目标。

4. 两岸华语教学的特点

在华语教学的领域,两岸都做了积极的努力,大陆的孔子学院遍布全球,无远弗届。从表面看来,这块市场都已经被孔子学院占满了,那么,台湾的华语教学工作是否还有发挥的空间呢?我们认为,两岸的语言研究方向各有其特色,台湾在语言研究以及语文教学上,比大陆更重视传统,台湾的初中语文课本,文言文和白话文的教学比率大约是六比四,高中文言文的比率又更高一些,同时,每一个高中生都必须学习"文化基本教材",内容涵盖"四书",特别是《论语》《孟子》,每一位高中生都要求背诵原文,这样的措施是大陆所没有的(按:台湾地区这几年由于政治的原因,这种情况逐渐被废止了)。大学中文系把文字学、声韵学、训诂学定为必修课程,通常是四个学分、一年的教程,这种规划也是大陆所没有的。台湾的硕士生入学考试,无论你未来研究的方向是什么,"小学"科目是必考的项目,博士生入学考试,无论你研究的是词章义理、哲学思想,或现代文学,一般也会要求通过小学科目的测试(按:这几年这种情况也逐渐在改变)。这些原本是台湾语文教学的特色,在这样的背景下,台湾的对外汉语教学事实上可以跟大陆的对外汉语教学形成分工互补。

世界各地设置的孔子学院,其教学目标、教学规划、师资培训,都是以初阶入门的华语学习为主,以学会流利的普通话为主,在进阶的语文知识方面,显著缺乏。因此,在现代汉语口语的教学上,遇到外国学生追问语音之所以然,追问词汇的形成理据,往往无法做出有效而立即的响应,只能交给"习惯使然""依据字典"。这样的处理方式,不能满足希望"打破砂锅问到底"的外国学生。

当外国学生学会了基础华语之后,有很多都希望能够进一步了解中国文化,具有能够运用文献资料的能力。在第一个阶段的华语学习之后,他们必然希望能进入更高阶的华语学习,也就是汉语语言的"进阶知识",包含声韵、文字、训诂的相关内容。这方面台湾有更完备的师资、教材,更能够提供完整的培训,满足华语教学上这个层次的需要。这一部分正是两岸可以形成互补的地方。大陆已经成形的孔子学院体系之外,台湾可以提供另外一个区块,让孔子学院出身的外国学生得以享有后续和进阶的培养机会。台湾未来的华语教学发展,跟大陆不是同一个平面的竞争,而是不同层次的互补,台湾利用原有的传统文化优势,更可以做好这一区块。21世纪是华语的世纪,中文逐渐成为全世界通行的语文,我们希望两岸携手共同来完成这个使命。

从两岸华文教育看汉语国际教育专业课程建设*

肖模艳

(闽南师范大学文学院)

【摘要】 通过对比台湾师范大学应用华语文学组和北京语言大学汉语国际教育专业培养目标、培养规格、课程设置等方面内容,认为两校课程设置有同有异,但都能给地方高校汉语国际教育专业建设较多启迪:1. 汉语国际教育专业培养方案需结合地域优势、学校定位;2. 课程设置定位要精准;3. 课程设置应与时俱进,提高外语类课程比例。

【关键词】 两岸;汉语国际教育;课程设置;对比

台湾地区的华语文教学始于1949年,由于当时大陆地区对外开放有限,海外人士学习汉语基本都在台湾地区辅助海外侨民所开设的中文学校,海外的华文教学资源几乎都被台湾地区掌握。1956年,台湾师范大学(下文简称"台师大")成立了台湾地区第一个汉语学习中心——台师大国语教学中心。2006年成立应用华语文学系学士班,2017年应用华语文教育系与华语文教学系整

---

* 本文为2020年福建省本科教学改革项目"新文科视域下的汉语国际教育专业建设探索与实践"(FBJG20200054)的阶段性成果。

合,重整后的华语文教学系包含两个学士班组——应用华语文学组和国际华语与文化组。前者招收本土学生和侨生,后者主要面向留学生。台师大的华语文教学系是台湾地区规模最大的华语教学中心。

大陆最早建立对外汉语教育专业的是北京语言学院(今北京语言大学,下文简称"北语")。1983年,经教育部批准成立该专业,培养对外汉语教师,是全国唯一以对留学生进行汉语和中华文化教育为主要任务的高等学府,为汉语作为第二语言教学的人才培养做出了重要贡献。北语的汉语国际教育培养模式,对国内其他高校同类专业有重要影响。

随着中国综合实力的提高,世界上学习汉语的人越来越多,国际中文教师需求增加,但是以培养国际汉语师资为主要目标的汉语国际教育专业的发展和建设反而遇到了瓶颈。一个重要现实原因是就业问题:该专业培养国际汉语教师,但并非全部毕业生都能经过选拔派往国外,即使出国以后也要面临一两年后回国再次就业问题;国内对口就业率低,以某地方高校汉语国际教育专业为例,2019届毕业生共45人,其中升学4人,出国4人,进入事业单位、教育机构、企业及当公务员共30人,7人待定,也就是说有8人毕业后真正与专业相关,约占17.78%,这个比例说明专业对口率不高。汉语国际教育事业已经开始新转折,国际汉语教师转向注重本土化、专业化、信息化、特色化发展(马箭飞 2017)。特别是在疫情暴发以后,国家大力发展线上教育教学,被派往其他国家的机会也在减少。这些都是目前汉语国际教育专业发展和建设的不利因素。我们认为,随着中国的发展,国际学习汉语的人只会越来越多,但是地方高校如何建设汉语国际教育专业,使人才找准社会市场定位,具有更广阔的发展前景,是当下急需考虑的问题。

北语和台师大在两岸汉语国际教育专业中处于领头羊地位,两校的人才培养模式对于该专业建设具有重要参考价值。另外,后疫情时代国际上学习汉语的人增多,作为国际汉语教师培养专业,应做好适应新局面新形势的准备。本文搜集 2020 版北语汉语国际教育专业培养方案和台师大 2021 年应用华语文学组的简介和课程架构,对两校同一专业在培养目标、学时学分、课程设置三个方面进行对比分析,旨在探寻新时代汉语国际教育专业课程设置的最佳方案,也为普通高校汉语国际教育专业建设提供思路。为了方便表达,行文中用 A 校代指北京语言大学,用 B 校代指台湾师范大学。

1. 两校同专业课程设置对比分析

1.1 两校同专业课程类型与学分

总体来看,两岸高校的专业建设与发展都是现代教育制度影响下的产物,因此两校该专业课程设置与学分存在相似之处,但由于两岸教育体制的差异使得两校该专业在课程设置与学分规定方面存在一定的区别。具体可参见下表:

表 1 A 校汉语国际教育专业课程类型与学分[①]

A 校	公共必修课	通识课	外语必修课	专业必修课	专业选修课	毕业论文（设计）	合计
学分	35	12	32	40	30	4	154
比例	23.4%	7.8%	20.8%	26%	19.5%	2.6%	100%

---

① 北京语言大学本科生培养方案(2020 版),参见 http://jwc.blcu.edu.cn/art/2020/10/5/art_14635_1156796.html。

表2　B校应用华语文学组学士班课程类型与学分①

B校	共同必修		必修	选修	自由选修	合计
	应修课	通识课				
学分	14	18	38	30	28	128
比例	10.9%	14.1%	29.7%	23.4%	21.9%	100%

表面上看,两所高校的课程类型存在差异,但是仔细分析两校课程内涵就会发现,主要是名称表述的不同和类型多少的不同,如下面四种课程类型两校相同:

公共必修课～共同必修之应修课

通识课～通识课

专业必修课～必修

专业选修课～选修

从表中亦可以看到以下问题:

(1)学分差距较大:A校有154学分,B校有128学分,相差26学分。如果一门课程按照2学分计算,至少相差13门课程,数百个学时,这些课程对于专业知识掌握深度具有一定的影响。

(2)按照学分数量由多至少排序,则:

A校:专业必修课＞公共必修课＞外语必修课＞专业选修课＞通识课

B校:必修＞选修＞自由选修＞通识课＞共同必修之应修课

(3)A校有外语必修课,B校没有;

(4)B校有自由选修课,A校没有;

---

① 台湾师范大学华语文教学系应用华语文教学组学士班,参见 https://www.tcsl.ntnu.edu.tw/index.php/about/aclc/。

(5)A校的通识课(7.8％)少于B校通识课(14.1％)。

通过两校课程设置基本概况可知,去掉人才培养基本素养的公共课(通识和公共必修课),则A校必修课比例为46.8％,选修课比例为19.5％;B校必修课比例为29.7％,选修课比例为45.3％。A校必修课较多,包括外语必修课和专业必修课;B校必修课程主要是专业必修课,选修课较多。课程设置与学分差异较大。

1.2 两校同专业课程设置分析

课程体系是实现人才培养目标的重要路径。课程体系的设置体现了人才培养方案的培养目标,职业岗位能力要求,毕业生的业务规格和知识、能力、素质结构。以上这些都要通过课程来一一实现,因此任何高校人才培养方案的设置都是至关重要的,在人才培养方案中其核心课程体系,更是重中之重。

1.2.1 专业必修课程与系必修课程

专业必修课为一个专业的核心课程,它的价值在于培养和发展学生的共性,使学生具有专业中合理的、较为宽广的、系统的知识结构,保证该专业对所培养人才的基本素质要求。

A校专业必修课包括:语言学概论,现代汉语(一、二),古代汉语(一、二),第二语言教学概论,汉语第二语言教学法(一、二),教育学原理,教育心理学,中国古代文学(一、二),中国现当代文学,外国文学,中国文化史纲。

B校系必修课包括:华语语音学,华语语法学,华语修辞学,华语词汇学,汉语语言学,华语文教学导论,语言学概论,语言测验与统计,汉字教学,华语文教学导论,华语文教材编写,华语教材教法,华语文教学实务,外语习得理论,侨务教育导论,华人海外移民,中国文化导论,中国文学史,现代文学史。

两校专业必修课的共同点是三块:汉语言类、语言教学类、文学文化类。我们把两校专业必修课按照这三种类型归类并列表:

表3 两所高校专业必修课课程对比

学校 类别	A校	B校
汉语言类	语言学概论 现代汉语(一、二) 古代汉语(一、二)	语言学概论 汉语语言学 华语语音学 华语语法学 华语修辞学 华语词汇学
语言教学类	第二语言教学概论 汉语第二语言教学法(一、二) 教育学原理 教育心理学	华语文教学导论 语言测验与统计 汉字教学 华语文教材编写 华语教材教法 华语文教学实务 外语习得理论 侨民教育导论
文学文化类	中国古代文学(一、二) 中国现当代文学 外国文学 中国文化史纲	华人海外移民 中国文化导论 中国文学史 现代文学史

两校"汉语言类"课程都有概论性课程,A校以时间为标准设立课程,B校以语言要素为标准设立课程。

两校"语言教学类"课程有较大差别:A校有4门课,包括"教育学"和"第二语言教学"相关课程;B校有8门课程,语言类、教育教学类课程大多冠以"华语文",涉及多个角度的汉语言教育教学内容,如教材编写、教材教法、语言测验、侨民教育等。

两校"文学文化类"课程大同小异，B校除中国文学文化类课程，还包括"华人海外移民"课。

1.2.2 专业选修课与选修

两校该专业选修课方面，有较大差别。

A校专业选修课分为三个模块：语言学模块、教育教学模块、跨专业模块（包括文学文化模块、中华才艺模块、新闻传播模块、国际政治与国际关系模块、其他模块等），共53门专业选修课，其中汉语类17门，二语教学类13门，教育心理类9门，语言学类6门，实践类3门，其他类5门，包括形式逻辑，跨文化交际，语文课程与教学论，自主探索与研究（一、二）。A校专业逐步朝跨专业方向转变，一门课可以有多个开设学期，本专业选修课在人文社会科学学部内部融通，实现汉语国际教育、汉语言文学、新闻传播学、国际政治、国际关系与国际事务等人文社科学科的融通教育。

B校开设54门选修课，可分为六类：文学文化类24门，二语教学类15门，语言能力类8门，教育教学类6门，语言学类5门，实践类2门。

从两所高校开设的专业选修课程类型和数量来看，除了二语教学类、教育教学类、实践类等相差不多以外，A校专业选修课明显更侧重于语言本体知识和国际汉语教育教学两个面向的课程设置；B校则侧重于文学文化类课程，尤其是世界华人历史与社会。这说明，A校培养的汉语国际教育专业的学生主要面向汉语教学，强调"汉语"基本功要扎实，重视汉语作为二语的教育教学；B校的选修课更多转向文化，强调从文化的角度理解世界华人的历史、社会与族群关系，通过侨民联系实施华文教育的举措。

1.2.3 外语课程设置

作为从事国际中文教育教学的专业,学生外语能力非常重要。两校对于提高学生外语能力各有思路:A 校设置英语必修课"英语精读(一、二、三、四)""英语经典阅读(一、二、三、四)""英语视听说(一、二、三、四)",32 学分,占整体学分的 20.8%。B 校英文课程"英文(一)""英文(二)""英文(三)"设在校共同必修课中,6 学分。但是 B 校为该专业学生设定外语能力毕业资格检定标准。

表 4 B 校外语能力相关规定

毕业资格检定标准	配套措施或抵免规定
全民英检中级复试	1. 第二外语 6 学分 2. 英语系补救教学课程 3. 英语会考 4. 其他英检相对应之分数

用这种方式敦促学生学习英语,并需达到一定水平。另外,在"组选修课程"中设置"德语(一)""德语(二)""德语(三)""德语(四)""汉英翻译""华语教学英语""华人英文名著选读""英语口语表达"等课程,供学生选修。B 校在提高学生外语能力方面的安排,节省了教学时间和教学成本,用测试的方式敦促学生自学,保证英语能力水平,同时也为已达到水平的学生提供了更多的自由时间。

2. 两校同专业课程设置思考

我国大陆地区对于本专业的核心课程有明确的规定:语言学概论、古代汉语、中国古代文学、中国现当代文学、汉语国际教育概论、语言教学法、汉语写作。各高校根据自身办学层次、教育目标及学科条件自主设置选修课程。两校同专业课程设置有明显共性,同时也有鲜明个性。

2.1 课程设置的名与实

汉语国际教育专业和华文教育专业培养的都是从事汉语教学的师资。从两校课程设置(表3)上来看,A校专业必修课中,除"第二语言教学概论""汉语第二语言教学法"两门课名称可体现较为鲜明的汉语国际教育专业特色以外,其他课程名称与汉语言文学其他专业区分度不高。B校专业必修课用"华人/华语/华文"命名,较为明确地体现了专业培养目标。

就课程内容而言,以表3中"汉语言类"课程为例,A校设置"语言学概论""现代汉语(一)(二)""古代汉语(一)(二)";B校设置"语言学概论""汉语语言学""华语语音学""华语语法学""华语修辞学""华语词汇学",两校同专业课程设置反映了不同的课程设置标准:A校以时代为分界,分为古代汉语、现代汉语。B校以语言要素语音、词汇、语法、修辞为课程设置依据。但实际上差别不大,大陆不同版本《现代汉语》教材大致分语音、词汇、文字、语法、修辞/语用五部分,这些章节与B校"华语语音学""华语语法学""华语修辞学""华语词汇学"基本对应。存在细微差别的地方是:以"现代汉语"课为例,高等教育出版社出版的经典教材黄伯荣、廖序东《现代汉语》五个章节内容并不均衡,"语音""语法"部分内容较多,"文字""词汇""修辞"章占比相对较少,教师在教授时也存在根据自身专业方向有所侧重、深入程度不一的情况;B校分解现代汉语的各项要素,授课用力平均(每门课2学分)。

2.2 课程设置与时代要求

汉语国际教育专业和汉语有关,也和教育有关,具有跨专业的性质。2012年对外汉语专业更名为汉语国际教育专业,在《普通高等学校本科专业目录新旧专业对照表》中,汉语国际教育专业由对外汉语、中国语言文化和中国学合并而成[①],这也说明本专业的跨学科特点。A校在跨专业学习方面已经着手进行,在课程设置上有较明确的表现:一是专业选修课相当一部分可以在多个学期开设,学生可根据学习进度与计划自主选择,自由度较高;二是专业选修课在人文社会科学学部内部融通,实现汉语国际教育、汉语言文学、新闻传播学、国际政治、国际关系与国际事务等人文社科学科的融通教育,同一门课面向不同专业开放,学生可与其他专业同学一起听课,促进了跨专业学生的交流。

B校同专业涉及语言学、文化学、教育心理学、信息技术等多个方面,从课程设置上来看,各类型课程在同一专业下属于"组合"状态,未发现有融合不同专业的趋势。

A校跨专业学习与融通已经进行,从课程安排来看,初步体现跨专业融合的特点,但是在文理结合方面还需进一步思考与努力。

2.3 同专业课程设置特色

2.3.1 外语类课程设置

汉语国际教育专业的亮点是专业培养的学生从事国际中文教育并具有国际视野,支撑这一点的基石是外语水平和能力,因此,提高本专业学生的外语能力和水平是必然要求。两校在提高本专业外语能力方面有不同的处理办法:

A校该专业属外语类招生,培养方案中英语必修课"英语精读"

---

① 中华人民共和国教育部《教育部关于印发〈普通高等学校本科专业目录(2012年)〉〈普通高等学校本科专业设置管理规定〉等文件的通知》,参见 http://www.moe.gov.cn/srcsite/A08/moe_1034/s3882/201209/t20120918_143152.html。

"英语经典阅读""英语视听说"贯穿两年四学期,计32学分,通过提高外语课程学时学分比例达到提高学生外语水平和能力的目的。

B校把外语水平同样看得重要,但是采用设定外语能力毕业资格检定标准方式,敦促学生掌握外语(见表4)。

该校提供检验标准,以结果为目标,外语能力的提高与学习由学生自主完成,减少了课内学时学分,使学生具有一定自主性,把更多的时间腾给专业课学习。

2.3.2 实践类课程设置

国际汉语教育经历了从"知识性"向"解释性"和"实践性"的转变。以往的专业教育注重知识性,缺少相应的有效的实践课程,难以在学习阶段熟练运用所学知识,不熟悉域外工作教学实际情况。两校在实践类课程中,比较注意设置相关实践类课程,用以运用、检测、熟悉国际汉语教育教学知识与能力。比如A校的"教育测量与评估""海外汉语教学""国外中小学教育专题""语言测试与HSK""国际汉语课堂管理"为这方面的学习提供了支持;B校的"语言测验与统计""数位华语教材设计""华语语法教学设计""华语课程与教学设计""线上华语教学实务""双语教学实习""华语教学评量""读写教学法""班级经营""海外华文学校之经营管理""多媒体与华语教学"等课程也极具实践性、针对性。在根据时代发展需求,提高专业实践能力方面,两校都做出了各自努力。

从课程来看,本专业实践类课程大致体现在语言测试与评估、海外教学课堂管理、教学方法设计、教材编写等方面。随着信息时代的到来,互联网教学技术现在也已成为疫情防控常态化下国际教学必备技能,也急需增设、掌握。

3. 两校同专业课程设置对地方高校的启迪

A校和B校是两岸汉语国际教育专业具有代表性的高等学校,目前全国共有376所学校设立了汉语国际教育专业[①],包括综合性大学、外国语大学和普通高校,其中普通高校设立该专业的数量最多。在这种情况下,该专业如何建设与发展需要认真思考,既要学习、借鉴专业建设优秀的A校的经验,也要因地制宜,结合本专业所在高校地域特色、学校定位,从实际出发进行专业建设。通过比较两校同专业课程,我们认为地方高校可以从以下几个方面得到启迪。

3.1 对培养目标的认识与确定

A校汉语国际教育专业培养目标是:

培养具有比较全面和扎实的普通语言学和汉语言文字学基础理论知识,掌握较系统的汉语作为第二语言教学的基本理论和方法,具备一定的文学文化素养,能胜任汉语第二语言教学与研究,胜任汉语国际教育工作及中外文化交流工作,并具有进一步发展前途的"厚基础、宽口径、广视野、高素质"的国际型、复合型、应用型专门人才。可简化为:

汉语国际教育工作	国际型、复合型、应用型专门人才
中外文化交流工作	

A校的培养目标不局限于国际汉语教师,这决定了A校的培养规格中的知识结构和能力结构,除汉语国际教育专业知识和理论、二

[①] 参见学职平台网,https://xz.chsi.com.cn/speciality/detail.action?specId=7k3ex1o9rax6pg0v。

语教学技能、跨文化交际能力、汉语表达能力、外语表达能力以外,还要求具有国际化视野,掌握对外交往的基本知识和基本礼仪,具备良好的人文科学基本素养、较强的创新意识与协作精神以及独立获取新知识的能力。

B校本科专业以对外华语文化教育产业人才为教育目标,建立学生多语言能力、跨文化素养、华语知能、华人文化知能、教育知能、华语教学知能等六大知能,并透过多元化课程培育学生华语文教学领域基础知识、理论与实务,学生毕业后投入就业市场外,更可攻读本系研究所,扩大华语文教学领域的学术研究与华语文教育产业的发展能量。

B校的教育目标可简化为:对外华语文化教育产业人才。

B校的教育目标中,可以鲜明地感知到两个词"教育产业""就业市场",其中"教育产业"出现两次,这里面蕴含的经济味道扑面而来。其培养的人才将要进入市场,从事华语文化教育产业,那么就业市场的兴衰极大地左右了人才走向,也决定了该专业招生的人数和质量。学生毕业后在就业市场中是否具有竞争力是检验人才培养是否成功的标准。这种教育目标下的课程设置势必目标明确、针对性强。用于对外汉语教学的汉语语言文化知识、多种语言能力、跨文化素养、汉语教育教学就成为教学的重点,自然也是课程设置的重点。

培养目标是课程设置中的首要环节,它关系到人才培养规格以及课程设置。汉语国际教育专业应以新版国际汉语教师标准为依托,结合专业特点,贯彻落实以教师为主导、以学生为主体的教学理念,强化课程体系的内在逻辑性,注重知识、能力、素质三位一体培养,给该专业准确定位。

地方高校在进行专业培养方案设计中,对于培养目标的设计要精准,既不能简单学习 A 校的国际化人才培养目标,也不能完全以 B 校培养教育产业人才为目标,应结合地方学校特色,培养能够从事国际中文教学的、具有人文学科素养的应用型专门人才,在此基础上,根据就业市场需求,培养相关技能,帮助学生就业。

3.2 要教"谁"——专业课程设置定位要精准

这个"谁"包括两个对象:一个是专业培养的人才就业以后工作对象是谁;一个是专业培养的人是谁。

A 校教学对象有两类:一是本专业为外语类招生;二是来华留学生。

B 校招生对象也有两类:一是台湾地区本土学生;二是侨生。

两校该专业培养人员包括本土学生、留学生两类,针对不同学生,汉语国际教育专业通常设置两套培养方案。留学生学习以加强汉语学习为主,在此不再赘述。一般谈到汉语国际教育专业本科培养人才通常指本土学生。

A 校培养的是国际型人才,本土学生毕业后,主要教学对象为全世界学习汉语的留学生。B 校培养的是对外华语文化教育产业人才,从招生对象和课程设置来看,本土学生毕业后主要从事华侨后代即华裔的中文教学。

截至 2020 年底,全球共有 180 多个国家和地区开展中文教育,70 多个国家将中文纳入国民教育体系,外国正在学习中文的人数超过 2 000 万。这里面既包括华裔学习者,也包括非华裔学习者,目前行内较为认可的一个比值[①]是:

$$\frac{华裔学习者}{非华裔学习者} = \frac{70\%}{30\%}$$

---

① 参见 https://www.douban.com/group/topic/7897267/?type=collect.

也就是说超过三分之二的汉语学习者为华裔,大量的华裔居住地区为东南亚,与台湾地区地理上接近,因此B校华文教育重视侨务,设置诸如"华人研究""侨教侨务""华人海外移民""世界华人社区导论""侨民教育导论""全球化与华人"等专业课程,定位准确。A校地处北京,面对的留学生更为多元,不仅仅面向华侨,还包括大量的非华裔的汉语学习者。因此A校重视培养国际型复合型人才。

具有相同专业的地方高校,遍布我国各地,与周边国家往往因地缘关系联系密切,因此,地方普通高校该专业培养人员毕业后主要从事的教学对象为华裔,在课程的设置上可以适当调整,以适应教学现状。B校设置较多的华人华侨类课程可以借鉴并参考。

3.3 外语类课程设置

外语能力与水平是该专业一个重要的培养方向。A校该专业属外语类招生,可见其对于外语水平的重视程度。从A、B两校的外语能力提高办法来看,地方高校提高学生外语能力可从两个方面入手:一是融合不同专业,如A校一样,专设外语必修课,保证课时和学分;二是课外自学,如B校一样,课内学时不多,但是必须经过英语资格考试,把英语学习放在课外自主进行。

实际上,我国各类高校由于师资、学分等种种限制,外语课程比例有较大差别。综合罗小东(2004)、赖林冬(2012)的统计,列表如下:

表5 部分高校汉语类课程、外语类课程、文学文化类课程课时比例

学校	汉语类课程	外语类课程	文学文化类课程
上海外国语大学	11.6%	68.3%	20%
北京外国语大学	11.6%	61%	27.2%

(续表)

学校	汉语类课程	外语类课程	文学文化类课程
四川外国语大学	23%	50.2%	26.8%
北京语言大学	27.5%	50%	22.5%
中山大学	41.8%	56.1%	7.1%
东北师范大学	38.1%	36.2%	25.7%
湖州师范学院	35.4%	33.6%	31.1%
集美大学	41.6%	31.1%	27.4%
唐山学院	45.2%	35.2%	19.6%

从课程设置上可以看到，上述学校分配课时有以下类型：

外语类课程＞文学文化类课程＞汉语类课程（上外、北外）

外语类课程＞文学文化类课程≈汉语类课程（川外、北语）

外语类课程＞汉语类课程＞文学文化类课程（中山大学）

汉语类课程＞外语类课程＞文学文化类课程（东北师大、集美大学、唐山学院、湖州师院）

综合性大学和外国语高校重视语言能力，尤其是外语能力；地方高校则相比较而言没有明显教学特点或倾向。趋于平均的课程设置，没有突出重点，也限制了专业发展。因此，提高外语能力，是地方高校需要努力解决的问题。

地方高校有地域特色，也有发展局限，在汉语国际教育专业建设发展中，应充分考虑、借鉴各类高校尤其是具有代表性高校的经验，设计适合地方高校相同专业的培养方案，促进国际中文教育，助力国际中文传播与推广，为中文进一步国际化奠定基础。

参考文献

[1]赖林冬.对外汉语本科专业课程设置改革探析[J].国际汉语学报,2012(2).

[2]罗小东.对外汉语教学专业的学科定位和课程设置[J].国外汉语教学动态(第三辑),2004.

[3]马箭飞.延续"汉语热"要实现四个转变[N].光明日报,2017-10-28.

国际汉语教学背景下的繁简观

王汉卫[1]　缪星星[2]　苏印霞[3]

(1、3. 暨南大学华文学院;2. 暨南大学华文学院2012届硕士研究生)

【摘要】 在国际汉语教学的背景下,繁简字的纠结不容忽视,采取什么样的汉字立场,取决于繁简两体的特点。不同的立场也必然会对教学产生不同的影响,汉语难,难在汉字,在这个前提下,繁简两体对汉语学习的不同影响就更加不容忽视。依据对3 000字中繁简有差异的1 010个汉字的研究,本文得到的主要结论是:简体字笔画的大幅降低远远比其对汉字理据的负面影响更值得关注;全球的汉语二语教学在初级阶段都应该以简体为选择。

【关键词】 笔画;理据;繁体;简体;现实性原则

1. 引言

尽管简体字越来越多地被作为汉语教学的标准字体(周明朗2014),但繁简并存迄今仍是国际汉语教学上的一个问题,给教学带来实实在在的困扰(王晓钧2004;周聿峨2005;陈平2013;耿红卫2013;贾益民2014)。

王晓钧(2004)认为:"目前繁简两体的同时存在成了海外发展中

文教学汉字的字体选择的难题之一。美国大学各中文教学项目往往有不同的汉字政策,有的是先繁后简,有的是先简后繁,有的是繁简并用,有的是识繁写简……这样,自然不免造成学生甚至教师的困惑,也给学生转学或出国留学带来不少麻烦。"贾益民(2014)也指出,繁简并存"大大增加了华语文教育教学的难度"。

多年来,即便中国大陆出版的对外汉语教材,繁体字也常出现,从生词表繁简对照(例如《标准中文》(1998)),到课文繁简对照(例如《话说中国》(杜荣 1985)),再到生词和课文均繁简对照(《汉语综合教程》(冯胜利 2007)),一定程度上表现了中国大陆学术界在繁简问题上的模糊认识和摇摆态度。汉字是汉语学习的最大难点,逻辑上,两体并存,或者选择了本不应该选择的字体,就更加不利于汉语学习。汉语教学界需要以学习者的利益为考虑,对繁简字问题有一个清晰的认识,并做出坚定的、有利于国际汉语教学的选择。繁简之争由来已久,甚至已经超出了学术的范围,本文仅在国际汉语教学的范围内讨论繁简问题,材料和结果都仅限于此。在国际汉语教学的范围内如何看待繁简问题,重要的议题有三个:

(1)繁简字的笔画差异。

(2)繁简字的理据差异。

(3)笔画差异和理据差异的关系,形象地说就是性价比。

有一种声音认为,简体字平均笔画数仅比繁体字少两画,为了这区区两画而破坏汉字的理据性不值得,因此他们要坚持繁体字教学。假如果真如此——笔画仅差两画,而理据被破坏了——那当然不值得。问题是:繁简字的笔画差异真的只有两画吗?简体字对繁体字的理据破坏很大吗?真实情况到底是什么?这些问题搞清楚了,再结合繁简两体在当前以及未来的使用情况,我们的教材以及教学应该采取什么样的繁简态度、做出什么样的取舍也就清晰可辨而且坚定不移了。

2. 本文的材料和方法

研究国际汉语教学背景下的繁简字问题,就应使用这个领域的字表说话。本研究使用的是《汉语国际教育用音节汉字词汇等级划分》(以下简称"等级划分")。从价值和功用上,《等级划分》可以看作是《汉语水平词汇与汉字等级大纲》的延续;从研制的过程上,它又不是对《汉语水平词汇与汉字等级大纲》的简单修订,而是依据数十亿字次的当代大型动态语料、现代汉语词典、等级大纲、常用字表和词表等,重新研制的一个字词表(刘英林、马剑飞 2010)。

《等级划分·汉字表》分初级(900字)、中级(900字)、高级(900字)、高级附录(300字)四个字表,一共3 000字。跟汉字表相对应的是词汇表,初级2 271词、中级3 140词、高级4 188词、高级附录1 400词,共11 000词。

在笔画问题上,我们将依据《简体字总表》,首先转换出跟3 000简体字对应的繁体字,对应结果为3 050字,然后再把3 000字分离成"繁简一致"和"繁简不一致"两个字汇,然后再进一步做笔画的定量统计分析,最后获得定性认识。

在理据问题上,过去通常是从传统文字学的角度来评说的。传统文字学上,形、音、义都要探源求古,例如"报(報)",按照《说文》,它是会意字,"幸"(音 niè)像刑具,"𠬝"(音 fú)像以手捕人,指判决罪人,假借为报答。在国际汉语教学的背景下,这样的"理据"没有什么意义(对一般汉语母语者也一样),"报(報)"在当代汉语词汇中,例如"报名、报到、报导、报告、报纸、报答、报警、报刊、报考、电报、通报、汇报、报仇、报酬、报废、报复、报社、报亭、报销"等,仅勉强可以分析出"扌"跟"报(報)"的意义有点关联,而"幸""𠬝"跟"报(報)"的音义都早已失联。

就是说,从国际汉语教学的角度,我们并不能沿用传统的方法,不论繁简,都必须依据现实性原则分析理据。所谓现实性原则,即指在当代语言的共时层面,在常用字词的范围内,以宋体字为依据,不上溯古字形,定量分析繁简字的形与音、义的关系,依据定量分析的资料得出定性认识。

依据上述材料和方法,获得了笔画和理据两方面的数据和认识之后,再把二者关联起来进行分析,最后得出结论。

3. 繁简字笔画的统计和分析

对3 000简体字以及相对应的3 050繁体字(含传承字和繁简字两类)进行笔画统计,得到下表:

表1　繁简两体笔画总体情况对比

字体	字数	总笔画数	平均笔画数
简体	3 000	28 358	9.45
繁体	3 050	35 161	11.53

从表1可以看出,繁简两体的笔画数在3 000字范围仅差2.08画,这跟其他研究者运用其他字料所做的统计结果也相一致(郭曙伦2006)。由此可见,笼统地说,繁简两体的笔画数差异确实不大。不过,统计的方法有两种:一是把繁简无区别的传承字也一并计算在内,另外一种是仅观察繁简有差异的字(相对于传承字,这类字称之为"繁简字")。

到底是应该"一勺烩",还是应该以繁简字为观察对象,这取决于如下三个因素:

第一,平均笔画数。

仅仅着眼于"两画之差"是未考虑到"平均笔画"这个基数。100画少两画仅仅是少了2%,而10画少两画是少了20%。即便以一勺烩的统计方法来看,由繁到简的简化力度也不容忽视,(11.53−9.45)/11.53=18.29%,大致就是20%的差异。"两画之差"似乎无足轻重,而20%的差异不可小觑。一勺烩尚且如此,那么繁简字之间的差异是怎样的,显然不能不明确,这又跟繁简字的数量直接相关。

第二,繁简字的数量。

假如繁简字数量很少,那就只能"微不足道"了,而假如繁简字是相当的一批,那它们之间的差异就不容忽视,因为这个"差异"会直接影响到教学。情况如下:

表2　传承字及繁简字的分布资料

等级	传承字			繁简字		
	字数	占本级别字数的百分比(%)	占传承字的百分比(%)	字数	占本级别总字数的百分比(%)	占繁简字的百分比(%)
初级	584	64.89	29.35	316	35.11	31.29
中级	578	64.22	29.05	322	35.78	31.88
高级	623	69.22	31.31	277	30.78	27.43
附录	205	68.33	10.30	95	31.67	9.41
合计	1 990	66.33	100	1 010	33.67	100

表 2 显示,传承字约占三分之二,繁简字占三分之一。这个数据表明繁简字是举足轻重的存在,区分传承字与繁简字对观察繁简两体的笔画数非常必要。进一步看,初、中级字中包含的繁简字更为集中,这就是说繁简字的笔画差异给教学上的影响,越是基础阶段可能就越大。到底有多大?这就需要观察繁简字的笔画差异。

第三,繁简字的笔画差异。

进一步统计繁简字的笔画差异情况,得到表 3:

表 3 传承字及繁简字的笔画数据

等级	传承字平均笔画	繁简字平均笔画		
		繁体平均笔画	简体平均笔画	简体字节省笔画
初级	8.23	13.74	7.38	6.36(46.29%)
中级	10.00	14.84	8.89	5.95(40.09%)
高级	10.50	15.96	9.80	6.16(38.60%)
附录	11.03	15.89	10.41	5.48(34.49%)
总体	9.74	14.87	8.77	6.10(41.02%)

表 3 显示,不管是传承字还是繁简字,都是越初级笔画越少,这是汉字笔画数的基本特点,也是有利于汉字学习的特点,简体字符合并强化了这个特点。就繁简字总体而言,简体比繁体节省笔画 40%以上,初级阶段更高达 46.29%。

上文的数据显示,我们需要重点观察繁简字的笔画差异。总结上文,可以得到如下几个认识:

(1)所谓"两画之差"是不区分繁简字和传承字的笼统认识,且忽略了笔画基数;

(2)考虑到笔画基数,即便不区分繁简字和传承字,繁简两体的笔画差将近20%；

(3) 就繁简字而言,笔画差40%以上；

(4) 就初级阶段而论,繁简字笔画差将近50%。

从二语学习的角度,尤其需要关注的是初学,以"两画之差"去掩盖将近一半的笔画节省,是模糊了汉字总体、传承字、繁简字、初级阶段繁简字这几个不同字集的特点,特别是忽略了初级阶段简体字的笔画优势。

4. 繁简字理据的分析和统计

4.1 繁简字理据的具体统计范围和标注方法

上文统计得知,3 000字范围内,繁简不同的字共有1 010个。这1 010个简体字进一步可以分为两类:基本简化字,即《简体字总表》第一表和第二表中的字；类推简化字,即依据第二表类推出来的字。对1 010字进一步分类,得到基本简化字和类推简化字的数据:

表4 基本简化字和类推简化字数据表

类别	初级	中级	高级	附录	总计
基本简化字	200 (45.25%)	148 (33.48%)	80 (18.10%)	14 (3.17%)	442 (100%)
类推简化字	116 (20.42%)	174 (30.63%)	197 (34.68%)	81 (14.26%)	568 (100%)
总计	316 (31.29%)	322 (31.88%)	277 (27.43%)	95 (9.41%)	1 010 (100%)

类推简化字,不管是形符类推还是声符类推都不会影响字理。在现实性原则下,哪怕是"日、月、山、水"都只是"记号",它们是作为

字符而具有"太阳、月亮、山、水"的含义,并不再象形。基于同样的道理,作为形符的"飠"与"饣"并无什么理据上的不同,它们的表义功能是等价的。至于声符,例如"愛/爱",对"嗳嗳嫒/嗳嗳嫒"等的表音理据当然也没有任何影响。所以,下文在讨论繁简字字理变化时不考虑类推简化字,只分析基本简化字。

从表 4 可知,3 000 字范围内基本简化字仅有 442 个,繁简字的字理差异取决于这些字,例如被调侃的"亲不见,爱无心,产不生,厂空空,麦无面,运无车,导无道,儿无首,飞单翼,有云无雨,开关无门,乡里无郎"都是基本简化字。"亲不见,爱无心"之类的"论证"是以点带面,是简单举例,如果真正想搞清楚简化字对繁体字理据的"破坏",显然不能停留于简单举例,也不能上溯古字形,而是需要依据现实性原则,对 3 000 字范围内 442 个基本简化字及其对应的繁体字逐字分析,最后再对分析结果进行统计,以此来观察简体字对繁体字的理据"破坏"有没有、有多大。

除了现实性原则,还需要繁简关联原则。简化的方法多种多样,有些简体字直接来自繁体字的音符或意符,依据繁简关联原则,简体字也应该做相同的标记才算公平。例如"廣"是形声字,"广"是形符,那么简体"广"也应认定有相同的表义理据。再如"誇"是形声字,"夸"是声符,简体的"夸"也应该认定为有相同的表音理据。

这样,本文确定的具体标记方法如下:

(1)表音理据:部件音跟整字音完全一致标 3 分,声母或韵母一致标 2 分,其他标 1 分。(本研究不计声调)

(2)表义理据:部件义跟整字义相同的标 3 分(例如:父/爸),整字义是由部件义直接合成的典型会意字也标 3 分(例如:筆、尖),部件义跟整字义相关的标 2 分(例如:愛、河),其他标 1 分。

(3)一简对多繁的,多个繁体字分别赋值,然后取平均值。

(4)同音替代而来的简体字比较特殊:表音理据上,简繁无字形关联的简体字按照自身的结构分析表音理据,例如"板(闆)",有字形关联的则按照繁简关联的原则分析简体字的表音理据,例如"表(錶)";表义理据上,因为是同音替代,简体字形标1分,繁体字则具体情况具体分析。

4.2 繁简字理据标记示例

为了直观展示本研究的理据标记方法,下表按音序截取"等级划分"初级字中前10个基本简体字及它们对应的繁体字,示例如下:

表5 繁简字理据标注示例

序号	字条	简体理据		繁体理据		序号	字条	简体理据		繁体理据	
		表音	表义	表音	表义			表音	表义	表音	表义
1	爱/愛	1	2	1	2	6	备/備	1	1	1	2
2	板/闆	2	1	1	1	7	笔/筆	1	3	1	2
3	办/辦	1	2	2	2	8	币/幣	1	1	3	1
4	帮/幫	3	2	1	2	9	边/邊	1	2	1	2
5	报/報	1	1	1	1	10	标/標	1	2	2	1

爱/愛:"爱"是饱受批评的一个简化字,"没心怎么爱?"但有心也未必是爱。理据上,"爱"有"友","愛"有"心",都有表义成分,也都不是典型的会意字,都计2分。"爱/愛"都没有表音成分,表音都计1分,这样看,不管表音理据还是表义理据,"爱/愛"算打了个平手。

板/闆:"反"韵母跟"板"相同,"板"表音计2分,"板/闆"是同音替代的简化方式,所以此处"板"的表义只能计1分;"闆"形音义字理不明,音义也都只能各计1分。"板/闆"相较,"板"略占理据优势。

办/辦:"办"从"力","辡"声,"办"保留了"辦"的意符。这样,"办"表音只能1分,表义可得2分,"辦"表音表义均为2分。"办/辦"相较,"辦"略占理据优势。

442组繁简字都采取这样的分析方法一一标注,不必赘言。

4.3 基本繁简相异字的标记结果及统计

接下来我们需要对442组基本繁简字理据数据进行分析,配对样本t检验结果如下:

表6 配对样本统计量

		均值	字数	标准偏差
字音	简体	1.640	442	0.875
	繁体	1.681	442	0.851
字义	简体	1.536	442	0.571
	繁体	1.642	442	0.539

表7 配对样本相关系数

		字数	相关系数	Sig.
字音	简体 & 繁体	442	0.528	0.000
字义	简体 & 繁体	442	0.658	0.000

表8 配对样本t检验

		成对差分		t	df	Sig.(双侧)
		均值	标准偏差			
字音	简体繁体	−0.040	0.839	−1.009	441	0.313
字义	简体繁体	−0.106	0.460	−4.835	441	0.000

数据表明:

(1)从表 6 的基本数据可以看到,不论繁简,也不论表音、表义,理据均值都没有超过 2,也就说都不算高。只此一点就足够提醒我们:不能认为繁体字的理据性有多么强,那是历史性原则下的认识,是把古字形的理据记在了今字形的账上。

(2)从表 7 可以看到,繁简字的音、义理据相关系数都在 0.5 以上,相关显著性系数 p=0.000>0.05,相关显著。这一数据提醒我们,在现实性原则下来看,似乎不能说"简体破坏了繁体的理据",至少破坏远没有想象的那么大。

(3)表 8 显示,表音上简繁理据差异不显著,$t(441)=-1.009$,$p=0.313>0.05$;表义上则差异显著,$t(441)=-4.835$,$p=0.000<0.05$。

上面的"差异"是 442 组繁简字的"整体差异",我们还需要知道"具体差异",这将有助于我们获得进一步的认识。442 组资料进一步整理如下:

表 9　繁简字理据的具体差异

理据	理据值相同	理据值相异			总计
		简高于繁	简低于繁	小计	
表音	294(66.52%)	65(14.71%)	83(18.78%)	148(33.48%)	442(100%)
表义	354(80.09%)	20(4.52%)	68(15.38%)	88(19.91%)	442(100%)

表 9 显示:

(1)不管表音还是表义,理据值繁简相同的都占绝对多数,相异的占少数。

(2)简化后理据值有的下降了,也有的提高了。

(3)表音理据值相异的个案共 148 对,提高的 65 对,降低的 83

对,两种数据较为接近,互相抵消,所以差异不显著。

(4) 表义理据值相异的个案仅 88 对,但提高(20 对)和降低(68 对)相差较大——这就是"差异显著"的真正含义。

总体上,简体音义理据都低于繁体,但其中也不乏简体理据值高于繁体的个案。扣除简体理据高于繁体的情况,在国际汉语教学的背景下,简体字对繁体字的绝对负面影响如下:

表 10　简体字对理据的绝对负面影响

理据	简体字的绝对负面影响	442 字范围	1 010 字范围	3 000 字范围
表音	83－65＝18 字	4.07%	1.78%	0.60%
表义	68－20＝48 字	10.86%	4.75%	1.60%

从表 10 可以看到,在理据分析的现实性原则下,简体字对繁体字的影响,在 442 个基本简体字范围内,可以用"影响不大"来表述,放在 1 010 繁简字或者 3 000 字总体的背景下,可以用"微不足道"来定性。

5. 结论及相关建议

5.1 笔画和理据问题认识的总结

在现实性原则下,在国际汉语教学的话题下,繁简笔画和理据差异问题可以总结如下:

就 3 000 字总体来看,相对于繁体字,简体字笔画减少了接近 20%,而所谓理据的破坏则微不足道。就繁简有差异的 1 010 字来看,简体字减少了 40% 以上的笔画,特别是初级阶段,笔画减少几近一半。与此同时,简体对繁体理据的负面影响无论在哪个字符集范围内都是很小的。关联笔画和理据,本文的结论是:简体字笔画的大幅降低远比其对汉字理据的负面影响更值得关注。

5.2 相关建议

结合繁体字和简体字在当今世界的实际存在,结合汉字对汉语学习的影响,结合"以学习者为中心"的考虑,本文的建议是:

第一,初级阶段,不管是教材还是教学,应该以简体为唯一选择。

第二,中高级阶段可以根据学习者的需要开设繁简对照的选修课。

第三,中高级教材的字体选择,应考虑学习者的不同需要。

第四,对于两岸以及香港、澳门的大学来说,国际汉语教学及相关专业宜开设繁简字问题的必修课,以提升师资的专业素质,应对现实层面上的繁简并存。简体字总表的第一表和第二表一共仅有 482 字,只要愿意面对,这对谁都不是问题。

参考文献

[1] 陈平. 政治、经济、社会与海外汉语教学——以澳大利亚为例[J]. 世界汉语教学,2013(3).

[2] 杜荣、Helen T. Lin. 话说中国[M]. 北京:华语教学出版社,1985.

[3] 冯胜利. 汉语综合教程[M]. 北京:高等教育出版社,2007.

[4] 耿红卫. 英国华文教育的历史与现状研究[J]. 海外华文教育,2013(1).

[5] 郭曙纶、朴贞姬.《GB13000.1 字符集:汉字字序(笔画序)规范》笔画数统计报告[J]. 现代语文,2006(11).

[6] 国家对外汉语教学领导小组办公室汉语水平考试部. 汉语水平词汇与汉字等级大纲[S]. 北京:北京语言学院出版社,1992.

[7] 贾益民. 关于海外华语文教师专业发展研究的思考[J]. 世界汉语教学,2014(1).

[8] 课程教材研究所编. 标准中文[M]. 北京:人民教育出版社,1998.

[9]刘英林、马剑飞．研制音节和汉字词汇等级划分,探寻汉语国际教育新思维[J].世界汉语教学,2010(1).

[10]缪星星．对外汉字教学中繁简字对应转换规律及教学问题研究[D].广州：暨南大学硕士学位论文,2012.

[11]苏培成．现代汉字学纲要[M].北京:北京大学出版社,2001.

[12]王晓钧．美国中文教学的理论与实践[J].世界汉语教学,2004(1).

[13]语文出版社、中国文字改革委员会．简体字总表[S].北京:语文出版社,1986.

[14]中华人民共和国教育部、国家语言文字工作委员会．汉语国际教育用音节汉字词汇等级划分[S].北京:北京语言大学出版社,2010.

[15]周明朗．语言认同与华语传承语教育[J].华文教学与研究,2014(1).

[16]周聿峨、张树利．新移民与美国华文教育[J].东南亚纵横,2005(6).

两岸基础教育语文教材单元计量对比研究*

——以我国大陆与台湾地区六套语文教材单元为对象

杜晶晶

(厦门大学嘉庚学院/厦门大学国家语言资源监测与研究教育教材中心)

【摘要】 基础教育语文教材单元是串联起教育理念、课程标准和教学内容三方面的中观单位,通过建设两岸基础教育语文教材单元语料库,以语文教材单元为计量单位描写两岸语文教材单元人文主题与语言知识的数量、分布和特点,可以使现行两岸语文教材对比实现理念、大纲、教材从大到小、从抽象到具体、兼具人文与工具双重性质研究的逐层落实。研究表明:两岸基础教育语文教材单元在立意上受课程大纲和标准的影响,宏观与微观层面有较强的同质化特点;两岸差异集中体现在中观单元层面人文主题、语言知识的数量、序列和角度上,大

---

* 本文为教育部 2017 年人文社会科学研究规划基金项目"两岸基础教育语文教材主题对比计量研究"(17YJA740009)、国家语委 2019 年度委托项目"中小学语文教材话语体系研究"(WT135-54)、国家语委 2020 年委托项目"中小学语文知识体系研究"(WT135-78)的阶段性成果。

陆单元数量多、序列性明显,台湾单元数量少、序列性不显著,两岸单元人文主题体现出"同类异视角"、单元语言知识"同类不同构"两个特点。

【关键词】　两岸基础教育;语文教材;单元;计量对比

1. 引言

单元体例是目前我国语文教材的基本体例,以单元为中观单位设计、组织、筛选、排列、组合教学内容,使得语文教材单元上承宏观的教育理念、下启微观的教学内容,直接体现"教什么"和"怎么教"的核心问题。语文课程工具性与人文性、知识技能与人文素质的培养思路和教学设计在单元层面往往是显性而清晰的。通过研究语文教材的单元内容及编排可以直观有效地观察语文课程设计理念的落实与执行。语文教育对社会民众的文化取向、政治定位、社会理念有着潜移默化的影响,台湾地区语文教材也集中体现着台湾地区社会对语文教育的文化期待和培养诉求。两岸基础教育语文课程宗旨接近、修读时间相近、教材组织原则类似、教学内容相仿,语文教材如何设计、组织、安排教学内容是两岸语文教材对比研究的切入点。海峡两岸"一文两体、一语两话"是现实,语文课中所教授的语言、文字和文化内容本质一致,因时空阻隔及其他一些因素所导致的理念性、人文性差异与分歧集中体现于语文教材的单元上。研究两岸基础教育语文教材单元的人文主题与知识内容数量及分布是正面、直观回答两岸基础教育语文教材理念、内容差异的有效途径,也为我国编纂语文教材、设计语文课程、提升语文教学质量、研究语文教育、继承弘扬革新中华优秀传统文化提供理论和实证支持。

新课标出台前后,有一批语文教育前辈从理论和实践两个角度研究语文教材及教学的"单元":理论层面,我国著名的语文教育家张志公(1981)、朱绍禹(1981,1983)、张鸿苓(1985)、周南山(1989)、顾明远(1990)、胡根林(2005)、顾之川(2006)、钟启泉(2011,2015)等梳理了单元教学、单元设计的来源、概念、体系、内容、策略等理论问题,为语文教材的单元研究提供了坚实的理论基础;实践层面,新课标出台,以中小学教师、课程论研究者何文胜(2005)、徐向阳(2011)、李祖祥(2012)、窦桂梅(2014)、俞翔(2016)等针对人教版、苏教版、语文版、鄂教版等不同版本教材,从单元教学方法、教学内容、编排评价等角度,对当时使用的语文教材单元情况进行了教学实践和教材实证的研究。因字词、练习、选文以及人文理念等众多教学诉求的存在,使得现有语文教材单元研究往往稀释了"单元"层面在教材组织、设计、安排方面的特点,单元序列性与中观单位的核心性质研究还不突出。

2005年国家语委科研机构国家语言资源监测与研究教育教材中心成立后,发表了一系列有关两岸语文教材对比的研究成果,通过建立两岸语文教材信息库,完成了包括教学大纲、选文系统、选文标准、选文的系列研究。这一时期的研究多以具体教材为研究对象,张骏(2008)、彭红林(2011)、庄晓云(2012)、苏新春(2014)、孙园园(2018,2019)等通过对大陆《语文课程标准》与台湾地区《语文课程纲要》、台湾地区九年一贯语文新课程、苏教版与康轩版等具体语文教材资料的对比,认为海峡两岸语文课程在课程理念、能力指标、选文编排上各具特色,形成较为系统的对比研究。港澳台地区教育从业者研究也不同程度涉及了语文教材单元的性质与体例问题:郭晓明(2004)就职于澳门特别行政区政府教育暨青年局,对教材中知识的选择、组织和存在方式进行了比较深入的探讨;何文胜(2009)就职于香港教育学院,提出课程目标、单元组织、编选体系和价值取向是大陆、台湾、香港、澳门语文课程及教材共同面对的问题;方德隆(2015)就职于台湾地区高雄师范大学教育学院,就台湾地区十二年民众基本教育课程纲要的发展机制与运作进行了全面总结与剖析。

目前海峡两岸语文教材对比研究从单元角度切入两岸教材对比研究的成果比较少见。现有两岸语文教材多宏观性、多原则性、多目的性的对比,从文化与功能的角度对比成果居多;多体系性、内容性对比,少序列性、组织性对比,少基于语文教材内容兼具人文性与工具性的对比;对比方法以宏观、整体的定性研究为多,中观、颗粒化的定量研究较少。

2. 研究立意

2.1 两岸语文课程标准的同质性与差异面

语文课程标准或纲要是实施语文课程教学的指导性文件,是语文教材设计编写的基本纲领。大陆《义务教育语文课程标准》(2011)[①]和台湾地区《中小学九年一贯课程纲要语文学习领域》(2016—2017)[②]分别为两岸基础教育语文课程的纲领性指导文件。两份文件包括的理念与目标是指导两岸语文教材编写的基本准则,也是教材单元人文与知识结构设计的参考依据。

2.1.1 两岸语文课程标准宏观理念对比:本质相同、视角各异

大陆《义务教育语文课程标准》(2011)有四项理念:全面提高学

[①] 中华人民共和国教育部《义务教育语文课程标准》,北京:北京师范大学出版社,2012年。该标准的小学部分在2019年有微调和修订,本文使用修订版。
[②] 台湾地区教育主管部门"中小学课程与教育资源整合平台",参见 https://cirn.moe.edu.tw/WebContent/index.aspx?sid=11&mid=5721。

生的语文素养;正确把握语文教育的特点;积极倡导自主、合作、探究的学习方式;努力建设开放而有活力的语文课程。台湾地区《中小学九年一贯课程纲要语文学习领域》(2016—2017)也有四项理念:培养学生正确理解和灵活运用语言文字的能力;培养学生有效应用华语文,从事思考、理解、推理、协调、讨论、欣赏、创作,以扩充生活经验,拓展多元视野,面对国际思潮;激发学生广泛阅读的兴趣,提升欣赏文学作品的能力,以体认……文化精髓;引导学生学习利用工具书,结合咨询网络,借以增进语文学习的广度和深度,培养学生自学的能力。

两岸语文课程标准文件中的课程理念极为明显地体现出"本质相同、视角各异"的特点。本质相同,是指两岸语文课程内容都锁定了"语言文字知识""语文能力""学习方式""文化素养"这四项内容。两岸语文课程的第一条理念都强调"语言文字知识"是语文课程的重要内容;"语文能力"在大陆体现为语文教育的实践性质和综合能力的培养,台湾地区则将能力分解为若干项目一一提出;"学习方式"大陆以宏观、抽象的理论建议出现,台湾地区以微观、具象的领域要求出现;"文化素养"两岸在知识、能力与培养三个方面均予以关注,在语文课程的内容与性质上都占据相当重要的地位。视角各异,大陆的课程理念多从教师视角出发,从"怎么教"的角度指导、建议、规定着语文课程及教材编写的方向与内容;台湾地区的课程理念多从学生视角出发,从"怎么学"的角度给教师提供指导、建议,引领课程和教材的方向与内容。

2.1.2 两岸语文课程标准微观目标对比:内容相仿、目标有别

大陆《语文课程标准》(2011)对语文课程有十大总体目标,分四个学段五个具体内容展开。十大总体目标从知识与能力、过程与方

法、情感态度与价值观三个方面设计，三者是相互渗透、融为一体，目标设计着眼于语文综合素养的提高。四个学段里，分别有识字与写字、阅读、写作、口语交际、综合性学习五项内容的学段分解要求。台湾地区《中小学九年一贯课程纲要语文学习领域》(2016—2017)也有十大总目标，分四个学段六项具体内容展开。十大课程目标明确分为基本能力与课程目标两个部分，基本能力是从个体成长角度提出的十种综合性能力，课程目标则说明该种能力的作用及实现手段。四个学段里，分别有注音符号运用、聆听、说话、识字与写字、阅读、写作六项内容的学段分解要求。

两岸语文课程标准文件中的微观课程目标体现出"内容相仿、目标有别"的特点。内容相仿，是指两岸语文课程标准中的目标内容都围绕语文能力展开，听说读写与综合素质在两岸语文课程标准中均为核心内容，在汉字、阅读、写作项目上两岸语文课程培养意图是高度一致的。目标有别，两岸语文课程分解目标则有划分原则、划分类别和达成程度三个区别：(1)划分原则不同，大陆在四个学段里是以陈述性表述出现，划分原则与整体教学环节密切相关，教材设计和教师解读有着强烈的依附关系；台湾地区则细化为标准化指标，每一个指标都来自于整体目标的执行分解，针对特定的学段提出；(2)划分类别不同，大陆以语文综合素养为划分标准，知识性内容分为汉字与读、写、说的综合性训练，每个分项内容强调与整体素质之间的联系与协调；台湾地区以语言技能中的听说读写为划分标准，知识性内容更强调每项技能的分层次获得；(3)达成程度不同，大陆有与学段相匹配的量化要求，有综合性素质评估要求；台湾地区有能力达成要求，但量化要求较少，综合性素质的评估往往体现在单项技能的进阶要求上。

在教育理念与课程目标的内容、类别、对象、层次与阶段相仿的前提下,两岸语文教育理念的差异面就体现在如何处理教学内容、如何执行阶段目标的实践层面上。

2.2 两岸语文教材单元对比条件

2.2.1 单元是观察语文教材的"中观"视角

单元是教材中性质相同或有内在联系的、可以相对独立的部分。一门学科的教材通常由若干个单元组成,单元与单元之间也有一定的联系。"语文教材的单元,一般包括教学要求、目的、重点、文体或思想内容、表达方式等原则,集中成一组的几篇课文、语文知识短文、练习题等。"(顾明远 1990)语文教材组织单元有不同的侧重和处理手段:"把体裁相同或相近的几篇课文组成单元;把课文和语文知识组成单元;运用比较的方法组成单元;按年代、表现手法的异同,按风格、思想内容的相同组成单元等等。"(周南山 1989)

语文教材的宏观理念、微观目标经由单元组织形成教材的分布设计,落实为教材的内容板块。每个单元通过人文主题、课文选文体现人文性,通过单元练习、语言知识训练等体现工具性。在宏观理念和微观目标的执行层面上,语文教材的单元成为承上启下的枢纽环节。单元是观察语文教材的"中观"视角,具有同时体现语文课程人文素质、知识技能二维性质。

两岸现行语文教材均采用单元组元方式来结构教材,一个单元包括一个核心内容主题、一系列语文知识及练习、若干选文共同组成,单元与单元之间有着知识前后相继、主题相互呼应的关系。一个单元内的人文主题和语言知识的设计往往是显性、明确的,是在每一个单元开头导读清楚给出的。教材单元的序列、分布、层级是教材的基本架构,也是教学的基本线索。语文教材不同的单元将知识与素质、工具与人文的内容进行了颗粒化、小单位处理,形成一条条可提炼的项目,这是语文教材单元所独有的内容处理策略。两岸语文教材所包含的课程理念、课程目标和教学内容的差异面可以精确定位成单元板块内容的数量设计与序列安排。这些差异是观察两岸语文教育的重要切入点,也是解释两岸语文教育差异的基本立足点。

2.2.2 两岸语文教材单元语料库说明

本文以大陆和台湾共计六套语文教材 1—9 年级共计 108 册 656 个单元为基础语料,建立两岸语文教材单元语料库。

表 1　两岸语文教材单元语料库总量

大陆教材版本[①]	年级	课本数（册）	单元数（个）	台湾教材版本	年级	课本数（册）	单元数（个）
部编版（2019）	1—6	12	93	康轩版（2016）	1—6	12	46
	7—9	6	36		7—9	6	16
语文版（2014）	1—6	12	88	南一版（2016）	1—6	12	46
	7—9	6	42		7—9	6	33
北师版（2014）	1—6	12	143	翰林版（2016）	1—6	12	46
	7—9	6	36		7—9	6	31
大陆小计		54	438	台湾小计		54	218
合计	大陆三套语文教材单元小学阶段有 324 个,初中 114 个,共计 438 个;台湾三套语文教材单元小学阶段有 138 个,初中 80 个,共计 218 个。两岸 1—9 年级语文教材共有 108 册,单元 656 个。							

[①] 部编本教材截至本文语料库制作时四、五、六年级的下册还在送审中,因此本语料库部编本教材收录四、五、六年级下册的送审版。人民教育出版社、语文出版社、北京师范大学出版社录入当时通行的 2014 年版本 1—9 年级全册。台湾康轩文教集团、南一书局出版社、翰林出版社录入当时通行的 2016 年版本 1—9 年级全册。

大陆的单元数量是台湾的约二至三倍,明显高于台湾地区的单元数量。单元的绝对数量高,说明其容纳内容较多,在两岸课程理念与目标同质的前提下,大陆的语文教材已体现出较多容量、较多信息的特点。

对教材单元的语言知识与人文主题两部分内容进行颗粒化处理和提取后,两岸语文教材单元语料库分为总库、语言知识库与人文主题库三部分。总库为两岸语文教材单元的全部信息,以教材单元为记录,包含两岸语文教材中每个单元的单元编号、单元名称、人文主题、语言知识、册、年级、出版社等单元主要信息。语言知识库以两岸语文教材单元练习为对象,提炼单元练习中全部语言知识项目为记录,辅以单元导读、课后练习及教师用书中的语言知识内容,对每条语言知识记录进行两级体系标注。人文主题库为两岸语文教材单元导读及教师用书中的人文主题教学内容,以单元为记录,对每条人文主题记录进行两级体系标注。

3. 两岸基础教育语文教材单元计量对比

3.1 单元的人文主题计量对比

3.1.1 人文主题数量概况

人文素养是语文课程的重要内容之一,是语文课程"人文"性质的基本体现,也是语文课程处在基础教育体系核心位置的根本原因。以两岸语文课程标准、教材单元主题表述和教师用书说明为基础,本次调查对两岸语文教材所有单元主题进行了两级体系的标注。第一级体系为:A. 人与自我、B. 人与自然、C. 人与社会三大人文性关系。古今中外的人文研究历程中,人类与自然、人类群体与群体、人类个体与群体(社会)、人类个体与个体(自我与他人)等人文性关系是人们关注的重要议题,不同时代、不同地区、不同民族的人文学术研究总会突出其中某些关系而弱化甚至回避另外某些关系,语文教材如何铺设这些关系是体现语文教育理念、执行人文素质培养的关键。围绕这三大基本关系,两岸语文课程标准均设立了人文素质具体的培养任务与要求,以其为对象提取归纳形成一级体系下的15个二级分类,涵盖了两岸六套语文教材所有单元主题所涉及的内容。

表2 两岸语文教材单元人文主题语料概貌(单位:个)

单元人文主题类		小学		初中	
一级类	二级类	大陆	台湾地区	大陆	台湾地区
A. 人与自我	1. 认识自我	11	4	1	1
	2. 完善自我	69	18	15	8
	3. 善待自我	7	8	3	2
B. 人与自然	1. 认识自然	16	7	1	1
	2. 体验自然	17	7	2	0
	3. 欣赏自然	16	4	5	4
	4. 保护自然	13	4	0	0
C. 人与社会	1. 聆听分享	5	6	1	1
	2. 尊重合作	9	6	2	0
	3. 国际视野	3	3	1	0
	4. 历史文化	24	7	5	0
	5. 知识拓展	30	26	22	27
	6. 情感熏陶	66	35	48	13
	7. 科学技术	5	0	6	0

(续表)

单元人文主题类		小学		初中	
一级类	二级类	大陆	台湾地区	大陆	台湾地区
D. 其他	8. 其他	17	3	2	7
无主题单元①		16	0	0	16
小计		324	138	114	80
合计		大陆三套教材共有438个单元,有主题的单元422个,其中小学308个,初中114个;台湾地区三套教材共有218个单元,有主题的单元202个,其中小学138个,初中74个。两岸六套教材共有656个单元,有主题的单元624个,无主题的单元32个。			

大陆语文教材单元数多,相应单元的人文主题数目多;台湾地区单元数少,相应单元的人文主题数目少。两岸都有不涉及主题的单元,大陆在小学,主要是一、二年级的识字或拼音单列为一个单元;台湾地区在初中,主要是七、八、九年级的语文常识部分单列为一个单元。大陆三套54册教材,小学平均每册9个单元即9个人文主题,初中每册平均6个单元即6个人文主题;台湾地区三套54册教材,小学平均每册3.8个单元即3.8个人文主题,初中每册平均4.4个单元即4.4个人文主题。

---

① 无主题单元:指语文教材中有"单元"板块组织,但未设立人文主题,例如部编本一年级教材中的"识字"单元,康轩版九年级教材中的"语文常识"单元。

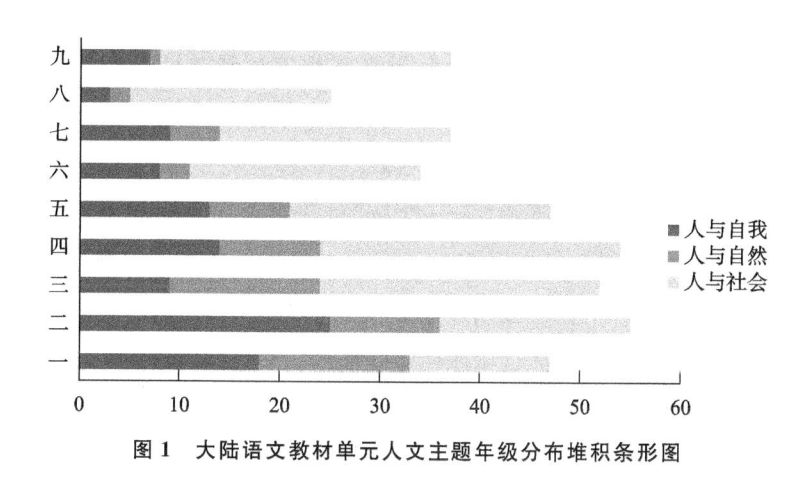

3.1.2 单元人文主题年级分布对比

图1 大陆语文教材单元人文主题年级分布堆积条形图

图2 台湾地区语文教材单元人文主题年级分布堆积条形图

（1）小学阶段年级单元人文主题分布对比

小学阶段大陆年级单元主题总数量高于台湾地区,两岸语文教材设立的单元主题数量最低值大陆在六年级、台湾地区在一年级,最高值两岸均在二年级。"人与自我、人与自然、人与社会"三大主题,大陆六个年级都有分布,台湾地区六年级无"人与自然"单元主题。大陆小学单元人文主题一、六年级数量较少,二、四年级数量较多,三、五年级持中,六个年级有梯度数量差距。台湾地区一年级较少,二、五年级较多,三、四、六年级持中,六个年级之间数量差距不大。

人文主题三大关系中"人与社会"在两岸单元主题数中占比最高,大陆和台湾地区教材单元均呈现出随着年级升高该主题稳步增加的趋势。"人与自我"在两岸单元主题数中占比持中,大陆单元基本呈现随着年级的升高该主题稳步降低的趋势,二年级增强了"人与自我"的占比,三年级又大大降低了该主题占比;台湾地区单元也基本呈现随年级升高"人与自我"主题降低的趋势,三、四年级则持续增强了该主题占比。两岸在处理"人与自我"主题的年级分布上,大陆集中在低年级学段,台湾地区集中在中等年级学段。"人与自然"在两岸单元主题数中占比最低,大陆六个年级基本呈现随年级升高稳步下降的趋势,三年级数量有增加;台湾地区没有呈现出随年级变化的梯度趋势。

(2)初中阶段年级单元人文主题分布对比

初中阶段大陆年级单元主题总数量高于台湾地区,大陆的单元主题数量七、九年级持平,八年级最低,台湾地区七年级最低,八年级最高,两岸初中阶段的单元主题数量均呈现不规则分布。"人与社会"也是两岸初中阶段占比最高的单元主题,七、八、九年级都保持了较高的分布,台湾地区七年级甚至只有该类主题。"人与自我"主题大陆三个年级都有分布且无梯度趋势,台湾地区只有八、九年级出现。"人与自然"主题大陆明显出现逐步降低的趋势,台湾地区八、九年级则逐步升高,七年级未出现该主题。

3.1.3 单元人文主题类型数量对比

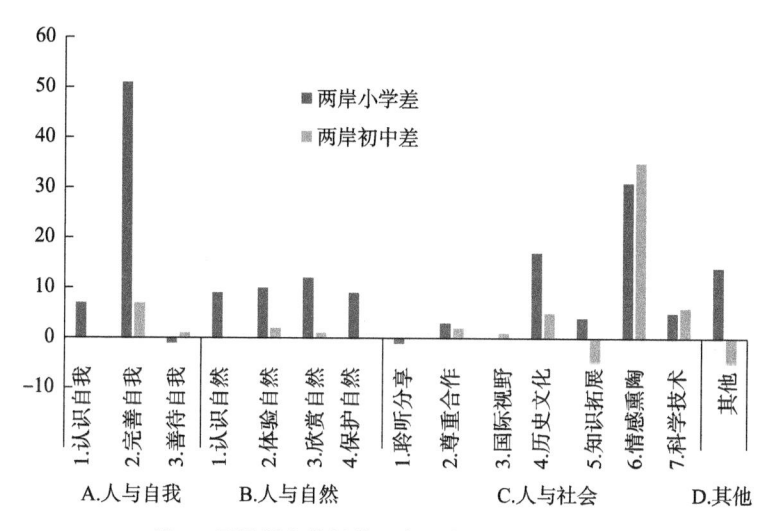

图 3 两岸语文教材单元人文主题数量差示意图

将大陆小学、初中单元人文主题二级类数量与台湾地区相减,由差值可观察到两岸人文主题安排与分布倾向,可分为差值大于20段、差值为20—10段、差值为10以下三个段落。两岸语文教材单元人文主题差值为20以上有3个二级类,完善自我(小学)、情感熏陶(初中)、情感熏陶(小学),人与自我、人与社会这两大关系中的两岸差距较大。差值为20—10段有4个二级类,都出现在小学阶段,历史文化(小学)、其他(小学)、欣赏自然(小学)、体验自然(小学)。差值在10以下的段落共有23个二级类,5个二级类两岸差值为0,4个差值为负数即台湾地区教材中出现的数量大于大陆。两岸小学阶段单元人文主题数量差距大,初中则差距小。

(1) 差值大于 20 段的单元人文主题类型数量对比

表3 差值大于 20 段的单元人文主题类型数量表

	完善自我(小学)		情感熏陶(初中)		情感熏陶(小学)	
	大陆	台湾地区	大陆	台湾地区	大陆	台湾地区
总量	69	18	48	13	66	35
出现该项的单元数占比[①]%	21	17	42	16	20	25
未出现该项的单元数占比%	79	83	58	84	80	75

完善自我(小学)类别下,大陆有 69 个单元设置了该类型的人文主题,占大陆小学阶段单元总量 324 的 21%;台湾地区有 18 个,占台湾地区小学阶段单元总量 138 的 17%。该类单元在两岸教材中的出现比例差异不大。完善自我类型中两岸小学的单元主题情况分为三类:其一,单元人文主题共现相同关键词,像"成长、思考、探索、发现"等,比如"成长",大陆教材分别在一上、二下、四上出现,在低年级出现的"成长"主题以"入学、升级"为切入点,围绕"新知识、新能力"的接收面来谈论成长,四年级聚焦"帮助与合作"的给予面来切入,"成长"单元设计有一个从接收到给予、从个人到他人的完整过程。台湾地区南一版教材在二上出现,围绕"快乐的成长"主题强调"自己起床、整理房间、学习新事物"的个人能力。其二,主题关键词不同,但主题内容接近,这部分在两岸小学完善自我类的主题数量中占比较高,像"生活哲理/生活智慧、岁月/时间、爱科学/我喜欢、品

---

① 出现该项单元数量占比,是指在语文教材中出现了该分类主题的单元数占该地区该阶段所有单元总量的比例。

质/成功之路"等。比如,同为"学习好品质、成就自己"的主题内容,大陆一到六年级分别通过具体的优秀品质名目来组织单元,包括"好习惯、讲信用、高尚、好奇、诚实、认真、智谋、立志、考验、自强不息、做人的道理、动脑筋想办法"等,单元设计围绕"完善自我"呈现了习惯、品质、方法的完整体系。台湾地区翰林版教材在四上出现,围绕"成功之路"的主题组织了四篇课文,分别聚焦"梦想、努力、实践、坚持"4个品质。其三,主题关键词及主题内容均不同。比如大陆教材在五上设计了"面对错误、危机时刻"单元主题,从错误、困难、灾难中吸取教训让自己变得更好的认识。台湾地区翰林版教材在四下设计了"课后时光",探讨如何安排自己的休闲时光。

　　情感熏陶类别下两岸小学、初中两个阶段的差值都较大,大陆初中单元的情感熏陶类占比较高,台湾地区小学单元的占比较高。两岸情感熏陶类单元情况分为三类:其一,单元人文主题共现相同关键词,像"朋友、亲情、友情、美"等。比如"亲情",大陆出现在一下、三下、七上,小学阶段的"亲情"从小学生视角切入,调用生活经验呈现亲情的温暖,初中阶段的"亲情"从文学家视角切入,使用名家作品呈现亲情的隽永。台湾地区翰林版出现在五下,其视角与大陆七上的设计思路相仿。其二,主题关键词不同,但主题内容接近,像"情暖人间/温情处处、真情/生活情味"等。比如同为"人间处处有温情"主题内容,大陆六下从亲人、朋友、邻里三种视角出发,呈现人们顽强互助、战胜厄运的精神。台湾地区翰林六上则通过父亲、修女、器官受赠者三种身份出发,呈现人们守望相助的精神。其三,主题关键词及主题内容均不同,这部分在两岸小学、初中情感熏陶类主题数量中均占比较高。比如:小学阶段,大陆设计了"爱人、爱家乡、爱祖国、革命传统、英雄"等主题,台湾地区设计了"生活艺术、感恩祝福、快乐时光"等主题;初中阶段,大陆设计了"红色经典、伟岸人格、修身正己、慷慨正气、家国情怀"等主题,台湾地区涉及了"涵养心性、舍得智慧、以智取胜、乡国情怀"等主题。

(2)差值为 20—10 段的单元人文主题类型数量对比

表 4 差值 20—10 段的单元人文主题类型数量表

	历史文化(小学)		其他(小学)		欣赏自然(小学)		体验自然(小学)	
	大陆	台湾地区	大陆	台湾地区	大陆	台湾地区	大陆	台湾地区
总量	24	7	17	3	16	4	13	4
出现该项的单元数占比%	7	5	5	2	5	3	4	3
未出现该项的单元数占比%	93	95	95	98	95	97	96	97

历史文化(小学)类别下,大陆的主题数量高于台湾地区,两岸在各自教材单元总量中占比较为接近。该类型中的单元主题共现的关键词为"文化",大陆主题以"中华文化、民族文化、世界文化"为主题,台湾地区以"本地文化"为主题。在节日、风俗等相似内容的组织中,大陆呈现的主题"传统节日、过年、纪念日、元宵节、各地风俗、革命历史、历史人物"等,台湾地区的主题有"欢乐的节庆、民俗风情、台湾地区风情、台湾地区印象"等。比如大陆三下"传统节日"单元通过古诗引入了春节、重阳节、清明节的介绍,单元练习中对其他传统节日也进行了拓展练习;台湾地区康轩版二上"欢乐的节庆"介绍了小镇柿饼节、汤圆做法和卑南人年祭。

小学阶段两岸教材单元中"其他"类的占比均不高,大陆主要以"故事"为载体介绍不同的童年、校园生活景象,台湾地区的"其他"类较少,呈现的是与小学生生活有关的"告别童年、生活新鲜事、介绍家乡"主题。

欣赏自然(小学)、体验自然(小学)类别下,大陆主题数量多,所涉及的自然欣赏和体验单元按照四季时序、从本地到世界来设计思路;台湾地区的主题数量少,所涉及的视角有限。两岸在自然欣赏与体验上的单元主题内容同质,数量差异较大。

(3)差值在10以下的单元人文主题类型数量对比

差值在10以下的单元人文主题小学阶段有9个、初中阶段有14个。初中阶段两岸单元人文主题的数量差异情况不如小学阶段明显。

差值在10以内段的单元人文主题小学阶段有"认识自我、认识自然、保护自然、尊重合作、知识拓展、科学技术",初中阶段有"完善自我、善待自我、体验自然、欣赏自然、尊重合作、国际视野、历史文化、科学技术"。这14种主题类型大陆教材的单元数量略多。

差值为0的单元人文主题有"国际视野"(小学)、"认识自我"(初中)、"认识自然"(初中)、"保护自然"(初中)、"聆听分享"(初中)。这5种主题类型在两岸语文教材中的单元数量一样。

差值为负数的单元人文主题有"善待自我"(小学)、"聆听分享"(小学)、"知识拓展"(初中)和"其他"(初中)。这4种主题类型台湾地区教材的单元数量略多,比如:南一版"前人智慧、惜福知足"单元主题,翰林版"生活情味、人物性格"单元主题。

3.1.4 单元人文主题对比小结:同类异视角

两岸单元人文主题的年级分布与数量类型直观体现了大陆和台湾地区的语文教材如何处理"人与自我、人与自然、人与社会"这三大基本关系。小学阶段,三大基本关系两岸语文教材单元的人文主题均有体现,但侧重不同,大陆的人文主题数量年级梯度分布趋势较为明显,"人与自我、人与自然"关系大体呈现随年级升高逐步下降的趋势,"人与社会"关系则逐步升高;台湾地区的人文主题数量年级梯度分布趋势不明显,六年级没有"人与自然"主题。两岸单元主题数量最高值都在二年级,单元人文主题的核心和重点都在"人与社会"关系上;"人与自我"主题大陆集中在低年级,台湾地区集中在中高年级。初中阶段,三大基本关系大陆都有体现,台湾地区七年级没有"人与自然"关系。两岸初中阶段均未呈现年级梯度分布趋势。大陆初中单元主题数量最高值在七、八年级,台湾地区在九年级。与小学阶段相比,两岸初中阶段的"人与自我、人与自然"单元主题数量大幅下降,"人与社会"单元主题数量则大幅提升。

在如何设计和呈现三大基本关系方面,两岸语文教材单元主题有着"同类异视角"的特点。相同的主题关键词,两岸语文教材体现了不同的人文内容组织视角:大陆语文教材的单元数量多,人文主题呈现的内容幅度、体系完整度都较为充分,体现出大视角、细分类设计思路,像"人与社会"关系中的情感熏陶、历史文化等,人文主题的选材与切入角度上有着明显的从大到小、从古至今、从系统到个人的体系性设计;台湾地区语文教材的单元数量较少,人文主题呈现的内容聚焦点、特色点较为突出,体现出个体视角、重体悟的设计思路,像"人与自我"中的完善自我、"人与自然"中的欣赏与体验自然等,从学生理解与体验的角度出发,选取典型样例,聚焦身边事、家乡景。

3.2 单元的语言知识计量对比

3.2.1 单元语言知识数量概况

语言知识是语文课程的主要教学内容之一,是语文课程"工具性"的重要体现。依据大陆和台湾地区语文课程标准的要求,语文教材中的语言知识不仅包括了"听说读写"的语言技能知识,还包括"语音、文字、词汇、语法"等语言结构成分的基础知识,也包括了"修辞、篇章、工具书、标点符号、综合素质"等语言交际运用类知识,语言的基础、技能、运用三大板块构建起语文教材的语言知识体系。本文依据两岸语文课程标准要求,综合考虑新课标以来语文教学惯例,提取教材单元练习在语言层面上的知识类别,形成"语音、文字、词汇、语法、修辞、语篇、写作、工具书、口语、标点符号、阅读、综合素质、其他"三个板块 13 类项目单元语言知识类别体系,对两岸语文教材每个单元练习的每一道练习题目所展现的语言知识类型进行提取与归纳,并结合教师用书进行——标注,形成两岸语文教材单元语言知识的两级标注体系。

表5 两岸语文教材单元语言知识语料概貌[①]

单元语言知识		小学		初中	
板块	项目	大陆	台湾地区	大陆	台湾地区
1. 语言基础知识	A 语音	11	3	6	0
	B 文字	199	102	16	7
	C 词汇	186	19	23	27
	D 语法	74	28	14	18
2. 语言技能知识	G 写作	213	89	127	28
	I 口语	142	45	39	0
	K 阅读	357	55	80	2

① 两岸语文教材单元语言知识计量单位为"个",以单元练习的题目为计数单位,只要该练习题内出现 1 次某类语言知识即为 1 个。

(续表)

单元语言知识		小学		初中	
板块	项目	大陆	台湾地区	大陆	台湾地区
3. 语言运用知识	E 修辞	9	26	24	9
	F 语篇	11	18	6	2
	H 工具书	17	11	2	2
	J 标点符号	17	30	0	3
	L 综合素质	47	7	30	1
其他	Z 其他	34	40	12	14
小计		1317	473	379	113
合计		大陆三套语文教材单元语言知识小学阶段有 1317 个、初中有 379 个,共有 1696 个;台湾地区三套语文教材单元语言知识小学阶段有 473 个、初中有 113 个,共有 586 个。			

从单元出现语言知识项目的平均数来看,两岸语文教材在单元内设计语言知识的数量规模理念与思路大体一致,大陆更多。从绝对数值上看,大陆单元所出现的语言知识项目远远高于台湾地区,大陆 13 个二级类语言知识数量几乎是台湾地区对应类别的二至三倍,这与大陆教材单元数二三倍于台湾地区的情况相吻合。大陆三套语文教材小学阶段单元数为 324 个、初中为 114 个,大陆平均每个单元出现的语言知识项目数量小学为 4 个、初中为 3.3 个。台湾地区三套语文教材小学阶段单元数为 138 个、初中 80 个,台湾地区平均每

个单元出现的语言知识项目数量小学为3.4个、初中为1.4个。两岸小学教材单元平均语言知识量较为接近,初中教材大陆的平均量更高。

3.2.2 单元语言知识年级分布对比

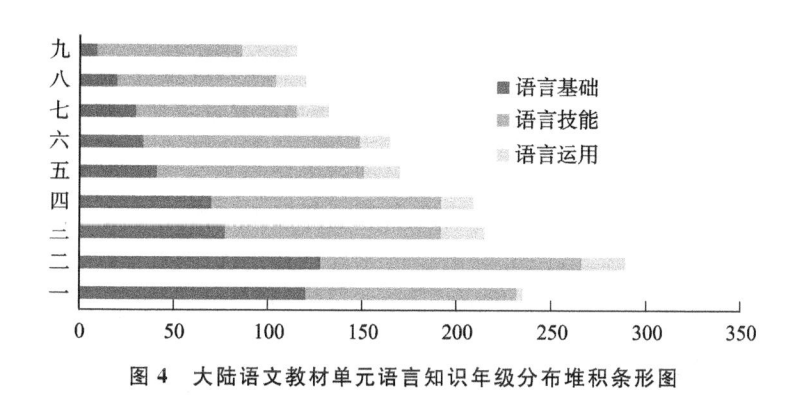

图4 大陆语文教材单元语言知识年级分布堆积条形图

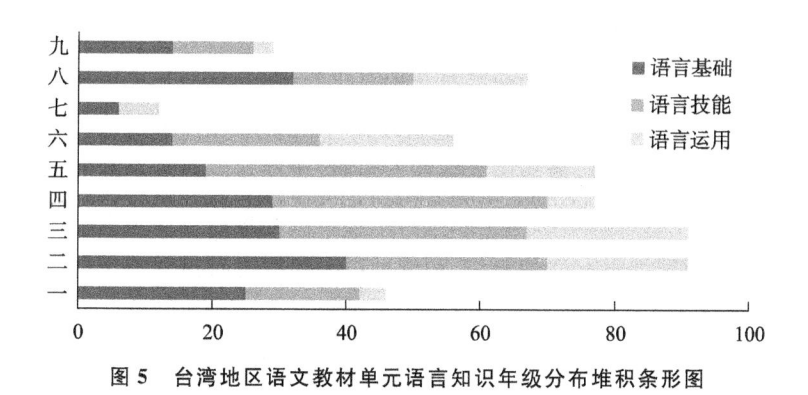

图5 台湾地区语文教材单元语言知识年级分布堆积条形图

(1)小学阶段年级单元语言知识分布对比

两岸小学语文教材单元语言知识数量的最低值都在一年级,最高值都在二年级。大陆随着年级升高单元语言知识数量逐步降低的趋势较为明显,二年级的单元语言知识数量较高,三年级与四年级、五年级与六年级内部的语言知识数量基本持平。台湾地区整体呈现随着年级升高单元语言知识数量逐步降低的趋势较为平缓,二年级与三年级、四年级与五年级内部的语言知识数量基本持平。两岸小学语文教材单元语言知识数量分布层次有差异。

在语言的基础、技能、运用三类型单元知识数量的分布变化中,大陆相较台湾地区总体呈现出较为明显的梯度升高、持平或降低的状况。大陆教材单元的语言基础知识项目数量明显随着年级升高而大幅度降低,语言技能知识项目整体上呈现小学各年级数量稳定平衡的特点,语言运用知识项目呈现出随年级增高而小幅增长的趋势。台湾地区教材单元语言知识在年级分布中的梯度趋势不显著,语言基础知识项目数量随年级升高而降低,语言技能知识项目、语言运用知识项目没有呈现连续的梯度趋势,定点、定量偶发性质明显。

(2)初中阶段年级单元语言知识分布对比

两岸初中语文教材单元语言知识数量的最低值大陆在九年级、台湾地区在七年级,最高值大陆在七年级、台湾地区在八年级。大陆七、八、九年级明显出现随年级升高单元语言知识数量稳步下降的趋势,台湾地区则没有这种趋势,台湾地区七年级没有出现语言技能项目。两岸初中语文教材单元语言知识数量分布趋势有差异。

大陆初中阶段与小学高年级语言知识项目数量递减趋势相衔接。语言基础知识项目数量随着年级升高明显减少,语言技能知识项目数量基本持平,语言运用知识项目数量小幅增长,三个年级整体数量差别不大。台湾地区初中阶段没有体现出随着年级变化的梯度序列,与小学阶段梯度趋势不明显的特征相衔接。

3.2.3 单元语言知识类型数量对比

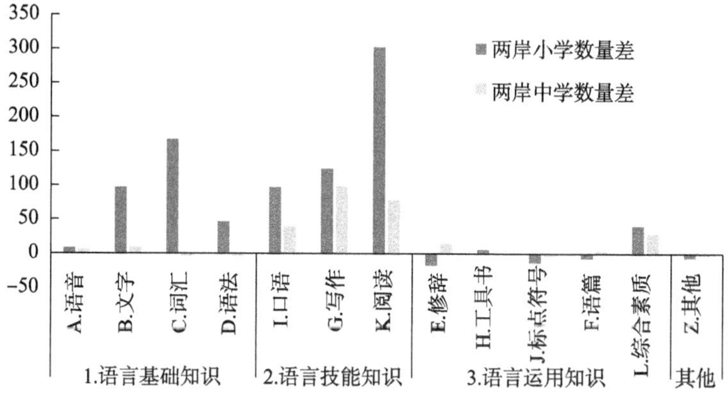

图6 两岸语文教材单元语言知识项目数量差示意图

将小学、初中的大陆单元语言知识数量与台湾地区相减,由数量差可观察到两岸语言知识安排与分布倾向,差值可分为大于90段、90—30段、30以下段。两岸小学阶段单元知识有7个项目差为50以上,数量曲线波动较大,其他6个项目基本持平,小学阶段的标点符号、修辞两项数量台湾地区多于大陆。两岸初中阶段单元知识只有写作项目差值在100以上,差值50上下的有口语、阅读、综合素质三项,其他项目基本持平,数量差曲线波动较小。两岸小学阶段单元语言知识量差距大,初中则差距小。随着年级的升高,两岸语文教材单元语言知识的学习终点与目标是趋同的,差异集中体现在小学阶段。

(1)差值90以上段的单元语言知识数量类型对比

阅读(小学)、词汇(小学)、写作(小学、初中)、口语(小学)、文字(小学)5个语言知识项目在两岸语文教材单元知识对比中数量差距极为突出,这 5 个项目是两岸语文教材单元设计中的差异聚焦板块。

表 6 差值 90 以上段的单元语言知识数量一览表

	阅读 (小学)		词汇 (小学)		写作 (小学)		口语 (小学)		写作 (初中)		文字 (小学)	
	大陆	台湾	大陆	台湾	大陆	台湾	大陆	台湾	大陆	台湾	大陆	台湾
总量	357	55	186	19	213	89	142	45	127	28	199	102
出现该项的 单元数占比(%)	85	36	53	14	54	53	42	30	84	28	51	61
未出现该项的 单元数占比(%)	15	64	47	86	46	47	58	70	16	72	49	39
该项出现 超过 1 次的 单元数占比(%)	20	4	4	5	10	11	2	3	22	6	10	12
类型总量①	13	16	18	12	102	71	56	21	94	21	16	26
共有类型	2	2	4	4	11	11	4	4	2	2	6	6
独有类型	11	14	14	8	91	60	52	17	92	19	10	20

小学阶段的阅读是两岸语文教材单元知识中数量差距最大的项目。阅读项目覆盖了大陆小学语文教材单元练习的 85%,台湾地区为 36%;大陆约有 20% 的单元中阅读项目出现超过 1 次,台湾地区则为 4%。两岸阅读项目的类型数量接近,但设计思路相差较大。两岸相同的阅读项目有"阅读""朗读"两项,均以"给一段材料"为形式,这两种阅读类型数量占各自阅读项总量的 74%、72%,是两岸语文教材单元中培养"阅读"能力的主要方式。两岸各自约有 20% 多

---

① 两岸教材单元语言知识的类型总量以不重复的知识种类数量计数,如多个单元均出现"朗读"项目或练习,则"朗读"计为阅读项目下的一个类型。

的阅读项目类型不同：大陆的阅读强调"默读、朗诵、背诵、熟读、浏览、有感情、分角色"等形式性技能，在单元练习中通过反复、持续地常规出现达到"阅读"技能的训练；台湾地区则强调"阅读习惯、五步阅读法、读报、选书、精读、海报、网络阅读、顺序阅读"等不同载体的内容性方法，在单元中点提式、偶发式出现，以单元辅导的方式达到培养目的。两岸小学阅读项目目标一致，但内容侧重不同。

写作项目两岸小学、初中阶段的数量及类型差异比较复杂。小学阶段大陆、台湾地区单元练习写作项目的覆盖比例为 54%、53%；单元中写作项目出现超过 1 次的比例约 10%、11%。两岸小学写作项目单元覆盖情况基本一致。初中阶段大陆、台湾地区单元练习写作项目覆盖比例为 84%、28%，出现超过 1 次的比例约为 22%、6%。初中阶段写作项目的单元覆盖比例大陆持续增长，台湾地区持续下降。两岸小学阶段写作项目类型总量在各自单元语言知识类型中最高。两岸小学阶段完全相同的单元写作类型有"写作、叙事写作、引用、续写、写信、说明文、写景、日记、景物描写、记叙文、读书笔记"11 种，占各自写作项总量的 19%、22%。两岸小学各自约有 80%的写作项目具体类型不同，但都包括了写作方式、写作手法和文体知识三类内容：大陆小学单元练习中强调依据写作的文体（记叙文、说明文、日记、故事、童话、留言条、倡议书、读后感、调查报告等）不同，有针对性地操练不同的写作方式（扩写、缩写、续写、仿写等），同时介绍不同内容的写作手法（人物描写、景物描写、心理感受描写等）；台湾地区小学单元着重培养写作的基础方式与手法（摹写、取材、动态与静态描写、提纲、结构图、倒叙顺叙、引用、摘要、详写略写、审题立意、改写、比较、观察等）。两岸初中完全相同的单元写作类型有"写作、仿写"2 种，占各自写作项目总量的 14%、7%。两岸初中写作类型约有

90%不同,差异主要来源于各自初中写作的目标设计。大陆初中单元写作除延续了小学阶段以文体为核心线索同时进行写作方式与手法的练习外,还包括了一般和应用写作、基础与艺术写作两对类别。不仅将记叙文、说明文、议论文作为写作练习的重要对象,还引入了散文、小说、戏剧、诗歌的艺术化写作练习,同时还有传记、新闻、合同、计划书、信件、演讲词等应用文写作。台湾地区初中的写作项目类型以应用文(对联、题词、柬帖、书信等)为主体,以写作立意方法(文意探究、文意转折、论据论点、化抽象为具体、判读句意语气等)为主要练习。部分内容引入年级不同,例如"对联",大陆在小学、台湾地区在初中引入;"议论文",大陆在初中、台湾地区在小学引入。两岸语文教材单元在写作项目本质相似,但类型表现差异大,主要体现在设计理念与练习重心的不同。

小学阶段的词汇项目在大陆、台湾地区单元覆盖比例分别为53%、14%,大陆约有4%的单元出现超过1次。大陆单元词汇项目的数量、复现都高于台湾地区。两岸相同类型的词汇项目有"词汇、成语、反义词、同义词",占各自词汇项目总量的53%、37%。大陆单元词汇项目约有50%强调词汇的体系,还出现了"儿化词、轻声词、词语运用、词语感情色彩"等类型;台湾地区则约有60%强调"同音词、外来词、数字词、典故"等词汇类型。两岸在处理词汇类型上单位大小也不尽相同,大陆"谚语、歇后语"是两个单元练习类型,台湾地区则合并为一个。

小学阶段的口语项目在大陆、台湾地区单元覆盖比例分别为42%、30%,两岸各约有2%、3%单元出现超过1次。大陆单元口语项目的数量较多。两岸相同类型的口语项目有"说话、看图说话、讲故事、打电话"4个,占各自口语项总量的50%、62%。大陆单元口语项目约有50%还包括了口语交际的场合(看望生病的同学、接待客人、帮忙等)、口语的类型(道歉、辩论、劝说、讲解、夸奖等)、口语的内容(家乡、优点、寒/暑假生活、儿童节、神话等)以及方法(复述、转述、讲述等),涵盖了口语交际的各个方面;台湾地区口语项目约有40%主要涉及口语的类型(对话、访问、转告、安慰、讨论等)。两岸单元口语项目的侧重点不同,大陆涉及面更广,台湾地区的生活性更强。

小学阶段的文字项目在大陆、台湾地区单元覆盖比例分别为51%、61%,大陆约有10%、台湾地区约有12%的单元出现超过1次。文字项目在两岸教材单元的比例都较高。两岸相同类型的文字项目有"识字、多音字、部首、形声字、笔顺、汉字结构"6种,占各自文字项目总量的78%、77%。两岸各自约有20%的文字项目不同:大陆还对"默写、偏旁、形近字、书写、汉字部件"等文字知识进行练习;台湾地区将"字体、书法欣赏、六书、辨字、卡片书写"等文字知识及应用纳入到单元文字项目内。两岸单元文字项目的同质化程度最高,但依然在单元知识的设计上各有侧重,大陆学理性强,台湾地区则更强调运用。

(2)差值90—50段的单元知识数量类型对比

阅读(初中)、语法(小学)、综合素质(小学)、口语(初中)是两岸语文教材单元知识对比差距较大的4个项目。

初中阶段的阅读项目两岸数量差距较大,大陆初中单元中的阅读与小学阶段有着前后承继、逐步降低的关系,阅读项目出现的单元覆盖比例约为39%,出现超过1次的比例约在23%。台湾地区初中阶段的阅读项目明显标出的只有2个,为"电影情节阅读、读书摘要"。两岸初中的阅读项目没有相同的类型,大陆的阅读类型依然包括"朗读、背诵、细读、熟读、精读、略读、品读"等形式性技能。

表7 差值90—30段的单元语言知识数量一览表(单位:个)

	阅读(初中)		语法(小学)		综合素质(小学)		口语(初中)	
	大陆	台湾	大陆	台湾	大陆	台湾	大陆	台湾
总量	80	2	74	28	47	7	39	0
出现该项的单元数占比(%)	39	3	22	14	15	4	34	0
未出现该项的单元数占比(%)	61	97	78	86	85	96	66	0
该项出现超过1次的单元数占比(%)	23	0	1	1	0.3	0.7	0	0
类型总量	16	2	13	23	44	6	38	0
共有类型	0	0	4	4	0	0	0	0
独有类型	16	2	9	19	44	6	38	0

小学阶段的语法项目两岸数量差距较小,而综合素质项目差距较大,大陆、台湾地区的语法项目出现的单元覆盖比例为22%、14%,综合素质出现的单元覆盖比例为15%、4%。大陆与台湾地区小学阶段共有的语法项目类型有"句子、造句、病句、语气",分别占各自语法项总量的74%、28%。大陆的语法项目类型少于台湾地区。大陆单元的语法项目集中于句型层面的归纳,包括"把字句、被字句、关联词使用"等。台湾地区单元的语法项目集中于细化复句类型,包括"让步、转折、比较、并列、假设、因果、条件、选择"等。小学阶段单元的综合素质项目台湾地区涉及较少,大陆与小学阶段的衔接性明显,包括"班会、手抄报、制定计划、拜年、表演"等与集体社交、组织能力相关的练习题目,台湾地区则集中为"网络资源利用、班级活动"等

个人素质方面。

初中阶段的口语项目台湾地区教材没有涉及,大陆单元覆盖比例为34%,一个单元只出现1次口语项目。大陆初中阶段的口语项目包括"复述、即席讲话、辩论、演讲、咨询、交流、评论、采访、讨论、自荐、劝说"等类型,在口语项目上强调口语交际的体系性,约有半数的口语类型已在小学出现过,初中再出现的类型则难度上有所提升。

(3)差值30以下段的单元知识数量类型对比

两岸单元语言知识数量差在30以下的项目有语音(小学、初中)、文字(初中)、修辞(初中)、语篇(初中)、工具书(小学、初中)、综合素质(初中)6项。整体来看,这6项内容两岸语文教材单元所涉及的项目数量、类型都较接近。小学阶段的语音大陆教材涉及"拼音、押韵、儿化韵、变调"等语音学知识,台湾地区则注重"读诗歌的语气、谐音"等语音运用的知识;到初中大陆引入"双声叠韵、拟声叠词"等声韵学知识,台湾地区初中阶段单元知识不涉及语音。

两岸单元语言知识数量差是负值,即台湾地区数量大于大陆,这部分项目有词汇(初中)、语法(初中)、修辞(小学)、语篇(小学)、标点符号(小学、初中)、其他(小学、初中)。台湾地区小学阶段单元的修辞、语篇、标点符号所涉及的项目数量均较大陆教材单元更多,尤其是在语言运用方面,比如:除了常见修辞格外,映衬、譬喻、双关等较难的修辞作为单独单元练习项目出现,认识题目、篇章结构、段落大意、归纳主旨等文章学知识作为单独的单元知识项目出现,标点符号则包括连接号、间隔号、夹注号等非常用符号在内全部作为单元知识及练习项目出现。大陆小学阶段单元中修辞有比喻、对比、反问、拟人,文章学方面有开头、结尾、列提纲、画情节曲线、段落叙述等,标点符号方面有标点符号、分号和修改符号。台湾地区初中阶段的词汇、语法、标点符号仍然出现在单元练习或单元知识板块,进入初中阶段大陆的单元中甚少涉及词汇、语法等语言学知识,未涉及标点符号知识。两岸小学、初中阶段单元语言知识项目"其他"中都引入了"文体常识、名著经典赏析、名言警句、生活常识"等类型的百科性知识,台湾地区教材还引入了"倾听、聆听"语言技能训练,并涉及"聆听的态度以及方法"的介绍,大陆教材引入了"正确使用祖国语言文字"的语言文字规范意识培养内容。

3.2.4 单元语言知识对比小结:同类不同构

语言知识是语文教育中的核心内容,语言知识在教材单元中的年级分布与数量类型直接体现了如何理解语言的"知识""技能""工具"性的语文教育思路。在小学阶段,大陆、台湾地区单元语言知识最高值与最低值年级相同,但分布趋势明显不同。大陆随着年级升高单元语言知识项目呈现稳步递减的趋势,13种语言知识项目贯穿1—6年级,语言基础、技能和运用三个板块知识随着年级呈现出明显的递减、递增和基本持平的趋势,年级单元语言知识分布所体现的体系性与统摄力更为明显,初中阶段延续小学阶段的单元知识年级分布特点。台湾地区的年级梯度性不显著,13种语言知识项目出现的连续性不强,数量带有偶发的特点,语言运用知识相较大陆略有增幅,初中阶段也延续该特点。

在如何铺设和强化语言知识方面,两岸语文教材单元有着"同类不同构"的特点。同类语言知识,知识内涵越丰富、教学视角差距越大,像语言技能(阅读、写作、口语)、运用知识(语篇、综合素质)就呈现出大陆单元从知识体系的完整与系统入手、台湾地区从技能运用的指导与实践入手的不同侧重;知识单位越小、同质化程度越高,像语言基础知识（语音、文字、词汇、语法）、运用知识（修辞、工具书、标点符号）等具体项目其实本质差别不大，差别也多为知识项目或分或合、项目单位或大或小的不同。从语文教材的单元立意来看，单元知识板块中语言技能、语言运用这些知识内涵丰富、具有实践指导意义的板块往往是单元练习的重点、难点和提升点，也是语文教材对所秉持教育理念的集中呈现。

4. 两岸基础教育语文教材单元特点

4.1 两岸语文教材单元同质化在立意

两岸基础教育语文教材在单元的立意上都呈现出人文性与工具性的兼顾与统一，绝大部分单元中人文主题与语言知识都采取双线并行的设计，两岸基础教育语文教材在单元的立意与设计上体现"同质化"的特点。依据两岸语文课程标准的要求，两岸语文教材单元的人文主题共现中华民族古今优秀的传统文化、当前信息时代人类命运共同体的人文精神，两岸语文教材单元的语言知识共现汉语的历时与共时、本体与应用的语言知识体系。

4.2 两岸语文教材单元差异性在数量、序列和角度

两岸基础教育语文教材单元的差异主要体现在单元的数量、内容序列与设计角度三个方面。单元数量差异是两岸单元差异性的显性因素，大陆教材单元的大数量为人文主题及语言知识的序列与角度提供了细化、系统化、全面化的可能，台湾地区教材单元的小数量为人文主题即语言知识的序列与角度提供了核心化、典型化、个体化的可能。单元内容的序列差异是两岸单元差异性的直接显现，两岸单元的数量、角度差异，直接体现为两岸语文教材单元内容序列分布及安排的不同。单元设计角度差异是两岸单元差异性的隐性因素，

教材单元的数量与序列差异都与设计角度、教育理念密切相关,大陆教材单元设计从宏观性、体系性、历史性与国际性角度入手,台湾地区教材单元设计从微观性、典型性、个性化与地方性角度入手。

4.2.1 数量差别

大陆基础教育语文教材单元多、主题多、内容多,台湾地区单元少、主题少、内容少。大陆三套教材有单元438个,台湾地区三套教材有单元218个,大陆教材单元数量约是台湾地区的二倍多。两岸的单元人文主题、语言知识整体数量大陆是台湾地区的二倍多,平均每册的单元数量大陆也是台湾地区的二倍多。

4.2.2 序列差别

两岸基础教育语文教材单元的序列差异体现为单元人文主题与语言知识的年级分布情况。大陆的单元人文主题与语言知识显著体现出随着年级升高而变化的梯度趋势,一二年级、三四年级、五六年级、七八九年级这四个学段有着明显的质变、阶段化特点,四个学段前后接续关系明显,或持续增量或持续减量的特点突出,各个学段内部则保持较为接近的分布数值。台湾地区的单元人文主题与语言知识随着年级升高而变化的梯度趋势不显著,九个年级之间在特定的单元人文主题、语言知识类别上有持续增量或减量的特点、有前后相承的关系,小学作为整体与初中阶段没有较为明显的接续特点。

4.2.3 角度差别

两岸基础教育语文教材单元的角度差异体现为单元人文主题的"同类异视角"和语言知识的"同类不同构"的两个特点。

大陆教材的单元数量多,人文主题呈现的内容幅度、体系完整度都较为充分,体现出大视角、细分类设计思路,人文主题的选材与切入角度有着明显的从大到小、从古至今、从系统到个人的体系性设计,以正面、积极、教导、宏观、系统为特点;台湾地区教材的单元数量较少,人文主题呈现的内容聚焦点、特色点较为突出,体现出个体视角、重体悟的设计思路,从学生的理解与体验的角度出发,选取典型样例,人文精神的展现多以正面、积极、引导、微观、典型为特点。

两岸语文教材单元同类的语言知识,知识单位越大,内涵越丰富,两岸教学视角差距越大,大陆单元从语言知识体系的完整与系统入手,台湾地区从语言技能运用的指导与实践入手;语言知识单位越小,内涵越单纯,两岸同质化程度越高,语言基础知识、语言运用知识的具体差别多为知识项目或分或合、项目单位或大或小的不同。

参考文献

[1] 窦桂梅. 小学语文主题教学实践研究[J].课程·教材·教法,2014(8).
[2] 方德隆. 台湾地区十二年"国民"基本教育课程纲要之发展机制与运作[J]. 上海教育科研,2015(4).
[3] 顾明远. 教育大辞典(第1卷)[M].上海:上海教育出版社,1990.
[4] 顾之川. 人教版高中语文选修课教材介绍[J].中小学教材教学,2006(2).
[5] 郭晓明,蒋红斌. 论知识在教材中的存在方式[J]. 课程·教材·教法,2004(4).
[6] 何文胜. 大陆两套教科书编选体系的评议[J].全球教育展望,2005(2).
[7] 何文胜. 两岸三地初中语文课程改革与教材建设总论[J].全球教育展望,2009(9).
[8] 胡根林. 关于语文教材主题组元的理解与反思[J].中小学教育,2007(3).
[9] 李祖祥. 主题教学:内涵、策略与实践反思[J]. 中国教育学刊,2012(9).
[10] 彭红林. 江苏(苏教版)与台湾(康轩版)初中教科书文言文编选比较[D]. 苏州:苏州大学硕士学位论文,2011.
[11] 苏新春、邱燕林. 中国大陆与台湾中小学语文教材选文比较[J].江西科技

师范大学学报,2014(1).

[12] 孙园园. 两岸基础教育语文教材文言文选文多维对比及启示[J]. 北华大学学报(社会科学版),2018(1).

[13] 孙园园、苏新春. 两岸初中语文教材文言文语言知识类练习对比研究[J]. 江西科技师范大学学报,2019(2).

[14] 徐向阳. 人教版与苏教版语文教材在单元组织上的比较[J]. 现代语文,2011(11).

[15] 俞翔. 主题、方法、序列:专题单元编排体系下的教材作文教学[J]. 辽宁教育,2016(11).

[16] 张鸿苓. 关于单元教学的探讨[J]. 教学研究,1985(2).

[17] 张骏. 台湾九年一贯语文新课程研究[D]. 扬州:扬州大学硕士学位论文,2008.

[18] 张志公、张定远. 谈谈单元教学[J]. 语文教学通讯,1981(7).

[19] 钟启泉. "三维目标"论[J]. 教育研究,2011(9).

[20] 钟启泉. 学会"单元设计"[J]. 中国教育报,2015-6-12.

[21] 周南山. 新时期中学语文单元教学研究综述[J]. 语文教学通讯,1989(10).

[22] 朱绍禹. 值得探索的一条教学新路[J]. 教学通讯,1981(1).

[23] 朱绍禹. 中学语文教育概说[M]. 呼和浩特:内蒙古人民出版社,1983.

[24] 庄晓云、苏新春. 两岸三地初中语文教材选文系统研究[J]. 江西科技师范大学学报,2012(4).

台湾地区高中第二外语教育的现状及分析*

商钟岚

（厦门大学嘉庚学院日语系）

【摘要】 台湾地区从 1983 年开始发展高中第二外语课程。目前所开设语种已达 15 个，修读人数持续增加。本文尝试从台湾地区的高中第二外语教育的现状及困境入手，分析台湾地区大力发展第二外语教育的原因，并试着探索其背后的真正意图。

【关键词】 台湾地区；高中；第二外语

1. 研究缘起

2014 年，台湾地区制定了《十二年基本教育课程纲要总纲》，提出要以"成就每一个孩子——适性扬才、终身学习"为愿景，兼顾个别特殊需求，尊重多元文化与族群差异，关怀弱势群体。[①] 十二年课纲

---

* 本文为 2020 年度教育部哲学社会科学重大课题攻关项目"海峡两岸统一进程中的语言政策研究"（20JZD043）、福建省中青年教师教育科研项目专项资助"海峡两岸基础阶段外语教育融合可行性研究"（JAS21461）的阶段性成果。

① 参见 https://www.naer.tw/upload/1/16/doc/288/(111％E5％AD％B8％E5％B9％B4％E5％BA％A6％E5％AF％A6％E6％96％BD)％E5％8D％81％E4％BA％8C％E5％B9％B4％E5％9C％8B％E6％95％99％E8％AA％B2％E7％A8％8B％E7％B6％B1％E8％A6％81％E7％B8％BD％E7％B6％B1.pdf.

区别于以往的九年课纲,在小学阶段新增加了"新住民语文"[1],规定学生必须从本土语文(闽南话、客家话、少数民族语)或者新住民语文中选择一种语文进行每周一节课的修读。初中阶段,本土语文为必修,新住民语文为选修。

高中虽然无新住民语文的修读要求,却增加了第二外语的修读要求。第二外语课纲中明确说明:第二外语指英语以外的各种外语,包含欧洲语、东北亚及东南亚语等。同时,课纲将第二外语定位为选修课程,要求学生选修第二外语至多6学分,或者第二外语与加深加广选修英语任选一科或合计至少6学分。

有关台湾地区2021年第一学期高中第二外语校数及语种数据显示,目前有286所学校、2 009个班级共开设了日、韩、德、法、西、意、葡、斯拉夫(俄)、阿拉伯、拉丁、越、印尼、泰、菲律宾语14个语种的第二外语教育,修课人数达到47 835人。

第二外语课程虽为选修课程,但在台湾地区教育机构的大力主导下,语种不断增多,校数和班级数也逐步增加。有数据显示,台湾高中选修第二外语的学生人数从2006年的26 289人发展至2021年的47 835人,增长率达81%;开设语种也从2006年的日、法、德、西、韩、拉丁、俄语增长至现今14个语种,增长了一倍。[2]

台湾地区将第二外语定位为选修课程,却如此重视其发展,背后的原因是什么?台湾地区教育机构为何要在高中阶段设立语种数量如此之多的第二外语?要回答这些问题,让我们先对台湾第二外语教育的现状做个梳理。

---

[1] 新住民语文主要指越南、印尼、泰国、缅甸、柬埔寨、菲律宾、马来西亚7国的官方语文。
[2] 参见 https://www.2ndflcenter.tw/web/class/class.jsp。

2. 台湾高中第二外语教育的现状

台湾 2021 年度第二学期班级数最多的前 5 个语种为日、韩、法、西和德语,分别为 761、250、237、233、196 个班级。班级数最少的前 5 个语种为菲、葡、阿拉伯、拉丁、斯拉夫语(俄语),分别为 1、1、2、3、4 个班级。修读人数最多的前 5 个语种为日、韩、西、法、德语,分别为 22 075、6 864、5 677、5 618、4 373 人。修读人数最少的语种为菲、葡、阿拉伯、拉丁、印尼语,分别为 13、30、45、71、123 人(图 1)。修读日语人数遥遥领先,占修读第二外语人数的 46.84%,远超韩语修读人数 14.56%的比例。日语作为第二外语所开设的班级数占总班级数的 42.53%(图 2)。

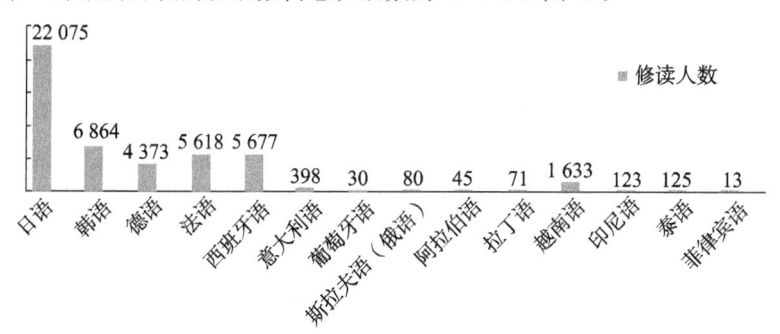

图 1 台湾地区 2021 年第二学期第二外语修读语种及人数

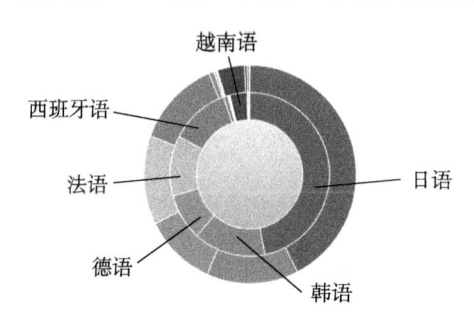

图 2 台湾地区 2021 年第二学期第二外语修读人数占比及班级数占比

(内圈为人数占比,外圈为班级数占比)

笔者收集了1999—2021年台湾高中开设第二外语学校、班数及人数情况(表1),发现存在以下几个特点。

2.1 第二外语修读人数和班级数量、校数虽有起伏,但整体呈攀升状态

台湾高中的第二外语修读人数在1999年刚开始时仅有11 500人,到2021学年时修读人数为47 125人,增长率达309%。2016年第一学期出现修读人数的较大峰值为70 222人。2017年以后虽呈现下降趋势,但整体仍属上升走向。

开设班级数、校数与修读人数的总体趋势基本一致,整体呈增长趋势。从最初的325班至2021年的1 789班,班级数增长了450%。校数在1999年时未进行统计,只从2001年开始进行统计。从2001年的99校至2021年的257校,增长率达159%。最高峰出现在2018年,有330所学校开设了第二外语课程。2021年数据显示,台湾高中学校数量达529所[①],等于说当年台湾高中50%左右的学校都开设了第二外语课程。

2.2 开设语种多,各语种修读人数差距较大

台湾高中第二外语课程所开设的语种数量从2011年后基本在10—15种之间,为日、法、德、西、韩、拉丁、俄、意、越、印尼、泰、马来、葡、菲、缅、阿拉伯语。

日语的修读人数始终居于首位,长年居总修读人数的一半左右。以2021年第二学期数值为例,修读日语的人数达到22 075人,班级数也达到761个。但纵观近几年的日语修读人数,属持续

---

① 台湾高中校别概况(2021年度),参见 https://depart.moe.edu.tw/ed4500/News_Content.aspx? n = 5A930C32CC6C3818&sms = 91B3AAE8C6388B96&s = 8AF80DB14ADF7370。

走低趋势,与最高峰值2016年42 692人的修读人数相比,2021年减少了2万余人,占比由最高时(42 692)的61.48%下降至46.84%(22 075)(图3)。

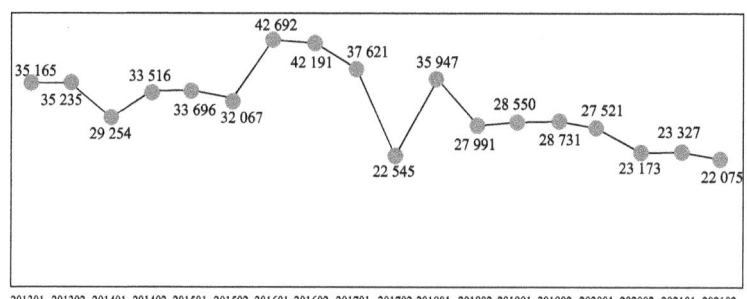

图3 修读日语人数

日语以外的第二外语修读人数均在万人以下,修读人数较多的为法、德、西和韩语。法、德、西语趋势与日语一样,从2013年至2021年,整体修读人数呈下降趋势;但修读韩语人数整体呈上升趋势,2013年时韩语修读人数为3 110人,到2021年时,修读人数增长了一倍多,达到6 864人。

此外,修读人数排名第六的越南语,在2016年后翻倍增长,至2021年已有1 600多人。但与德、法、西语相比,修读人数尚属少量。其余语种的修读人数都在千人以下。尤其是缅甸语和2021年新开设的阿拉伯语,每学期修读人数都不足百人。

从修读人数来看,各语种间的差异巨大。如202102学期,修读人数最多的日语(22 075人)和修读人数最少的菲律宾语(13人),人数比为1 698∶1。

2.3 某些语种的课程开设存在断层

台湾高中第二外语课程中俄、缅、葡、马来、拉丁语等课程开设存在断层。断层比较严重的为葡、缅、马来语。葡语中间停课了 4 个学期后才重新开课,缅甸语和马来语在停课之后迄今未重新开课,马来语已经停课 7 个学期。

俄、拉丁、泰语的断层情况轻微,但也出现不同程度的停课。这些语种修读人数虽然都属小众,但也经历骤减或骤增现象。

表 1 台湾地区 1999—2021 年高中开设第二外语情况[①]

学年度	开设语种 (按修读人数由多到少排列)	语种数	人数	校数/班数
9901	日、法、德、西	4	11 500	—/325
9902	日、法、德、西	4	11 123	—/323
0001	日、法、德、西	4	15 738	—/461
0002	日、法、德、西	4	18 429	—/479
0101	日、法、德、西	4	18 903	99/662
0102	日、法、德、西	4	18 412	99/662
0201	日、法、德、西	4	20 954	105/598
0202	日、法、德、西	4	18 691	111/534
0301	日、法、德、西	4	19 306	100/559
0302	日、法、德、西	4	16 818	112/532
0401	日、法、德、西	4	18 884	111/571
0402	日、法、德、西、韩	5	20 576	133/666

---

① 该数据由台湾地区"高中第二外语教育推动计划"官网及台湾辅仁大学二外中心张善礼教授网络 PPT 数据整理而成,参见 https://slidesplayer.com/slide/17248233/100。

（续表）

学年度	开设语种（按修读人数由多到少排列）	语种数	人数	校数/班数
0501	日、法、德、西、韩	5	24 539	139/731
0502	日、法、德、西、韩、拉丁、俄	7	22169	137/702
0601	日、法、德、西、韩、拉丁、俄	7	26 289	159/795
0602	日、法、德、西、韩、拉丁、俄	7	22 447	145/710
0701	日、法、德、西、韩、拉丁、俄	7	29 890	184/873
0702	日、法、德、西、韩、拉丁、俄	7	29 262	189/876
0801	日、法、德、西、韩、拉丁、俄	7	29 377	197/863
0802	日、法、德、西、韩、拉丁、俄	7	28 700	198/870
0901	日、法、德、西、韩、拉丁、俄	7	30 512	199/893
0902	日、法、德、西、韩、拉丁、俄	7	31 325	205/930
1001	日、法、德、西、韩、拉丁、俄、越、印尼	9	46 554	225/1 328
1002	日、法、德、西、韩、拉丁、俄、越、印尼	9	42 572	228/1 331
1101	日、法、德、西、韩、拉丁、俄、意、越、印尼	10	55 408	234/1 614
1102	日、法、德、西、韩、拉丁、俄、意、越、印尼	10	54 210	244/2 036
1201	日、法、德、西、韩、拉丁、俄、意、越、印尼	10	59 506	252/1 752
1202	日、法、德、西、韩、拉丁、俄、意、越、印尼、泰	11	53 349	244/1 667
1301	日、法、德、西、韩、拉丁、意、葡、越、泰、印尼、马来	12	59 778	254/1 846

(续表)

学年度	开设语种（按修读人数由多到少排列）	语种数	人数	校数/班数
1302	日、法、德、西、韩、拉丁、意、葡、越、泰、印尼、马来	12	58 130	269/1 951
1401	日、法、德、西、韩、拉丁、意、葡、越、印尼、马来、菲	12	48 968	229/1 755
1402	日、法、德、西、韩、拉丁、意、葡、越、印尼、马来、菲、泰	13	57 114	246/1 994
1501	日、法、德、西、韩、拉丁、意、葡、俄、越、印尼、马来、菲、泰	14	58 719	252/1 954
1502	日、法、德、西、韩、拉丁、意、葡、俄、越、印尼、马来、菲、泰、缅	15	56 195	247/1 922
1601	日、法、德、西、韩、拉丁、意、葡、俄、越、印尼、马来、菲、泰、缅	15	70 222	306/2 209
1602	日、法、德、西、韩、拉丁、意、葡、俄、越、印尼、马来、菲、泰、缅	15	68 615	307/2 220
1701	日、法、德、西、韩、拉丁、意、葡、俄、越、印尼、马来、菲、泰、缅	15	68 694	285/2 162
1702	日、法、德、西、韩、越、意、马来、印尼、菲、泰	11	39 513	206/1 367
1801	日、法、德、西、韩、拉丁、意、葡、越、印尼、马来、菲、泰、缅	14	64 983	330/2 189
1802	日、法、德、西、韩、拉丁、意、俄、越、印尼、菲、泰、缅	13	48 632	265/1 784

(续表)

学年度	开设语种 （按修读人数由多到少排列）	语种数	人数	校数/班数
1901	日、法、德、西、韩、拉丁、意、俄、越、印尼、菲、泰、缅	13	51 697	305/1 859
1902	日、法、德、西、韩、拉丁、意、俄、越、印尼、菲、泰、缅	13	51 267	313/1 882
2001	日、法、德、西、韩、拉丁、意、俄、越、印尼、菲、泰	12	48 693	305/1 822
2002	日、法、德、西、韩、拉丁、意、俄、越、印尼、菲、泰	12	44 091	272/1 687
2101	日、法、德、西、韩、拉丁、意、葡、俄、越、印尼、菲、泰、阿拉伯	14	47 835	286/1 864
2102	日、法、德、西、韩、拉丁、意、葡、俄、越、印尼、菲、泰、阿拉伯	14	47 125	257/1 789

3. 台湾高中第二外语教育的困境

台湾地区的外语教育一直以来是以英语为主，1983 年正式将第二外语纳入选修课程。但直到 1994 年，才有高中以实验性质开设第二外语课程供学生修读。1996 年提出"推动高级中学选修第二外语课程实验计划"[①]，并于 1997 年选定 10 所学校试办，陆续扩及各高中。

1999 年起台湾实行第一个"推动高级中学第二外语教育五年计划"。2005 年发布第二期五年计划（2005—2009 年）。在此计划的推动下，很多县市如台北、高雄等 17 个县市所属高中开始开设第二外

---

① 参见 http://english.moe.gov.tw/dl-4807-83D939ED-AF17-4278-AF02-B3F26147A6FF.html。

语课程。2006 年第一学期有 159 校 795 班,共 26 289 名学生修读第二外语课程,语种涵括日、法、德、西、韩、拉丁及俄语,较 1997 年起试办时选定 10 校开设以日、法、德、西语为主的课程,已经有显著增长。[①]

2010 年第三期五年计划(2010—2014 年)提出,"基于台湾社会新移民及其子女之人口比例提高的趋势,应考虑增加其他(如:越南语)语种之课程"[②]。2012 年第二外语语种已扩大到日、法、德、西、韩、拉丁、意、俄、越南及印尼语 10 语种,计有 252 校开设 1 752 班,共 59 506 人次学生修读第二外语课程。

2015 年时推出的第四期五年计划提出,"基于东南亚在国际及全球经济平台上崛起的趋势、地缘关系、东南亚新住民及其子女人数众多三方面因素,仍有必要在高中推动普遍未受到社会乃至大学教育重视的东南亚语言学习及文化认知为内容的课程",因此,"急需增加东南亚国家语言的高中第二外语课程班数","开发为台湾的发展有重要性,却仍受忽视的语言如东南亚语言作为对象的高中第二外语课程的班级数及人数",以培养年轻世代的"国际移动能力"和"国际行动能力"。[③] 在此政策的指引下,2015、2016 年台湾的第二外语教育语种数量也跃居历史最高,达 15 个语种。

台湾地区虽然一直加大力度引导高中第二外语教育的开展,但结合上述现状来看还是存在一些困境。

[①] 参见 http://english.moe.gov.tw/dl-4807-83D939ED-AF17-4278-AF02-B3F26147A6FF.html。

[②] 参见 https://www-ws.gov.taipei/Download.ashx?u=LzAwMS9VcGxvYWQvcHVibGljL0F0dGFjaG1lbnQvMDcyMTExNTA0NTk1LnBkZg%3D%3D&n=MDcyMTExNTA0NTk1LnBkZg%3D%3D。

[③] 参见 https://www.hwsh.tc.edu.tw/resource/openfid.php?id=5067。

3.1 师资困难

台湾十二年课纲第二外语研修工作第六次核心工作圈会议记录中指出,现今教师缺额极少,目前已有新兴人才流失的情况,为推动第二外语课程并确实扎根,必须以师资培用为首要前提。[①] 台湾的第二外语教育虽开设了 10 多个语种,但有 6 个语种存在不同程度的断层现象,其原因之一为师资的不足。

关于东南亚语专业师资,杨真宜(2017)做了测算:"(新住民语言课程)届时将开设 3 338 班,需要约 2 664 名新住民语师资,目前越南语、印尼语的师资供给没问题,泰语、缅甸语的供给比需求低些;而柬埔寨、菲律宾、马来西亚语却严重不足。以柬埔寨语为例,估计需要 109 位教师,但目前只有 48 人;菲律宾语和马来西亚语也都需要上百位教师,但现在师资都只有个位数。"

另外,台湾第二外语的师资多为非常勤,工资低,这也是造成师资不稳定的原因。目前的台湾第二外语师资,基本以兼职为主。胡秋文(2016)对 12 所明星高中外语教师学历资格及任用(日语)所做的调查显示,任用的 35 名教师均为兼任,均无专任教师。主要原因是授课时数不足,无法以专任教师身份任职。孙雪柔(2018)也在对 5 名第二外语教师和 5 所高中的教务主任、组长的访谈中问及募集教师的办法及教师募集困难的对策。发现多数第二外语的师资募集主要来自于大学的推荐,为相关语种专业毕业生或者在读研究生。对教师募集困难的对策,接受访谈的 5 所高中教务老师中,只有 1 所学校教务提出"一定要募集到该语种教师",其余教务老师均表示,若募集不到该语种教师,"则募集其他语种教师"。

---

① 参见 https://www.naer.edu.tw/upload/1/9/doc/。

从以上资料可看出,师资问题是目前台湾开设第二外语课程的障碍之一,也是开课断层的原因之一。

3.2 学生学习意愿不高

第二外语课程在台湾并不属于高考科目,因此高中生面对严峻的考试压力,并不会将主要精力放在第二外语的学习上。学生一般利用高一或高二选修第二外语,到高三时选修人数则大幅度减少。据胡秋文(2016)调查,在12所公立高中里,选修第二外语者,高一占13.4%,高二占4.2%,高三占0.6%。高一时出于兴趣选读,但由于升学压力的影响逐年减少,到高三时选读人数寥寥可数。很多高中也只以一、二年级为对象开设第二外语课程。

台湾十二年课纲第二外语研修工作第三次核心工作圈会议记录中指出,台北市立中山女子高级中学亦曾利用周六的时间,实行过体制外的外语教学,但因家长仍重视重点学科,认为升学较为重要,仅维持三年的时间。因此,应从小学着手强调第二外语的重要性。[1]

也就是说,第二外语教育在台湾实际上并不受学生及家长的重视,因为不属于高考的内容。但台湾的教育专家们积极推动第二外语教育的发展,甚至希望从小学开始推动日语二外教学的发展。

3.3 学习资源不均衡,学习效果不一

台湾的第二外语教育存在着"北热南冷,西部较东部、都会较偏乡蓬勃"[2]的现象,地域及城乡差距较明显。2021年第二学期数据显示,开设第二外语课程的校数主要集中在台北市(41校)、新北市(37校)、台中市(25校)、高雄市(25校)、台南市(22校)、彰化县(10校),

---

[1] 参见 https://www.naer.edu.tw/upload/1/9/doc/。
[2] 参见 https://www.hwsh.tc.edu.tw/resource/spenfid.php?id=5067。

其余地区均在 10 所以下，可见主要开设校基本都在中心城市和北部、西部地区。

另外，第二外语课程计划的制定、教材的采用、课时数的保证等问题也导致学习成效不一。虽有课程纲要，但课程纲要也仅以欧语、日语为示例，并无针对每种语言的课程纲要。各语言教材的使用自主权也完全下放给各个学校。虽然设立了官网并推荐日语、德语等学习资源及教材，但内容少且不系统、不完善，也仅涉及主要语种。修读人数少的语种更无任何指导，只能依靠任课教师自身的判断。再加上每学期为数不多的课时及其断层的开课情况，修读人数少的语种教学效果堪忧。

4. 语言教育政策的指挥棒

台湾地区面临着各种客观条件的不足，却仍然开拓东南亚语言教育和欧洲语言教育，并持续鼓励开设更多的南向语言课程，其深层的原因是什么呢？

在政体范畴下，语言并不是中立的。语言政策是人们进行各种斗争，如意识形态、霸权及权力与多样性、话语权等斗争的主要工具，其功能是维持和强化某些语言行为，并使之与国家的政治、社会和经济发展保持一致。（艾拉娜·肖哈米 2018:3）而身为语言政策内容之一的语言教育政策，更是国家或者执政党意志的体现。具体来说，语言教育政策就是在具体的中小学或大学的教育环境中，为了执行语言政策而制定的相关决策，语言教育政策主要关系到家庭语言（母语）、外语以及第二语言。（艾拉娜·肖哈米 2018:77）台湾的第二外语教育政策，也与其政治、经济目的紧密相关。

4.1 经济背景

由图 4 可看出,台湾地区 2020 年的主要贸易伙伴除祖国大陆、中国香港外,美国、日本、韩国、东盟、欧盟均是其主要的贸易伙伴。

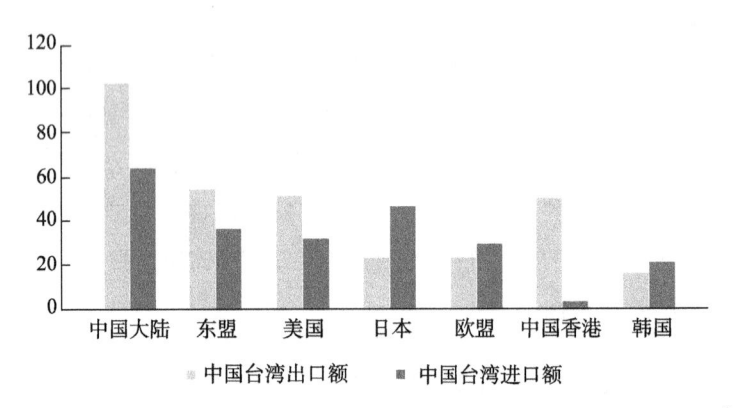

图 4 台湾地区与主要贸易伙伴 2020 年的货品贸易额(单位:十亿美元)①

在过去十年间,台湾与东盟、欧盟、美国、日本等的贸易交往均呈现良好态势,占据台湾的大部分贸易额。

在此经济背景下,大量外语人才的需求也逐渐突显。因此,在 2016 年台湾教育机构的实施目标与重点中也提出推动提升青年学生全球移动力计划,"精进学生英语能力,培育第二外语人才,以及扩增东南亚语言人才、培养区域经贸人才,并融合新住民力量,以东盟地区为重点区域、培育高阶研究人才,至他国职场上位居领导地位,创造更多全球移动之机会"。

---

① 参见 https://www.eeas.europa.eu/sites/default/files/2021_eu-taiwan_relations_brochure.pdf。

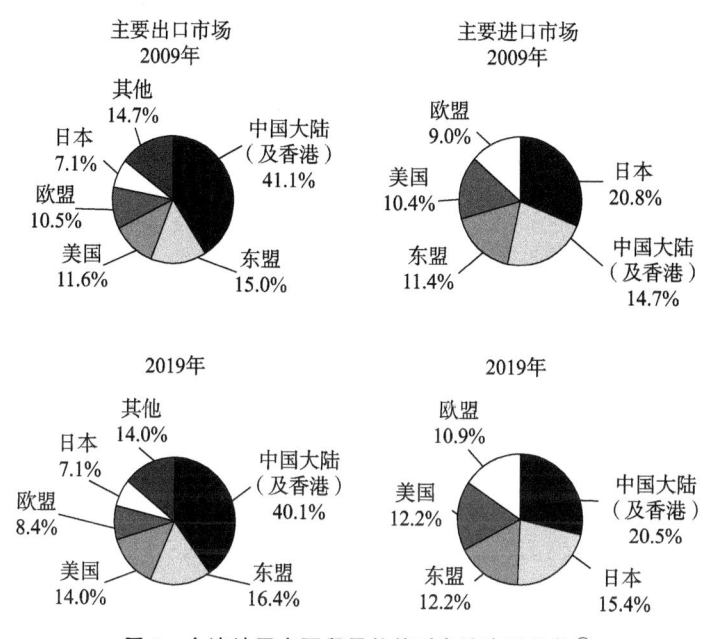

```
         主要出口市场                    主要进口市场
           2009年                         2009年
         其他                          欧盟
        14.7%                         9.0%
日本                中国大陆              美国              日本
7.1%               (及香港)            10.4%            20.8%
 欧盟              41.1%                                中国大陆
10.5%                                东盟              (及香港)
  美国          东盟                   11.4%             14.7%
  11.6%       15.0%

           2019年                         2019年
         其他                          欧盟
        14.0%                        10.9%
日本                中国大陆                              中国大陆
7.1%               (及香港)            美国              (及香港)
 欧盟              40.1%              12.2%             20.5%
 8.4%                                东盟              日本
  美国          东盟                   12.2%            15.4%
  14.0%       16.4%
```

图 5 台湾地区主要贸易伙伴对象演变及趋势[①]

同年,台湾地区推出"新南向人才培育计划",希望在教育上开拓新南向特色,发挥"娘家外交",利用新住民的力量,通过文化、体育、互促留学等多方位的合作,充裕新南向发展之人才资源,深化台湾地区与东南亚国家的教育交流,实现产业合作,创造区域经济发展。

4.2 政治背景

实际上,在第四期五年计划中已经明确指出,之所以拓展第二外语教育,增加东南亚第二外语教育数量,在于东南亚国家在经济及国

---

① 《台湾对外贸易发展概况与政策》,2020 年 9 月 18 日,参见 https://www.trade.gov.tw/Pages/Detail.aspx?nodeID=1296&pid=706515&dl_DateRange=all&txt_SD=&txt_ED=&txt_Keyword=&pageindex=1&history=y。

际地位上的崛起、地缘关系以及台湾东南亚新住民及其子女人数众多。同时,计划中也提出了多元语种预期指标,要"针对来自东南亚的新住民的母语来增加第二外语课程之语种,以满足所有的高中学生多元学习第二外语的需求,也提供新住民及其子女适性发展的机会以及连接国际经济与政治的需求"①。这一语言教育政策的背景,即为台湾当局"南向政策"的提出。

台湾当局从20世纪80年代开始就积极寻求与东南亚国家的合作。1993年,台湾为摆脱对祖国大陆经济的过度依赖,提出了最初的"南向政策"。至今"南向政策"已提出第四轮。作为目前台湾地区的主要对外政策,"新南向政策"在原先的南向政策的基础上进行多方提升与加强,将对象从原先的东盟10国扩展至印度等南亚国家以及澳、新等大洋洲国家,并在原先经济合作的基础上,加强文化、教育等多方面的合作和交流,注重"教育深耕",力求培养"南向种子"。

"新南向政策"与"南向政策"的动因同出一辙,都是为了限制台资的"西进"。"新南向政策"有意疏远两岸经济关系,谋求台湾所谓的"国际政治空间"。历次"南向政策",都于台商对祖国大陆的投资高潮以及两岸合作呈现良好态势时提出,经济上刻意弱化祖国大陆在台湾发展中所起的作用,"无视祖国大陆在台湾对外经济布局中的重要位置",通过经济上的政策布局力求达到其"去中国化"的政治目的。(吴林婧、李非 2017)台湾的第二外语教育政策大力推进东南亚语言的习得,也是契合"新南向政策"的政治目标,可以说是台湾政治布局的一个投影,有着明显的为政治服务的目的。

与此同时,台湾的第二外语教育还大力着眼于德、法、西、意、葡

---

① 参见 https://www.hwsh.tc.edu.tw/resource/openfid.php?id=5067。

等欧洲语言的教育。这也与台湾的政治意图与经济发展紧密相关。20世纪90年代欧盟成立以来,就积极倾向台湾地区,在经济、军事等方面开展与台湾地区的合作。

2020年台湾地区的外资存量数据显示,欧盟对台湾地区的投资总额占台湾投资存量的25.7%[1],主要集中在办公与电信设备、机械与运输设备等方面。这对于长期以来投资不足的台湾来说具有举足轻重的影响。台湾当局为在经济上"去中国化",要实现其"不依靠大陆单一市场"的目标,欧盟是其所要倚重的主要对象之一。(刘国奋 2017)

此外,欧盟出于对中国的"担忧",为确保其在亚洲的经济利益,提出"欧亚互联互通"战略;而台湾地区的"新南向政策",也是出于摆脱对祖国大陆经济依赖、努力开拓东南亚市场的目的。在此背景下,台湾当局积极打造台湾成为欧盟"欧亚互联互通"战略下的"亚太创新经济伙伴",并寻求与"新南向政策"的对接,期许携手开发东南亚再生能源市场。(何达蓁 2021)

台湾当局还积极加深与欧盟在文教领域的合作,希望通过文化、教育等领域的交流,强调台湾地区与欧盟在民主价值观方面的一致性,从而深化台湾与欧盟之间的关系,寻求政治方面的进级突破。

5. 结语

由此可见,台湾地区外语教育政策与其政治、经济意图有密切关系,是为其扩展与东南亚国家、欧盟及周边关系而服务的。政治政策

---

[1] 参见 https://www.eeas.europa.eu/sites/default/files/2021_eu-taiwan_relations_brochure.pdf.

对外语教育政策的过分干涉,忽略了外语教育所需的客观条件和发展规律,使外语教育政策在执行过程中出现种种问题及不足。我们应该拨开云雾,看到语言教育政策背后的真正意图。

参考文献

[1](以)艾拉娜·肖哈米.语言政策:隐意图与新方法[M].尹小荣译.北京:外语教学与研究出版社,2018.

[2]何达薷.中欧关系变化下蔡英文当局对欧盟的政策与实践[J].台湾研究,2021(5).

[3]胡秋文.台湾普通高中第二外语(日语)教学现状之研究[D].台北:台湾东吴大学硕士学位论文,2016.

[4]刘国奋.2008年以来台湾与欧盟关系浅析[J].台湾研究,2017(1).

[5]吴林婧、李非.台湾"新南向政策"评析[J].台湾研究,2017(4).

[6]杨真宜.新南向政策与东南亚语文人才培育[J].台湾国际研究季刊,2017(4).

[7]孙雪柔.台湾の高校における第二外国語実施状況の一考察——桃園市の高校を対象に[D].台北:台湾铭传大学硕士学位论文,2018.

中国民众眼中的丝绸之路沿线国家和地区来华留学生形象研究

李 琰[1] 刘宏宇[2]

(1. 新疆师范大学国际文化交流学院;

2. 新疆师范大学中国语言文学学院)

【摘要】 通过调查中国民众对中亚来华留学生的认知情况,在收集来华中亚留学生的学习、生活、与中国民众日常交往等方面第一手资料的基础上,研究中亚来华留学生与中国民众的日常交往情况、中亚留学生与中国人的冲突及其解决途径、中国民众对中亚留学生社会行为习惯的认知等,了解该群体在中国普通民众心目中的形象。

【关键词】 中国民众;来华留学生;形象

1. 引言

"一带一路"倡议的提出,为中国和"一带一路"共建国家的发展提供了宏伟的蓝图。中亚地区的"丝绸之路经济带"沿线国家和地区与中国有着传统的友好关系。近年来,该地区来华留学生数量和质量虽有很大的提升,但是仍然不能满足"丝绸之路经济带"对汉语人才的需求,后续会有更多的留学生来到中国学习。了解来华留学生在中国民众眼中的形象,有助于了解中亚来华留学生在中国社会所获得的社会支持情况。

2. 调查及抽样

2.1 调查概况

由于本研究涉及的调查对象需要与中亚来华留学生有过接触，有一定的认知度，因此，调查采用的抽样方法为主观抽样的判断抽样方法。经过前期的调查了解，2012年4月至2012年11月先后在新疆大学、新疆师范大学、新疆师范大学附属中学、新疆农业大学、新疆医科大学、新疆财经学院、新疆农业职业技术学院等7所院校，交通银行新医路支行以及上述学校周边的市场、超市等9个场所共计16个调查点进行抽样调查，对与中亚留学生有过交往的教师、学生、楼层管理员、餐厅工作人员、售货员、清洁工等人员进行问卷调查。总共发放问卷350份，回收问卷330份，回收率94.3%，其中有效问卷324份，有效率98.2%。

在研究过程中还进行了访谈，通过对典型案例的访谈获取资料，对问卷中具体的数据进行补充说明，共与10名相关人员进行访谈，累计语音材料850分钟。

2.2 样本基本情况

判断抽样得到总样本数为324个，样本基本情况如下。

样本中男性128人，占总数的39.5%；女性196人，占总数的60.5%。

职业情况：学生196人，占总数的60.5%；教师39人，占总数的12%；其他人员，包括食堂工作人员、学校楼层管理员、银行及超市工作人员，共计89人，占总数的27.4%。

表1 民族情况表

值	民族	样本数	有效百分比(%)	累积百分比(%)
有效	汉族	170	52.5	52.5
	维吾尔族	136	42.0	94.4
	哈萨克族	4	1.2	95.7
	回族	9	2.8	98.5
	其他民族	5	1.5	100.0
	总计	324	100.0	

从表1中的数据可以看到，样本中民族比例最高的是汉族，其次是维吾尔族，这与乌鲁木齐市高校周围的民族分布情况基本相符。

表2 文化程度表

值	文化程度	样本数	有效百分比(%)	累积百分比(%)
有效	初中以下	5	1.5	1.5
	初中	46	14.2	15.7
	高中	33	10.2	25.9
	大学	128	39.5	65.4
	研究生以上	112	34.6	100.0
	总计	324	100.0	

表2显示，样本中本科以上学历者为74.1%，学历层次较高。

表 3　年龄分布表

值	年龄	样本数	有效百分比(%)	累积百分比(%)
有效	16—22 岁	152	46.9	46.9
	23—29 岁	126	38.9	85.8
	30—36 岁	24	7.4	93.2
	36 岁以上	22	6.8	100.0
	总计	324	100.0	

表3显示,样本年龄段主要集中在16—29岁,占样本总数的85.8%,以青年人群为主。

从以上样本可以看到,本次调查主要选取与留学生关系密切的学生和教师,这些样本与中亚留学生接触最为密切,对他们的调查可以得到更为客观的材料。

结合问卷调查结果,研究者在中国人群中展开了多次深入调查,访谈样本的基本情况如表4。

表 4　访谈对象情况表①

访谈对象	民族	年龄	性别	类别	接触中亚留学生时间
小波	汉族	36	男	大学教师	4 年
长香	汉族	30	女	硕士研究生	3 个月
艳翠	汉族	27	女	硕士研究生	6 个月
园园	汉族	22	女	本科学生	1 年
古丽	维吾尔族	35	女	楼层管理员	2 年
阿依达	维吾尔族	24	女	硕士研究生	2 个月

① 表中"访谈对象"栏均为化名。

(续表)

访谈对象	民族	年龄	性别	类别	接触中亚留学生时间
叶丽娅	哈萨克族	32	女	餐饮服务员	1年
奴尔兰	哈萨克族	24	女	本科学生	8个月
小坤	回族	29	男	硕士研究生	1年
小岩	回族	34	女	餐饮服务员	3年

3. 中国民众眼中的中亚来华留学生形象调查

3.1 中国民众眼中的中亚留学生优点调查

中国民众与中亚留学生交往尚不够深入，但民众普遍对中亚留学生表现出较大的善意，也有一些民众对他们表达出一些不满。弄清这些不同的态度来自哪些方面，是研究中国民众眼中的中亚留学生形象的重要内容。下面从中国民众眼中中亚留学生的优缺点着手进行研究。

表5 深度了解型眼中留学生优点表

		回应		观察值百分比(%)
		样本数	百分比(%)	
优点	热情	23	7.4	14.9
	真诚	6	1.9	3.9
	友好	94	30.1	61.0
	理解他人	34	10.9	22.1
	异域风情	82	26.3	53.2
	没有	64	20.5	41.6
	其他	9	2.9	5.8
总计		312	100.0	202.6

表 6 中度了解型眼中留学生优点表

		回应		观察值百分比(%)
		样本数	百分比(%)	
优点	热情	39	17.8	34.8
	友好	63	28.8	56.3
	理解他人	18	8.2	16.1
	异域风情	60	27.4	53.6
	没有	33	15.1	29.5
	其他	6	2.7	5.4
总计		219	100.0	195.5

表 7 轻度了解型眼中留学生优点表

		回应		观察值百分比(%)
		样本数	百分比(%)	
优点	热情	27	24.5	52.9
	真诚	3	2.7	5.9
	友好	29	26.4	56.9
	理解他人	7	6.4	13.7
	异域风情	26	23.6	51.0
	没有	17	15.5	33.3
	其他	1	0.9	2.0
总计		110	100.0	215.7

从表5、表6和表7中的数据可以看到,"友好"是中国民众眼中中亚留学生最大的优点,接下来是中亚留学生所具有的"异域风情"。可以看到,无论了解程度如何,大多数中国民众对中亚留学生都有着

较强的好感。而第三大优点各个了解类型就有所不同了:深度了解型持"没有优点"的居于第三位,中度了解型和轻度了解型则认为"热情"是中亚留学生第三大优点。这一数据特点与"影响交流的因素"研究结果类似,即了解程度越深,对中亚留学生的态度就越复杂。

3.2 中国民众眼中的中亚留学生缺点调查

了解了中国民众眼中中亚留学生优点的情况,本项调查将侧重研究中国民众对中亚留学生缺点的认识,以此来探究不同了解类型,尤其是深度了解型民众对中亚留学生持较为复杂态度的原因。

表8 深度了解型眼中留学生缺点表

		回应		观察值百分比(%)
		样本数	百分比(%)	
缺点	打招呼方式	9	1.8	5.8
	上课随意	5	1.0	3.2
	不遵守公德	121	24.7	78.1
	香水味太浓	40	8.2	25.8
	穿着暴露	65	13.3	41.9
	吵闹	25	5.1	16.1
	乱开玩笑	50	10.2	32.3
	男女关系	8	1.6	5.2
	在学校做礼拜	9	1.8	5.8
	没有	71	14.5	45.8
	其他	87	17.8	56.1
总计		490	100.0	316.1

表9 中度了解型眼中留学生缺点表

		回应		观察值百分比(%)
		样本数	百分比(%)	
缺点	打招呼方式	10	3.0	8.5
	上课随意	11	3.4	9.4
	不遵守公德	62	18.9	53.0
	香水味太浓	17	5.2	14.5
	穿着暴露	16	4.9	13.7
	吵闹	32	9.8	27.4
	乱开玩笑	45	13.7	38.5
	男女关系	17	5.2	14.5
	在学校做礼拜	14	4.3	12.0
	没有	42	12.8	35.9
	其他	62	18.9	53.0
总计		328	100.0	280.3

表10 轻度了解型眼中留学生缺点表

		回应		观察值百分比(%)
		样本数	百分比(%)	
缺点	打招呼方式	2	2.0	3.8
	上课随意	5	5.1	9.6
	不遵守公德	14	14.1	26.9
	穿着暴露	5	5.1	9.6
	吵闹	2	2.0	3.8
	乱开玩笑	25	25.3	48.1
	男女关系	13	13.1	25.0
	在学校做礼拜	3	3.0	5.8
	没有	6	6.1	11.5
	其他	24	24.2	46.2
总计		99	100.0	190.4

从表8至表10中的数据可以发现,深度了解型和中度了解型都认为中亚留学生最大的缺点就是"不遵守公德",因为这两种类型的样本大部分都是与中亚留学生同在高校的大学生和教师,他们在日常的校园生活中与留学生有着较为密切的接触。根据访谈,他们认为留学生"不遵守公德"的表现主要是指中亚留学生在宿舍楼的墙壁上乱涂乱画等不文明行为。"其他"一项也占了较大比例,通过访谈了解到,这里面包括:"他们损坏公物,如水龙头、淋浴设备等""他们从宿舍窗户里朝外面扔垃圾,严重威胁到行人的安全""他们喜欢挤电梯,并经常把电梯的按键破坏",等等。

在访谈中也有很多中国民众提到了中亚留学生中存在的另外一些他们接受不了的行为。王艳翠说:"中亚留学生在上课期间不遵守中国的课堂纪律。在课堂上随意走动,接打手机,喜欢与老师随意开玩笑。"研究者本身在学习和生活中也经常和中亚留学生接触,发现中国学生对中亚留学生经常夜间不休息,大声喧哗,播放音乐或跳舞,影响周围宿舍的同学休息,这些是很令人反感的。不仅如此,他们经常在楼道、教室等地乱写乱画,乱扔垃圾,引起学校楼层管理员、清洁工、老师和同学们的不满,继而产生矛盾。(杨兴子 2013)

诚然,这些行为在中亚留学生里是存在的,但是在跨文化交流,特别是对于我们这样一个正在日益开放的世界大国,我们的国民应该有更宽广的胸怀和理性思考来分析其中的原因:首先,因为中亚留学生中相当一部分是短期培训生,他们中很多人的年龄处于18—20岁之间,正值青春期,精力旺盛,比较顽皮,爱捣乱,这在中国学生中也是常见的;其次,中亚国家的学校情况所限,中亚国家的学生大都在家乡附近的学校上学,即使离家较远,他们也会寄宿在亲戚家,学生大都没有住校的经历,也不习惯学校宿舍的管理,这就造成他们在学校有些不适应，会感到有压力，有时候做出一些不文明的事情也是某种情绪的宣泄；再次，中亚学生来到一个陌生的国家求学，他们不仅要应对各门功课，还要面对不同的文化，而除了上课时间，他们大部分时间都在宿舍度过，很多学生为了打发空闲时的寂寞，也会做出一些反常的行为。这些问题产生的原因，归根结底还是由于文化背景和生活习惯的差异引起的。中国民众在对待这些跨文化问题时，应该有着一个现代大国国民应有的胸襟和态度，要有一颗理解和包容的心，同时也要积极主动地去沟通和解决这其中的问题，特别是从事对外汉语教育的教师，在课堂内外不但要给留学生们传授汉语知识，更应该了解学生存在的跨文化问题的现象和原因，并有针对性地进行疏导。这样不但能帮助留学生的跨文化适应，也能为改变留学生在中国民众中的形象提供帮助。

3.3 中国民众眼中的中亚留学生生活习惯

本项调查以最为显性的外表着装为内容，将中国民众对留学生外表着装分为正面和负面两个理解维度，来考察民众对中亚留学生生活习惯的理解程度。

表 11 深度了解型对留学生生活习惯理解表

		回应		观察值百分比（%）
		样本数	百分比（%）	
生活习惯	穿着讲究	61	8.0	39.9
	重要场合很正式	23	3.0	15.0
	衣着有异国风情	57	7.5	37.3
	首饰有特色	21	2.8	13.7
	用香水有教养	48	6.3	31.4

(续表)

		回应		观察值百分比（%）
		样本数	百分比（%）	
生活习惯	讲究卫生	1	0.1	0.7
	化妆太浓	96	12.6	62.7
	不注重外表	94	12.3	61.4
	香水味太浓	71	9.3	46.4
	不讲究卫生	70	9.2	45.8
	不喜欢中国服饰	58	7.6	37.9
	女生穿着暴露	50	6.6	32.7
	女生包头	30	3.9	19.6
	没看法	39	5.1	25.5
	不清楚	3	0.4	2.0
	其他	40	5.2	26.1
总计		762	100.0	498.0

从表11可以看到，深度了解型对中亚留学生生活习惯的理解，正面印象列前三位的分别是："穿着讲究""衣着有异国风情""用香水有教养"；负面印象列前三位的分别是："化妆太浓""不注重外表""香水味太浓"。

表12 中度了解型对留学生生活习惯理解表

		回应		观察值百分比（%）
		样本数	百分比（%）	
生活习惯	穿着讲究	48	8.2	41.0
	重要场合很正式	36	6.1	30.8
	衣着有异国风情	48	8.2	41.0

(续表)

		回应		观察值百分比（%）
		样本数	百分比（%）	
生活习惯	首饰有特色	21	3.6	17.9
	用香水有教养	39	6.6	33.3
	讲究卫生	3	0.5	2.6
	喜欢中国服饰	6	1.0	5.1
	化妆太浓	56	9.5	47.9
	不注重外表	54	9.2	46.2
	香水味太浓	53	9.0	45.3
	不讲究卫生	39	6.6	33.3
	不喜欢中国服饰	42	7.1	35.9
	女生穿着暴露	36	6.1	30.8
	女生包头	24	4.1	20.5
	没看法	33	5.6	28.2
	不清楚	13	2.2	11.1
	其他	37	6.3	31.6
总计		588	100.0	502.6

从表12可以看到，中度了解型对中亚留学生生活习惯正面印象列前三位的也是："穿着讲究""衣着有异国风情""用香水有教养"，这与深度了解型一致；负面印象列前三位的分别是："化妆太浓""不注重外表""香水味太浓"，与深度了解型基本一致。

表 13　轻度了解型对留学生生活习惯理解表

		回应		观察值百分比（%）
		样本数	百分比（%）	
生活习惯	穿着讲究	22	9.7	44.0
	重要场合很正式	12	5.3	24.0
	衣着有异国风情	22	9.7	44.0
	用香水有教养	18	8.0	36.0
	讲究卫生	3	1.3	6.0
	化妆太浓	25	11.1	50.0
	不注重外表	14	6.2	28.0
	香水味太浓	21	9.3	42.0
	不讲究卫生	21	9.3	42.0
	不喜欢中国服饰	16	7.1	32.0
	女生穿着暴露	14	6.2	28.0
	女生包头	9	4.0	18.0
	没看法	16	7.1	32.0
	其他	13	5.8	26.0
总计		226	100.0	452.0

从表 13 可以看到，轻度了解型对中亚留学生生活习惯正面印象列前三位的同样也是："穿着讲究""衣着有异国风情""用香水有教养"，这与前面两种类型一致；负面印象列前三位的分别是："化妆太浓""不讲究卫生""香水味太浓"，与前面两种类型基本一致。

通过以上调查可以发现，在衣着打扮方面，不同类型的中国民众对中亚留学生的印象惊人地一致，但是这些认识中存在三个误区。首先，中亚留学生对着装礼仪有着非常明确的规范，如在生日、会见重要客人、论文答辩、典礼等重大场合,男女生都要穿正装出席,这是一个注重礼仪的文明表现,而中国学生却很少注重这一点。同时在调查中也可以看到,我们往往忽视了中亚学生这种文明的表现,这可以说是对自身不足的忽视。其次,中亚学生无论男女,都习惯使用香水,用他们的话来说,如果平时不使用香水,就像没有穿衣服一样(不自在)。在西方国家使用不同香型、不同性别类型的香水,是彰显自身个性,同时也是对别人尊重的表现。这点中国民众倒也较为认可,然而,同时在负面印象中出现嫌中亚留学生"香水味太浓"的选项。通过访谈了解到,之所以出现这种矛盾的情况,是因为认为中亚留学生"香水味太浓"主要是针对男生也使用香水而言的。中国普通民众中男性使用香水的情况较为少见,而中亚留学生男性使用香水却是正常现象,这让中国民众很不理解。最后,中国民众对中亚留学生存在的一个误解是不讲卫生。实际上恰恰相反,中亚留学生比大多数中国民众的卫生习惯要好,突出的表现是他们每天都要洗澡,这在相对干爽环境中生活的中国北方民众中是不多见的,他们的宿舍卫生情况也比很多中国学生的宿舍要好,不论男生还是女生的宿舍都比较整洁,很少存在起床后不叠被子、不打扫宿舍的现象。

因此,可以说大部分中国民众对中亚留学生都有一定的刻板印象,即这群外国人讲究穿着,有很多人穿着很有中亚特色的服饰搭配,喜欢浓妆艳抹,身上散发着浓浓的香水味,但是实际上却不讲究卫生。这种刻板印象的形成与中国民众对其了解不够深入有关,正如欧阳康(1997)指出的那样:跨文化理解的关键,是克服由于文化隔阂和文化落差而产生的文化偏执心态。不同文化背景中的人们由于自己所受的文化教育和文化熏染,在文化研究和文化交流中必然自觉或不自觉地将自己的文化定势和文化价值作为唯一的或基本的标准、尺度和参照来度量、理解和评价其他文化,并将自己的文化观念、文化情感和文化追求作为一种文化定势而倾注到对象之中,从而造成一种巨大的心理反差甚至心理冲突,产生一种被某些国外学者称为"思想帝国主义"的文化心态。这种文化心态的主要特征不是从异文化本身的历史和理念来理解、评价和看待异文化,而是从自己的观念和价值取向来看待、要求甚至改造异文化,从而产生出非常复杂以至根本相反的文化态度和文化解释。为此,在交往中,人们应当自觉地把自己和他人、本集体与他集体、本地域与他地域、本民族与他民族、本国度与他国度、本土文化与外来文化放在同等的水平上进行平行的和交叉的比较,在历史、现实与未来的总过程中进行文化定位,寻求文化差异的内在原因和填补差异的有效途径,探索不同文化形态之间在深层结构和内在本质方面的共同点、联系点和进一步协调发展的生长点,在对共通性和协调性的世界新文化的积极创造中达到跨文化的真正理解与超越。

4. 中亚来华留学生在中国民众中形象的影响因素分析

中亚来华留学生在中国的跨文化适应与其受到的中国社会的支持有密切联系,而中亚留学生所获得的来自中国的社会支持的重要指标就是中国民众对他们的接纳程度,这不仅影响到双方交往的积极性,也影响到中亚留学生对新的文化环境的认同。如果中国民众对中亚留学生的印象是积极的,那么中亚留学生就有可能在中国受到较多的社会支持。反之,就可能阻碍中亚留学生获得中国的社会支持。本小节将在上面调研的基础上分析影响中亚来华留学生在中国民众中形象形成的因素。

4.1 正面形象形成的因素分析

在上文的研究中,可以看到中亚来华留学生在中国民众中的正面形象主要有"友好""异域风情"和"热情"。形成以上正面形象的原因主要有以下两个方面。

第一,中国民众对待外国人有着友善的传统。中国自古以来就是礼仪之邦,对待国际人士向来礼遇有加。特别是中华人民共和国成立后,我们既延续着与"非洲兄弟"的传统友谊,又曾经和苏联、东欧国家以兄弟相称。在改革开放后,我们又以西方国家为师,虚心向他们学习。进入新世纪以来,中国更是以一种开放的心态向世界敞开胸怀,这造就了中国民众对外国人有着发自内心的好感。新疆地处亚欧大陆的中心,作为中国对外开放的西大门,与哈萨克斯坦、塔吉克斯坦、吉尔吉斯斯坦等国相邻,近年来和中亚各国文化经济活动往来频繁,中国经济发展不仅为中亚留学生提供了良好的学习环境,也为中亚留学生就业发展提供了很多机会。新疆自古就是一个多民族聚集和多种文化并存的地方,多元文化氛围,各民族长期生活在一起,形成了相互包容、相互理解的文化传统,这为中亚留学生适应当地的生活环境创造了良好的条件。调查显示,中国民众在对中亚留学生的"异域风情"感到好奇的同时,对他们表现出来的各种负面的形象也表达了很大程度的容忍。中亚留学生自己也认为中国民众并没有对他们表现出歧视、排挤等过激行为,中国民众总体上对中亚留学生是比较友好的。

第二,中亚留学生较为开放,对中国人也比较友好。中亚留学生来到中国的目的是为了学习汉语后获得更好的经济收入,工具性动机使得他们对中国的发展在羡慕的同时保持着一种积极的心态。另外,中亚地区的游牧文化传统造就了中亚来华留学生们豪放、直爽的性格,他们大多乐观活泼,易于与人相处。对中国很好的印象基础再加上良好的心态使得中亚留学生对中国民众持较为友好的态度。

4.2 负面形象形成的因素分析

中亚来华留学生在中国民众中的负面形象主要有"不遵守公德""化妆太浓""不讲究卫生"。正如上文分析的,这些负面印象有一些是中亚留学生中确实存在的不良行为,而有一些则是中国民众对他们的刻板印象。

形成以上负面形象的主要原因是跨文化交际误解。跨文化交际误解是一个言语或非言语交际的过程,包括如下两种情况:(1)交际者没有认识或觉察到彼此理解上的不同,虽然交际持续进行,但这样的交际应被视为是一种交际失误;(2)交际一方认为对方没有准确、全面地理解自己的话语本意,进而对交际行为(包括自己和对方)进行有意识的调控、磋商,其结果可能会促使双方互相理解而实现跨文化成功交际,也有可能会受制于双方文化差异、话语模式及认知能力等因素的影响而引发双方的不解、交际中断或交际失败。(刘杨 2014)中国民众对中亚留学生的负面印象在很大程度上是因为跨文化交际误解而引起的。跨文化交际失误的根源可简单地归结为文化差异,而文化差异的表现和形式很多,例如思维模式、价值观念、传统习惯、言谈规约、行为规约的差异,种种差异都对跨文化交际产生影响。(黄略等 2008)这些文化差异现象之所以影响到中亚留学生形象的形成,主要表现为两个层面:一个是中国民众层面,一个是留学生自身层面。

在中国民众层面,中亚留学生负面形象的形成主要是由以下三个因素造成的。

第一,与中亚留学生接触时间短。正如上文数据所显示的,与中亚留学生接触时间短是造成中国民众心目中留学生负面形象的重要因素。接触时间短有两个层面。第一个层面是从历史上看,中国与中亚地区的交往时间比较悠久,尤其是古丝绸之路就是以新疆为枢纽延伸至中亚的,然而,从20世纪六七十年代中苏关系紧张之后,作为中苏对抗的边境,中国和当时苏联在中亚地区的各加盟共和国鲜有往来,这种状态一直持续到苏联解体。中国与中亚的大范围交流从中亚各国相继获得独立以后才逐渐展开。为了获得更多的地缘战略利益,各中亚国家和中国保持了较为友好的关系,尤其是随着中国改革开放成果日益显现,中亚地区与中国的经济联系日趋紧密,民众间的往来逐渐加深,越来越多的中亚商人、留学生来到中国,中国民众与他们的接触也日渐增多。虽然来华中亚民众的数量增长很快,但是毕竟时间不长,从20世纪八九十年代至今,也只有30多年的时间。中亚留学生大规模地进入中国学习也是21世纪初才开始的,中亚地区所特有的社会文化也是从那时起才通过留学生作为媒介逐渐为中国民众所接触,较短的接触历史限制了中国民众对中亚来华留学生的了解。第二个层面是从现在看,中国民众与中亚来华留学生接触的时间不长。正如第一个层面所分析的,由于历史原因,中亚留学生来到新疆留学的时间较短。新疆的两所综合性大学——新疆大学和新疆师范大学开展正规的、成规模的留学生教育的时间都不长,新疆大学专门从事留学生教育的机构国际文化交流学院成立于2008年,新疆师范大学国际文化交流学院则是2009年正式成立。中亚留学生在新疆的人数虽然不少,但是历史却较短,调查数据也显示,和中亚留学生交往在半年以上的中国民众数量较少,超过一年的更少。且不论交往密切度如何,仅从交往时间来看,中国民众对中亚留学生的了解程度是不可能太深的。

第二，与中亚留学生接触范围窄。中亚民众来中国的人群相对比较单一，主要集中在商贸和教育领域，他们接触的中国民众也相应地集中在商贸场所和高校附近。由于本研究只针对留学生，因此只调查了高校及其周边的中国民众，发现即使与留学生同处一校的中国学生，也只是在学校的公共场所如教室、食堂、操场、路上、图书馆等地与留学生有接触，在较为封闭和私密的空间几乎没有接触，这就决定了中国民众对中亚留学生的了解不会太深入。造成接触范围窄的一个重要原因，是中国高校留学生管理体制的封闭性。中国高校大都实施差别化管理，即对留学生实施集中住宿、集中专门授课的模式，中亚留学生来华的日常生活及交往范围大多是在学校，接触最多的是老师和同学，他们有独立的班级、学习环境、宿舍、管理条例，因而他们更多接触的是自己国家的学生或是邻国的学生，很少有机会与中国学生和民众接触。即使有一些中亚留学生交到了中国朋友，能一起学习，一起娱乐，但这种情况也是极少数。这种模式一方面减轻了教学管理的压力，但是另一方面人为地造成了留学生相对封闭的生活和学习环境。很多中亚留学生来到中国后，也非常想融入当地的社会去学习汉语，了解中国社会，但是往往因为学校的规定而只能在宿舍住宿。校外的中国民众也很难接触到留学生，即使能接触，也仅限于日常生活场合如饭店、银行、市场等，能说的话也就是讲讲价钱，介绍一下商品，很难有更广泛的交往。这就造成在调研中很多的中国民众觉得与中亚留学生有着不同的语言、不同的思维方式、不同的价值观和不同的文化，在现有的环境下这些因素成了不可克服的障碍。这种与中亚留学生人际交往范围的局限性在一定程度上影响到中国民众对他们的正确理解，会使彼此在交往过程中遇到矛盾甚至误解。

第三，与中亚留学生接触程度浅。虽然中国与中亚各国地理距离很近，但是由于中苏关系一度交恶的历史原因，中国民众对中亚地区的关注度和了解程度远远低于对欧美日等发达国家，而这些中国民众与中亚留学生的交往也仅限于日常的接触。从深度了解型的样本构成可以看出，就是与留学生同在一校就读的中国高校学生，也只是在校园的教室、食堂或路上与留学生有接触，交往方式也以偶尔打打招呼为主，而大部分人只是对留学生很好奇，很少主动接触和了解他们。至于校外的其他人员，就更是缺少深入了解中亚留学生的条件。这种浅层次的接触，造成了"文化距离"鸿沟。

所谓文化距离，是指由于地理和空间的遥远，文化共同点较少所产生的距离感和陌生感。从理论上分析，不同人的文化和社会背景、生活方式、受教育情况、宗教信仰、性别、年龄、政治信仰、经济条件、爱好、性格等，都存在不同程度的差异。这样，在交际时双方对信息的理解就不可能达到百分之百的认同（贾玉新 1997:23），由此就有可能产生误解，甚至造成冲突。杨军红(2009)的研究表明，文化间的差距越大，跨文化交往的人建立和保持和谐关系的难度就越大。

中亚地区的传统文化与中国传统文化有很大的差异。中亚留学生跨文化适应过程中产生的问题大多是由于其母文化和当地文化的差异引起的。对于进入新文化环境的中亚留学生来说，既不熟悉语言，更不了解在当地各种行为背后隐含的文化意义，这是导致交往困难的主要原因。中亚地区是传统游牧文化、俄罗斯文化、伊斯兰教文化、波斯文化的交汇地，其文化有着很强的特殊性，即使在新疆这个多元文化的汇集地，有很多体现在中亚留学生身上的行为也不能得到当地民众很好的理解。调查中发现，正是由于这种双向的文化距离，上述语言和文化的差异性给留学生适应中国社会造成了一定的困难。这些障碍在一定程度上妨碍了中亚留学生和中国民众的沟通和交流,也造成了中国民众对他们的文化误读。在与中亚留学生的交往过程中,这些误读突出的表现就是形成所谓的"刻板印象"——我们在交往时对对方的行为的预测是以我们对其文化的固定看法为基础的,这种固定看法被称为"定式观念",有人译为"刻板印象"。定式的准确程度与我们对有关人的行为的预测密切相关,即定式越准确,对对方的行为的预测越准确,交际就越顺利。但是这些"定式思维"有些是真实的,有些是部分真实的,而有些是完全错误的。如果拘泥于这些已有的印象,用预期的心理处事,放弃沟通的机会,往往会出问题。(杨军红 2009)例如,许多被调查者所持的诸如中亚留学生喜欢化浓妆、抹浓浓的香水是为了引起其他人的注意,中亚留学生不讲究卫生等观点,都是由于对该群体了解不深所形成的刻板印象。

总之,由于以上三点原因,造成了中国民众对中亚留学生的负面印象,这背后所蕴含的更深层的原因就是缺少弥补文化距离的手段。在交际过程中,微观结构的语法因素与宏观结构的专业知识、社会因素、其他因素、文化因素对信息传递程度的影响力依次减弱,而对交际对方心理的影响力则呈相反趋势,即在跨文化人际交往中,由于文化因素而产生的距离并因而造成的障碍是影响人际交往的最高层障碍。因此,文化距离在跨文化交际过程中对交际者的心理距离的影响是最高层的影响。(綦甲福 2007)中国改革开放已经 40 年了,虽然经济取得了翻天覆地的发展,但普通民众接触外国人的机会还不够多,这表现为中国民众大多比较"腼腆",他们觉得外国人不会汉语,而自己的外语又不好,心理上对外国人又好奇又不知如何沟通。其实现在来华的很多外国人都会汉语,也都希望和中国人交流,语言只是交流的一个因素,很多情况下只要有交流的愿望,借助很多手段都可以实现交流。只有实现了交流,才能从本质上解决文化距离造成的文化误解。中国民众应该以一种积极的心态,更加自信和努力地不断提升自己的跨文化交际能力和跨文化理解力,对来到中国的包括中亚留学生在内的外国人群体有着更为深入的认识,才能展现出我们作为一个现代化大国的国民应有的自信和包容,提升中国民众和外国人民的理解和交流的水平。

在中亚留学生层面,这种负面形象由以下两个因素造成。

第一,对中亚留学生的跨文化交际疏导不足。作为古代文明的汇集之地,中亚地区的传统文化有着很强的特殊性,其中哈萨克斯坦的主体民族哈萨克族、吉尔吉斯斯坦的主体民族吉尔吉斯族、土库曼斯坦的主体民族土库曼族在历史上都是游牧民族,至今他们的文化中还有很多游牧文化的成分;乌兹别克斯坦的主体民族乌兹别克族历史上有着农耕传统、塔吉克斯坦的主体民族塔吉克族既有农耕文化的历史又有波斯文化传承。这五个民族都是信仰伊斯兰教的民族,伊斯兰教文化又是他们共同的文化基因。近代史上中亚各国又曾是俄罗斯及苏联的一部分,这对中亚来说是一个非常重要的时期,以俄罗斯文化为代表的现代文化凭借着苏俄时期政治、经济、文化、军事等方面巨大的影响力,一度成为中亚地区最为强势的文化。甚至在今天,俄罗斯文化还在中亚地区有着强大的影响力。民族传统文化、宗教文化、俄罗斯文化相互交错,相互影响,造成了今天中亚各国既有很强的相似性,又有较为明显差异性的文化现实。

中亚留学生来到中国后,面对中国传统文化的中庸、和谐的传统及现代中国文化的勤奋、高度的组织性,现代化社会快节奏的特点,难免在跨文化适应过程中出现很多问题。中亚留学生身上体现出的游牧文化的自由豪放、俄罗斯文化的优雅骄傲、伊斯兰文化的清修严谨、农耕文化的坚韧持久、波斯文化的悠远自豪等,都会和中国传统及现代文化碰撞出火花。

面对如此复杂的文化交流形式,中国高校的留学生教育和中国社会的民众显然还没有做好充分的准备。这首先表现在,高校作为最直接的留学生教育机构,对留学生的跨文化适应疏导性教育不足。虽然在很多高校的课程设置中有针对留学生的中国文化、中国国情、当代中国等诸如此类的课程,中国文化主要的焦点是中国的传统文化,重中之重又是传统物质文化或艺术文化,中国国情一类的课程偏重理论,而实践性差。留学生学习了这些课程之后,总觉得课堂上了解到的中国文化和现实社会中他们所接触到的中国文化之间有很大的差距,甚至完全不同,这就造成了留学生在跨文化适应方面无所适从。很少有高校会系统地引导留学生进入中国社会去感受中国现代化发展的成就,以及在经济高速发展背后体现出来的现代中国人奋发图强、组织严密、勇于奉献的文化精神。其次,社会层面也缺少系统展示中国现代文化发展的平台,少数一些能用于留学生教育的"基地"或"窗口"也是碎片化的,只能给留学生展示一些关于中国的片面印象。这里我们应该借鉴新加坡等一些留学生教育发达国家的做法。在"非常新加坡"的口号和理念引导下,新加坡政府协同旅游局打造旅游资源的一大举措是:打开了曾一度关闭的市民社会,将私人的市民空间向旅游者敞开。"牛车水"、"小印度"、繁华的金融区、干净的组屋区,这些本是国民的日常居住和工作场所,如今都成了游客旅游的重头戏;华人的农历春节、印度人的丰收节、伊斯兰教徒的开斋节、印度教徒的屠妖节,这些本是种族或宗教群体内部的拒绝外人参加的庆典,如今这些活动的时间、地点和看点都被详细刊登在旅游局分发给游客的旅行小册子上,它们成了招揽游客的法宝。新加坡人由此被邀请到了舞台的中央,他们不再仅仅是主体自身,他们还是容纳着文化和意义的客体景观。(夏心愉 2008)这些举措既是本国公民教育的内容,又是独具特色的旅游资源,更可以成为让世界各国人民了解新加坡文化的窗口。如果我们的留学生教育中能引入类似的理念,将会极大地促进留学生对中国社会和文化的了解,从而实现更加有效的跨文化疏导。

第二,中亚留学生社交网络的封闭性。中亚留学生社会支持网络有着很强的封闭性。他们在中国绝大多数时间是和本国及俄语国家的留学生交往,这就造成了他们容易陷入"身处国外,仍然生活在本国文化氛围内"的怪圈中。对在异国求学的中亚留学生来说,陌生的语言与生活环境会使他们的心理变得敏感和脆弱,孤独和焦虑等情绪的滋长更会加重这种情形,他们经常会陷入难以理解别人也不能被别人理解的困境中。封闭的社交网络虽然在一定程度上有助于他们在比较短的时间内适应陌生的环境,但是从长远来看,长期在这个封闭的环境中,不能真正接触中国现实社会,只能加深他们的孤寂无助感。长期下去,严重的思乡情绪会影响到他们正常的生活和学习,也会影响到中国民众对他们的态度和看法,导致他们的心理更加封闭,从而做出一些极端的行为,给中国民众造成一定的困惑,并给中亚留学生在中国民众中的形象塑造造成了一些消极影响。

参考文献

[1]黄略、蒲志鸿. 跨文化交际误解探析[J]. 学术研究,2008(2).

[2]贾玉新. 跨文化交际学[M]. 上海:上海外语教育出版社,1997.

[3]刘杨. 跨文化交际误解的概念探析[J]. 中华文化论坛,2014(8).

[4]欧阳康. 跨文化理解与交往[J]. 社会科学战线,1997(6).

[5]綦甲福.人际距离的跨文化研究——论中国留德学生的人际距离体验和跨文化学习[D].北京:北京外国语大学博士学位论文,2007.

[6]夏心愉."非常新加坡"——从新加坡旅游符号机制看国家整体认同的建构[D].上海:复旦大学硕士学位论文,2008.

[7]杨军红.来华留学生跨文化适应问题研究[M].上海:上海社会科学院出版社,2009.

[8]杨兴子.他者眼中的中亚留学生形象研究[D].乌鲁木齐:新疆师范大学硕士学位论文,2013.

粤东闽语方言俗字研究

林伦伦

(广东技术师范大学)

【摘要】 本文对粤东闽语潮汕方言俗字的存在历史及其研究成果做了追溯和综述,并根据明清以来的民间文学、民间文艺作品的文献资料和现实生活的方言俗字使用资料,研究分析了方言俗字使用的方法,提出了规范用字的若干原则。

【关键词】 粤东闽语;潮汕方言;方言俗字;民间文学作品;用字原则

1. 方言俗字的名称及其研究成果

方言俗字,以前有过不同的名称。潮学前辈饶宗颐教授曾叫作"方文",他说,《刘龙图戏文》中的俗字"皆字书所无者,不特可推究方音,且保存在'方文'(此谓 local script,与方言实同样重要),可为俗字谱增添不少资料,言小学者不应以其鄙俚而轻视之也"[①]。这个

---

① 饶宗颐《抄本〈刘龙图戏文〉跋》,收入黄挺《饶宗颐潮汕地方史论集》,第 406—407,汕头大学出版社,1996 年。原发表于《欧洲汉学研究协会不定期报》,法国巴黎,1979 年;收入《饶宗颐史学论著选》,上海古籍出版社,1993 年。

"方文",是与"方言"相对而言的:"文"指文字,而"言"指有声的语言。

此外,还有"方字""土字""俗字""方域文字"的别名。(李春晓2014)本文采用"方言俗字"的叫法。

关于粤东闽语方言俗字的研究,以往的成果多数是以民间文学、文艺作品资料为对象的,因为生活中的俗字,如菜市场、土特产商店、饮食店中方言俗字,难以采信。据笔者搜集整理,尚未有此方面的专著出版,论文也只有以下几篇,研究对象是明本潮州戏文剧本和晚清、民国时期印行的潮州歌册等。如:

曾宪通:《明本潮州戏文所见潮州方言述略》(《方言》1991 年第 1 期)、《明本潮州戏文疑难字试释》(《方言》1992 年第 1 期)、《明本潮州戏文〈金花女〉之语言学考察》(《方言》2005 年第 1 期);

黄文杰:《明本潮州戏文俗字探原》(《李新魁教授纪念文集》,中华书局,1998);

林道祥:《明本潮州戏文疑难词语辨析》(《潮学研究》第 7 辑,花城出版社,1998)、《明本潮州戏文词语选释》(《汕头大学学报》2000 年第 1 期);

仲崇山:《潮州歌册俗字选释》(《汉字文化》2011 年第 5 期)。

如果把范围扩大到福建闽南方言,研究的论文就多一些。如:

陈力兰:《闽南方言用字初探》(暨南大学 2001 年硕士学位论文);

李玲璞:《正统文字与方域文字及相关问题》(中国文字研究与应用中心年会报告,2002);

刘福铸:《莆仙戏古剧本俗字研究——以古本〈目连救母〉〈吊丧〉为例》(《莆田学院学报》2005 年第 4 期);

李竹深:《闽南方言用字刍议》(《闽台文化交流》2009 年第 4

期);

李春晓:《闽南方域文字刍议》(《东南文化》2014第2期)。

在一些方言词典等工具书类的书籍中,绝大多数书后都编写有"方言用字表"或者对方言用字加以说明。如《普通话闽南方言词典》(福建人民出版社,1982)、《闽南方言大词典》(福建人民出版社,2006)在"凡例"或"引论"中对方言用字都做了说明。《厦门歌谣》(鹭江出版社,1999)附录"方言俗字与普通话对照表",《全本潮汕方言歌谣评注》(花城出版社,2012)则附录"本书使用古字(词)表、部分发言俗字(词)表、训读字表"。

2. 潮汕方言俗字应用的历史资料

潮汕方言的俗字应用源远流长,就目前所能看到的文献,出现数量较多方言俗字的文献,最早的应该是明本潮州戏文。广东人民出版社1985年出版了《明本潮州戏文五种》,收录了5种刊于明代的潮州戏文:《全像南北插科忠考正字刘希必金钗记》(不分卷,附残文一卷)、《蔡伯皆(琵琶记)》(残二册)、《重刊五色潮泉插科增入诗词北曲勾栏荔镜记戏文》(一卷,附《颜臣》一卷)、《新刻增补全像乡谈荔枝记》(四卷)、《重补摘锦潮调金花女》(一卷,附《苏六娘》一卷)。在这5种戏文中,就出现了不少方言俗字。如《荔镜记》中就有"孜娘仔"(姑娘)、"诸娘人"(女人)、"丈夫人"(男人)、"向爻"(那么有能耐)、"力"(掠、抓捕)、"加川"(屁股)、"呾"(说)、"乜事"(什么事)、"无厶"(没老婆)、"查厶仔"(女孩子)等方言词和方言俗字。其他各种戏文,也有"起厝"(盖房子)、"擎妱"(娶老婆)(见《荔枝记》《金花女》)等。这些字中,"擎妱""厝""乜""呾"等至今还在使用,但"厶""力""爻""加川"已经弃用,"孜娘人""诸娘人"基本都写作"姿娘人"了。曾宪通(1991,1992,2005)、黄文杰(1998)、林道祥(1998,2000)诸先生都对此问题做过专题研究(详见本文第一部分所列论文),此处不再赘述。

大量使用到方言俗字的第二种文献,就是潮州歌册了。潮州歌册名列第二批国家级非物质文化遗产代表作名录,是流行于粤东闽语地区,用潮州方言诵唱的民间说唱形式。是以七字叙事民歌为基础,吸收弹词、词话、戏曲等形式的文体以及大量的故事,以潮州话的词语、音韵演唱。在海量的潮州歌册中,也出现了不少潮汕方言俗字,如"刣人"(杀人)、"㑥恶"(凶恶)、"肚妖"(肚子饿)、"反祥"(反常)、"生仔"(生孩子)、"鬃"(发髻)、"蜡蜡梭"(四处游逛)、"走水猪母"(发情母猪)等。吴奎信(2007)《潮州歌册》一书和仲崇山(2011)《潮州歌册俗字选释》一文对此问题有专门的研究。

方言歌谣中也必定会使用到方言俗字,清代屈大均《广东新语·粤歌》中就有潮州歌谣的记载。清嘉庆十九年(1814年)《澄海县志》中的《风俗·声歌》篇就有"畬歌"(畲歌)的记载,并记录了8首歌谣。1923年3月《歌谣》第11号第一次发表了潮汕歌谣《渡头溪水七丈深》。1927年,中山大学民俗学会创办的《民俗》周刊第48、49、50、65期中,先后发表了黄昌祚搜集的潮汕歌谣81首。1929年,丘玉麟辑成《潮州歌谣(第一集)》交付出版。这是第一本正式出版发行的潮州民谣专集。在我们整理出《全本潮汕方言歌谣评注》之前,各种版本的歌谣方言俗字"百花齐放",各自使用。例如徐銎薖(1930)的《潮俗儿歌》就有"妚"(老婆)、"糜"(粥)、"埕"(庭)、"铺枋"(床板)、"攲"(歪斜)、"新妇"(儿媳妇)、"处边"(邻居)、"敕桃"(游玩)、"鸡归"(原注:鸡雏的小肠胃)等。所以,我们编著《全本潮汕方言歌谣》时,花了不少的功夫来规范和统一全书的方言俗字,并在书后附录了一个"本书使用古字(词)表、部分发言俗字(词)表、训读字表"。

再次是方言小说。所谓的方言小说,是指用汉语方言来写作的小说。其特点是:故事的叙述语言和人物对话语言都大量运用方言。就笔者所见,潮汕的第一部长篇方言小说是《长光里》,原是张美淦和钟勃(笔名"凤祠客"和"亿")轮流为报纸的专栏撰写的连载方言小说,从1932年6月至10月在当时潮安《大光报》上连续发表,1933年结集出版。[①] 在这部小说里,通篇都是方言词语和俗字,就连人物的名称也然。如"腰龟叔公、大舌姆、塞屎婆、炉底炭店财主、翘嘴陆、金目仙、曲手伯、独目盛、缺嘴三爷、流涎秦、咸藻初、大脚冯"等。这里面使用了方言同音字,"藻初"应该就是"臭臊","腰龟"应是"腰痀",等等。

方言俗语的集大成者应该是十五音类方言字典等工具书。十五音类的同音字表式字典,本来就有把"有音无字"的俗字收录在书中,以供写名字记账等的作用。《潮声十五音》的编著者就声明自己是"商人张世珍"。[②] 所以,不论是哪个版本,都出现了不少方言俗字,其中有些至今还在使用,有些现在都基本不用了。

使用方言俗字的文学或者民间文艺作品还有方言小品电视连续剧脚本,如汕头电视台的《厝边头尾》、潮州电视台的《牌坊街的故事》等;还有方言相声、民间故事、文学名著的方言"学古"(讲故事)脚本等。如果把这些作品的脚本也都书面化的话,粤东闽语常用的方言俗字应该有几百个之多。

[①] 凤祠客、亿,真名张美淦、钟勃,二人撰写《长光里》1933年结集出版,2002年香港榕文出版社再版,2003年广东金山中学潮州校友会出版注释本(卢修圣、刘翔育注释)。

[②] 参阅张世珍《潮声十五音》,汕头图书石印社,1913年。

3. 方言俗字应用的常见方法

从方言俗字的书写实例看来,其用字五花八门,存在的问题还有很多。因为潮汕话的许多音节被认为"有音无字",说起来容易写起来难。于是,大家"八仙过海,各显神通"。写得出来字的未必能统一用同一个字;写不出来的字就写同音字;连同音字都写不出来的,随便找个音近字顶上;或者干脆自己造个方言字来用。真的是乱象百出,给读者造成了一定的阅读和理解的障碍。

把这些现象归纳一下,有如下几种用字的方法。

(1)有字可写,但一个音节、一个词有两种甚至两种以上的写法,例如:

ka^{33} ki^{11} nang^{55}(自己人)一词,就有"胶己人""交己人"和"家己人"3 种不同写法;[①]

kui^{55}(高)就有"悬""危"和"崣"3 种写法;

thik^2 tho^5(游玩)也有"踢跎""遏跎""佚佗""佚陶"等多种写法;

kue^2(饼食),有"粿""馃""粿"3 种写法,北方只写作"果";

tshɯ^{53} khak^2(一种草本植物),写作"鼠壳""鼠曲""鼠麯"等;

甚至连"工夫茶",至今还有人还写成"功夫茶";"单丛茶",有人写成"单枞茶"。

(2)有字可写,但故意不写正字(本字),而写成同音字。微信上这种现象最多,年轻人觉得好玩,也被接受了,例如:

---

① 本文使用宽式国际音标记汕头话读音,送气符号在声母后面用"h"表示;喉塞音用"h"在韵母后面表示;鼻化成分用"˜"在韵母上面表示;后鼻音用-ng 表示;声调记汕头话的单字调调值。分别为:阴平 33,阴上 53,阴去 213,阴入 2;阳平 55,阳上 35,阳去 11,阳入 5。

lɯ^{52}（你）、ua^{52}（我）分别写成"吕""鲁"和"瓦"；

oi^{35} tsai^{33}（会知）、māi^{213}（不要）分别写成"鞋灾"和"迈""卖"；

tsiah^5（食）、kah^2（合/恰）分别写成"呷""甲"等。

(3) 有些音节确实难以确定用什么字来写合适的，也不知道它们的词源，例如：

tak^2 neng^{11}，浪费；

ka^{33} lo^{55}，距离远、加倍，也作"ka^{33} 里十 lo^{55}"；

ka^{33} neng^{55}，完整。

如此等等，例子俯拾即是。我的舅舅土名阿 ua^{35}、儿时乡下的小伙伴土名阿 ba^{35}，我真的至今不知道当时生产队里记工分是怎么写这俩名字的。

(4) 真的"无字可写"的音节，可以分为两类：

一类是土著民族语言的底层词，例如：

la^{55} gia^{55}，一种长脚蜘蛛；

tiang^{53} kuāi^{53}，蝌蚪；

sia^{55} gho^{11}，一种姜科植物，其根块磨成淀粉制成粉条，叫"sia^{55} gho^{11} 粉"。

澄海叫知了（蝉）为 ong^{35} ē^{33}（别的地方有多种不同的叫法），我怀疑也不一定是汉语的叫法。另外一些土著语言的底层词，大家已经创造了方言字来书写，或者用同音字代替，基本达成共识的，如：

唔，m^{35}，不，否定副词；

个，kai^{55}，的，结构助词；

摆，pai^{53}，次，一次叫"一摆"，以前叫"先摆"，最近叫"只摆"（粤语写作"排"）等。

另一类是象声词，本来就是象声音节，后来才造方言字或者用同

音字来代表这些象声音节的,例如:

ĩ³³ uãĩ³³,推门声;

khik² khok⁵,桌椅家具相碰的声音;

tsi¹¹ tsa¹¹ la¹¹,炒菜声;

ting³⁵ tong³⁵,物体落入水里的声音。

这些象声词如果要写成汉字,也只能写一堆同音字,或者是用口字旁生造的方言字。

(5)两个以上的音节合成一个音节,也"无字可写",于是造字,例如:

mãĩ²¹³,m³⁵＋ãĩ²¹³(唔爱)的合音音节,意思是"不,不要";

muĩ²¹³,m³⁵＋uĩ²¹³(唔畏)的合音音节,"不怕"的意思;

mi³⁵,m³⁵＋si³⁵(唔是)的合音音节,"不是"的意思;方言字有的用"不爱""不畏""不是"上下结构合成;有的则是用"勿爱""勿畏""勿是"左右结构合成。

综上所述种种方法,造成了潮汕方言写作用字的诸多混乱和难以统一应用,我们真的需要做一些方言写作用字的规范工作,以方便民间文学工作者的创作和老百姓日常生活的使用。

4. 方言俗字使用的规范建议

4.1 从"正"原则:尽可能使用本字

方言俗字的使用,其中有一些字本来是有本字(民间也叫"正字")的,但群众不知道本字,才写了俗字。所以,我们第一步要做的是使用本字(正字)。

根据我们做方言词本字考证的经验,考证出来的本字可以分为两大类。

第一类，本是常用字，只因为发展历史漫长、语音变化太大而不知其古代读音了，音义对不上号，通常我们只知其一，不知其二，放着个常用字不敢（懂）用。

潘，通常我们只知道是个姓氏用字，读 phuā^{33}，如：潘光旦、潘懋元等。但它还有另外一个读音 phung^{33}，指淘米水，泔水，如："农民用潘饲猪（农民用泔水养猪）。"这是个很古老的词义，《左传·哀公十四年》："遗之潘沐……"晋杜预注："潘，米汁，可以沐头。"《礼记·内则》："面垢，燂潘请靧。"《齐民要术·种蘘芹荷》："芹……尤忌潘泔及咸水。"《说文·水部》："潘，淅米汁也。"

矮，低，潮汕方言统称为"ke^{35}"，群众多视为"无字可写"。其实"ke^{35}"即"下"字，很简单。先从词义看，"下"有低矮义。《礼记·乐记》："天高地下。"《尉缭子·天宫》："然不能取者，城高池深，兵器备具，财谷多积……；若城下池浅守弱，则取之矣。"宋王安石《即事十五首》诗之七："纵横一川水，高下数家村。"各例中之"下"均与"高"相对而言，指低矮无疑。现在仍用的成语"不分高下"的"下"也是此义。义对上号了，读音又如何呢？表示低矮一义，潮音读"ke^{35}"，而"下"通常读 hia^{35}、e^{35}（上下），或者读 he^{35}（下老爷，下物食，下种），能不能读"ke^{35}"呢？关键在于声母。"下"字中古为"匣"母字，"匣"母字上古归"见溪群"，潮音中多保留[k-]声母的读法，如"糊香糊峡三峡挟黠滑猾"等均是。由此可证"下"字能读[k-]声母，是"ke^{35}"的本字。

第二类，本字是难僻字，平时就少见的。

豟 ko^{33}，猪豟，潮语指配种公猪，俗语有"牵猪豟，放绫索"。古汉语指公猪，《左传·隐公十一年》："郑伯使卒出豟。"唐孔颖达疏："豟谓豚之牡者。"《史记·秦始皇本纪》："夫为寄豟，杀之无罪。"司马贞索隐:"豭,牡豕也。"《说文·豕部》:"豭,牡豕。"段玉裁注:"《左传》野人歌曰:'野人歌曰:"既定尔娄猪,盍归吾艾豭。'此豭为牡豕之证也。"豭原为公猪,后来引申指动物的雄性,《广雅·释兽》:"豭,雄也。"《史记·仲尼弟子列传》:"子路性鄙,好勇力,志伉直,冠雄鸡,佩豭豚。"豚者,猪也;豭豚,公猪也。潮汕话言之"猪豭",犹言"猪公"。又"豭"上古音属鱼部,鱼、歌两部字潮音多混读,故"豭"字读同歌部字,音 ko^{33}。

本字考证出来了,是不是方言写作时就一定能够要用上呢?问题没有那么简单。

根据我自己的研究,可以分成两种情况:

(1)本来就没有字写,考证出来的本字不难写(字库里有字)、又不会与现行的词义产生误会的,那么就用这个字。像上面的"潘""下",还如"呼"(khou^{33},呼鸡呼狗)、"夫"(pou^{33},轿夫)、"妇"(pu^{35},新妇)、"翁"(ang^{33},丈夫:翁姐;公鸡:鸡翁),等等。

(2)本字有两个甚至两个以上的,也就是说,符合古今语音对应规律,而且词义相同或者相近的字不止一个,甲先生考证了 A 本字出来,乙先生考证了 B 本字出来。那我们选用哪个本字好呢?这往往带有主观性,也很难说谁对谁错。

比如,kui^{55},"高"的意思,福建闽语专家早先考证为"悬"。"悬"有高悬之义,再引申为高。"悬"字的声旁是"县(縣)",音 kui^{11},与表示高的 kui^{55}语音相近。但我考证了另一个字——"危"。首先,从词义上看,"危"有高义。"危"字从人在厂(危崖)上,本来便是高而危险之义。文献也多有用例,如《国语·晋语八》:"拱木不生危,松柏不生埤。"危,高;埤,低下。《庄子·盗跖》:"使子路去其危冠,解其长剑。"陆德明释文:"李云:'危,高也。'"危冠,即高冠。唐李白《夜宿山寺》:

"危楼高百尺,手可摘星辰;不敢高声语,恐惊天上人。"危楼,高楼也。唐白居易《春日题乾元寺上方最高峰亭》诗:"危亭绝顶四无邻,见尽三千世界春。"危亭,即建于峰顶的高高的亭子。由此可见,"危"解作高是没有疑问的。那么,"危"在"危险"义中潮音通常读 ngui⁻⁵⁵,又能否读为 kui⁵⁵ 呢?我们认为也是能够的。"危"中古音属"疑"母,"疑"母同"见"母上古音关系密切,"疑"母本身就带有同部位的塞音成分。因而"疑"母字有一些读[k-]声母,可能是上古音的遗存。

但是,无论是"崟"还是"危",现代汉语都是有其他读音的常用词,现在用来表示"高"的意思都不太合适。于是,我们又找到一个跟"危"读音相同而词义为"高貌"的"嵬"字,我觉得用它来表示"高"的意思更合适。

像这样的一个词考出几个本字的例子还如表示多的 tsoi¹¹,有"夋""济""穧"等本字;表示站立的 khia³⁵ 有"徛""企"等本字。像这样的情况,我们只能二选一或者多选一,但每一个人选的字都可能不一样。这就需要坐下来商量统一用哪一个了。

4.2 从"俗"原则:同音字、训读字和方言字使用在先,已约定俗成、习非成是就继续使用

根据具体情况,在民间文艺或者文学作品中使用,不一定非要使用本字不可。毕竟,民间文学创作和生活用字不同于学术研究。其情况有三:

(1)本字是难僻字,电脑、手机里不容易打出来,平时又用惯了被高度认同的方言字或者同音字,恐怕本字就难以用上了。

例如上文中的"猪毂"的"毂"字,整个闽南区域里方言写作都基本写作"猪哥"了,要让群众接受"毂"这个生僻字,恐怕不容易。

又如,毛毛虫,潮语叫"tshi²¹³ 毛凤虫",本字是"蚝"。《说文·虫部》:"蛓,毛虫也。"段玉裁注:"今俗云刺毛者是也。……毛能蛰人。"《广韵·去声》:"蛓,毛虫。"七赐切。与"刺"同小韵,音义皆与潮汕话相合。但现在更多的人恐怕愿意写作"刺毛风虫"了。从段玉裁的注解中,也能知道清代就写成"刺毛虫"了。

(2)本字虽然是常用字,但因为群众原来用训读字习惯了,也很难再写回本字来了。

"人类""人民"的"人"潮汕话读 nang^{55}。但"人"不是"nang^{55}"的本字,其本字是"侬"。"工人""敌人"的"人"读 zing^{55},才是"人"的本音。

kha^{33}的本字是"骹"而不是"脚",老百姓都习惯了写"脚"读 kha^{33}了。

ĩ^{55}的本字是"圆"而不是"丸",但牛肉丸、鱼丸、药丸的"丸"都读ĩ^{55}了。

"一二三"(基数)的"一"读 tsek^5,也不是"一"的本字,本字是"蜀"。"蜀"是"独"(獨)的古字,《尔雅·释山》:"独者蜀。"晋郭璞注:"蜀者孤独。""独"也是单一的意思。所以可用"一"来互相训释,《方言》卷十二:"一,蜀也。"又《广韵》入声烛韵"蜀"音"市玉切",禅母字潮汕话有不少读 ts-声母的,如"薯十石上拾什"等;又烛韵字多读-ek韵母的,如"烛局玉蹋"等。故"蜀"字潮音正好读 tsek^5。"一"字《广韵》入声质韵的反切,潮音读 ik^2,"第一""一流"等词读此音,是其本音。

(3)已经有用的很普遍的方言字,虽然找出本字了,但本字又是有别的常用义项和读音的常用字,容易发生混淆,也只能继续使用方言字。

thai^{55}(台),意思是宰杀,方言字已有"刣"字,已经人尽知之了。

但其本字是"治"，《广韵》澄母平声之韵音"持之切"。"澄"母字读 th-声母的如"澄滞储柱痔锤槌"等；"之止志"韵字潮音读-ai 韵母的很多，如"狸狐俚里滓柿使驶"等。故"治"的"持之切"一音正与潮音 thai^{55} 相合。又"治"字从"台"得声，亦读 thai^{55} 也。"治"的宰杀义，文献也多有用例。《说文解字·刀部》："刉，楚人谓治鱼也。"北魏贾思勰《齐民要术·炙法》第八十"做饼炙法"："取好白鱼，净治，除骨取肉……"此为"治鱼"。又《齐民要术·炙法》第八十"衔炙法"："取极肥子鹅一只，净治，煮令半熟……"《古小说钩沉·祥异记》："（元稚宗被缚至一寺）一僧曰：'汝好猪，今应受报。'便取稚宗皮剥脔截，具如治诸牲兽之法。"又，客家方言也保留"治"的这个音义，可为佐证。但老百姓习惯了使用"刣"字，用"治"字反而会造成混乱了。

4.3 从"便"原则：象声词、借词以同音字书写

连同音字和音近字都没有的，就土法造字书写。如上文所举四例：

ī^{33} uāī^{33}（推门声），写作"咿喔"；

khik^2 khok^5（桌椅家具相碰的声音），写作"碕硞"；

tsi^{11} tsa^{11} la^{11}（炒菜声），写作"吱喳啦"；

ting^{35} tong^{35}（物体落入水里的声音），写作"朕动"；

马来语借词如：

ngou^{35} kha^{33} kih^2（骑楼下的五英尺人行道），写作"五脚砌"；

sa^{33} te^{55}（沙茶），写作"沙茶"；

lo^{55} ti^{33}（一种上面点缀有彩色砂糖的圆粒小饼干），写作"啰啲"；

ko^{33} pi^{55}（咖啡），写作"糕啤"。

英语借词如：

lo^{33} li^{55}（lorry，汽车），写作"啰哩"；

u^{53}（wool，毛料），写作"羽"；

se^{35} pa^{33} na^{55}（spanner，扳手），写作"士巴拿"；

suk^5（shoot，投篮，篮球术语），写作"术"。

如此等等，不一而足。

参考文献

[1]潮州市文学艺术联合会．潮州民间文学选辑[M].内部资料,2019．

[2]陈力兰．闽南方言用字初探[D].广州：暨南大学硕士学位论文,2001．

[3]黄文杰．明本潮州戏文俗字探原[A].李新魁教授纪念文集[C].北京：中华书局,1998．

[4]李春晓．闽南方域文字刍议[J].东南文化,2014(2)．

[5]李玲璞．正统文字与方域文字及相关问题[R].中国文字研究与应用中心年会,上海,2002．

[6]李竹深．闽南方言用字刍议[J].闽台文化交流,2009(4)．

[7]林道祥．明本潮州戏文疑难词语辨析[J].潮学研究(第7辑),广州：花城出版社,1998．

[8]林道祥．明本潮州戏文词语选释[J].汕头大学学报,2000(1)．

[9]刘福铸．莆仙戏古剧本俗字研究——以古本《目连救母》《吊丧》为例[J].莆田学院学报,2005(4)．

[10]吴奎信．潮州歌册[M].广州：广东人民出版社,2007．

[11]吴南生．明本潮州戏文五种[M].广州：广东人民出版社,1985．

[12]肖少宋．潮汕本土题材潮州歌册整理及研究[M].深圳：深圳报业集团出版社,2017．

[13]徐䪨麎．潮俗儿歌(民间文艺丛书之一)[M].汕头：汕头文明商务书

局,1930.

[14] 曾宪通. 明本潮州戏文所见潮州方言述略[J].方言,1991(1).

[15] 曾宪通. 明本潮州戏文疑难字试释[J].方言,1992(1).

[16] 曾宪通. 明本潮州戏文《金花女》之语言学考察[J].方言,2005(1).

[17] 仲崇山. 潮州歌册俗字选释[J].汉字文化,2011(5).

潮州方言研究三题

吴构松

（潮州市委党校）

【摘要】 有感于时下潮州方言保护传承的困境,着眼于增强潮州人对母语的自觉和自信,自2017年以来,笔者先后撰写系列随笔凡25篇,以较浅白的语言形式谈潮州方言的特点及其文化内涵。各篇力求科学性,体现学术性,突出可读性,既适应普通受众,也可作为方言文化培训的参考资料。在第三届"两岸语言文字调查研究与语文生活"研讨会上,笔者取其中三篇参加研讨:《话说"阿勇食曲奇"》谈潮州方言连读变调的一般规律,《假如曹操是潮州人》谈潮州方言文白异读规律在姓名读法中的呈现,《"食事为大"及其他》谈潮州饮食文化在潮州方言中的反映。

【关键词】 潮州话;科普;潮州方言文化保护传承

1. 话说"阿勇食曲奇"

2017年9月7日,《潮州日报》"潮州文化"版刊发了小文《有趣而古雅的潮州话》。文中谈到潮州话存在变化多端的连读变调现象,还卖了一下关子:"连读变调的规律实在复杂,容今后专文再聊。"本文就来聊聊这个话题。

众所周知,潮州话有 8 个声调。我们可用下面 8 个字的读法为例,感受这 8 个调类:诗(1),死(2),四(3),薛(4),时(5),是(6),示(7),蚀(8)。音节产生连读变调的,变调后的调值接近或相当于其他调类。(林伦伦 1991)

请大家先用潮州音念这句话:阿勇一气头食掉四两牛奶曲奇(气音季,奶音年[6])。揣摩一下可发现,10 个字中除了"阿""勇""头""掉""奇"不变调,其他字都变调了。这种连读后改变了音节调值的现象就是连读变调。

一个音节什么情况下不变调,什么情况下变调,怎么个变法?看官莫急,让我们看看这句话每个字本来是什么调,连起来读又是什么调。下面我们用阿拉伯数字将上面这句话每个字的原调类和变化后接近或相当的调类标示出来:

阿1勇2—8-4气3-5头5食8-4掉7四3-5两2-6牛5-7奶6-7曲4-8奇5

先看什么字不变调。"阿"1 声,"掉"7 声,1 声和 7 声这两个声调的字都不变调。"头""牛""奇"都是 5 声,"牛"变"头""奇"不变,"勇""两"都是 2 声,"两"变"勇"不变。后三个不变的字,"勇""头"处在句中停顿的位置,"奇"处在句子末尾,也属停顿位置。概括起来就是:一七不变,停顿不变。这是关于不变调的两条主要规律。

但不变调情况并不局限于此。最值得注意的是,主语末字一般不变调。上面例句中,我们说"勇"处在句中停顿的位置,因而不变调。事实上,如果特意读得快,不在"勇"字后面停顿,"勇"字也还是不变调。究其原因,就要说说主语、谓语这对语法概念了。主谓关系是大家熟知的一种语法关系,主语是谓语陈述的对象,句子中的主语就是话题、中心、焦点，主语的这个地位反映在口语中，就是停顿。有的句子很短，有的主语＋谓语的结构以短语（词组）的形式包含在句子中，这些主语字数少，甚至只有一个字，发音过程实际上并没有停顿，但在说话者心理上是有停顿的，自然而然地还是对主语末字读原调。在汉语成语和潮州话熟语中，这样的例子极多，几可信手拈来：花香鸟语、山高水长、莺歌燕舞、海枯石烂、鱼死网破、人走茶凉、鱼浮虾跳、茶薄人情厚。

林伦伦（1991）早期的一篇文章中讲了一个例子：有来无歇。说"有""无"变调与否起区别语法意义的作用。怎么说呢？如果都不变调，意思是有也成，没有也罢，"有来""无歇"都是主谓结构，"有""无"都做主语；如果都变调，意思是（人）来了但没有住下来，"有来""无歇"都是动宾结构，"有""无"不做主语。

所以说，主语末字一般不变调，也是很重要的规律。

再看什么字要变调。上述例句，变调的 6 个字分属 6 个声调：2、3、4、5、6、8，分别变为接近或相当的调类，依次是 6、5、8、7、7、4。编成口诀是：二变六，三变五，四八互变，五六变第七。潮州话 2、3、4、5、6、8 这 6 个声调的字，如果不处在停顿的地方或做主语末字，一般都按这个规律变调。

当然，以上规律也不绝对。在潮州话中，一些话连读变调处于不稳定状态，变与不变，有的因人而异，有的因表达需要而定，有的在口语和书面语诵读中显现不同。如为强调修饰词的语义，下面这些加点的字常读原调：猛猛走来、无比幸福、伟大祖国、茅盾全集。"刻苦读书"中的"苦"字，口语变调（刻音壳），书面语诵读不变调（刻音曲）。下面这些口语熟语中加点的字照规律不变调，但常变调：父交子往、汗流汁滴、茶薄人情厚、食赢呾赢、无影无迹。

在句子中,声调运用得好,有助于语句畅达、表意精准。如果语法关系理解错误,就易造成停顿不得当,照规律该变调不变,不该变调的变调。"人手一册"在日常中是一个高频的语言片段,可惜鲜有正确停顿和变调的。大多数人都把"人手"看成一个词,做主语,在"手"后停顿,"手"念本调。这是没有来由的,讲不通。其实这里的"人手"并不是"干活人手很多"中的"人手"。人,意谓每个人,做主语;手,是动词,用手拿的意思。"人手一册"就是每人持有一册。正确的读法是:"人"不变调,停顿;"手"变调。

连读变调现象相当复杂,是外地人学习潮州话的重要障碍。即使是地道的潮州人恐怕也对连读变调不甚了了,更不易体察到连读变调与语法相关联的规律。至于像"有来无歇"这一类,声调的运用起到区别意义作用的语言现象,更是十分奇妙,限于篇幅,另文再解。

2. 假如曹操是潮州人

明朝成化辛卯年(1471年)有一位举人,叫曹宗,是今天的饶平县所城镇人。曹宗天资聪颖,少年得志,与黄冈余娓娘之间才子佳人的爱情际遇凄婉惨烈。(中共饶平县委员会、饶平县人民政府 2007)相关故事在饶平民间流传中,人人皆呼"曹"为"槽"。但奇怪的是,在这个故事之外,笔者从未听到"曹"字的这个读法。查遍我手头的所有潮州方言文献都不见注"槽"这个读音,"讲古"的人讲到曹操,也不叫"槽操",而称"巢操"。

是当地老百姓将这个姓念错吗?直觉告诉我,不可能。但怎样去看待这个问题呢?我们不妨用文白异读的规律来考察一番。

在潮州话中,好多字有文读、白读两个读音,两者之间存在对应规律。经过长期发展,今天有些字只用一个音,但根据语音规律可以确定对应的另一个读音。在《广韵》属同一韵类的字,有文读、白读相对应的两个韵母。查《广韵》可知,"曹"字属效摄开口一等豪韵。根据林伦伦(1991)在《潮汕方言与文化研究》中归纳的文白对应关系,效摄一等豪韵字,文读音韵母是 ao,白读音韵母是 o。照这个规律推断,"曹"的白读音就是"槽"。

如此看来,"曹"在潮州话里是多音字,饶平老百姓没有念错。但另一个问题又来了:饶平人为什么不读"曹"的另一个音"巢",称曹宗为"巢宗"呢?

这涉及一个语言运用的规律:约定俗成。

随着语言的发展演变,有的字文读音和白读音在表意上、使用场合上有了分工。"添饭"二字,日常生活中念白读音 tin^1 bung^7 就十分自然得体。但在"添加剂""增添力量"等书面语中,"添"就用文读 tiam^1;在念普通话语词"干饭""稀饭"时,"饭"读文读音 huang^6。

姓名用字,文白读法的分工最为清晰:姓氏白读,名字文读,少有例外。张飞,读作"场^1 辉",不读"将杯"。陈叔雨,读作"同淑宇",不读作"ting^5 则户"。曾树人,要读作"脏序仁",如读成"增秋^7 俺^5",就让人笑掉大牙了。

姓名用字,为什么会在读法上做出这样的分工呢?我是这样理解的:姓氏,事关宗族血统和文化传承,当然要读最正宗的音。名字,是父母或先生起的,常寄寓读书出仕等美好希冀,用读书音正合适!

细细观察一下可发现,潮汕地区常见姓氏用字中多音字比例明显高于其他字,不少字的白读音只用于表示姓氏。以下都是用作姓氏的多音字(部分知晓率较低的姓氏读音以括号加注同音字):王、张、章、许、陈、颜、高、叶、谢、方、洪、胡、孙、成、曾(脏)、骆(落)、康

（糠）、赖（辣[7]）、唐（堂）、傅（布）、翁（英）、涂（土[5]）、顾（雇）、黎（犁）、侯（猴）、董（党）、蓝（篮）。

回头再看"曹"字。既然姓氏要白读，那又为什么曹操的"曹"念文读音呢？这个现象，可能跟元明之后潮剧正字戏的兴起有关。

元明以来，潮剧唱词以"正字"正音，也就是以文读音为标准。（林伦伦、潘家懿 2000）在潮剧舞台上，姓氏的"曹"就念文读音"巢"，这个念法又影响了潮州口头文艺，"讲古"时也跟着念文读音。同理，"王"这个姓氏，大家都读"恒"这个白读音。但是，在潮剧人物王莽、王金龙、王朝（包公戏）中，"王"却读文读音，"国王"的"王"（wang[5]）。"讲古"时这几个人的姓也念 wang[5]，熟语"俏过王莽"的"王"也念 wang[5]。

曹宗是本土人物，他的故事还未搬上舞台，他的姓便"无机会"读文读音了，老百姓还是按照平常的读法行事。对于不识字的老百姓来说，未必知道曹宗与曹操两人是同一个姓。

有趣的是，姓氏用字的独特读音，甚至影响了音译的外国人名读法。苏联著名作家高尔基被潮州人唤作"哥尔基"，俄罗斯首任总统叶利钦被称为"淹[8]利钦"，"高""叶"都被当作中国人的姓氏来读了。

有些无奈，"姓氏白读"这个规矩在潮汕地区已经松动。除了"曹"外，"侯""康""赖""唐"等姓，也已经处在被忘掉白读音的趋势中。松动的原因就是，这些姓氏人口少，其白读音的知晓率和影响力大大受限。

回到本文标题的假设。历史上曹操是一个重要人物，曹氏是望族大姓，假如曹操是潮州人，那么今天我们想必都会叫他"槽操"的，今天的潮州音字典也不会忽略了"曹"的白读音——"槽"。

3. "食事为大"及其他

前段时间,我的几篇文章以潮州话视角谈潮州文化,有读者读后问:怎么不见你讲潮州的食文化呢?食事为大啊。好一个"食事为大"!这不就是"民以食为天"吗?看来不谈谈潮州的食文化就太"没文化"了。

要论潮州"食文化"在潮州话中的反映,话题有点大。这里单就一个"食"字聊一聊吧。

潮州话的"食",含义丰富。普通话里的吃、喝、吸,潮州人都叫"食":食糜、食饭、食酒、食茶、食薰(吸烟,薰音芬)。当然,最常用的词义是吃。吃,关乎生命和生活状态。在中华民族漫长的历史中,粮食不足是常态,吃饭总是"第一要务"。潮州人不例外地把"食抑未"作为打招呼用语,问候病人最常说的话是:"岂食会落?"

潮州话中,"食"由吃的这个词义生发出好多词和短语:食好、未食,好食、孬食、食熟、食生、食烧、食清(凉的饭菜,音衬)、食咸、食潽(味淡的饭菜,音整)、食甜、食芳(味较香的饭菜,音蜂)、食来食去、食有食无……这些是"食"的基本用法。

"食"还衍生出其他用法。带宾语后,可表示吃谁的饭,如说:食公家、食政府、食别人、食家己。也可表示吃的处所,如:食食堂、食路边店。还可表示食的方式,如食焯(音促)、食烧烤。

食,还有生活、生计、过日子之义。食快(音宽[3] 鼻化)活,义为享清福。常用词"赚食",就是通过工作获取报酬,这个"食"用借代手法表示生计。同义例子还有:赚政府食、赚头家个食、食四片(四方)、食会开(吃得开)。假如报酬低就叫"赚无食"。"无食"又有无收获、无效益之义,如说"做无食"。有次,阿勇刚在饭堂吃饭,被朋友硬拉走去吃大排档,他朋友的理由是:"在饭堂食无食"。意思是在饭堂没能吃上好的。这说法真逗,明明正吃着饭,偏说"食无食"!

"食"还有下列引申义:

承受、容纳、吸收:食亏,食罪,食日,食风,食色,大食(饭量大),大食油,食唔落(不能接受),食伊个水唔炆(水干了,音打[1]),只批货食落来。

侵吞、消灭:偷食钱,食掉只象合只车(吃掉一个车和一个象)。

消耗、耗费:食力,食工,食时间。

凭据某优势:食老本,食个胆,食支嘴,食只块红痣,食只块手艺。

靠、向:食北爿,食一爿,食归爿,食歪。讨价还价时常说"食开食磨",意谓彼此有所让步。

结合紧、距离近:二片木板会相食,食磨。

有意思的是,潮州人把出水痘叫"食痘",出麻疹叫"食麻",又讹读为"食糜"。

留意一下日常用语可知:大凡与食有点关联或近似的,都可称"食"。

在人际关系方面,当然离不开"食"。老人轮流到儿女家吃饭叫"食伙头"。亲戚朋友之间有交往,关系密切,必定常一起吃饭,因而叫"有食波",也说"会食弦"。拜把子,当然要"食",叫作"食同年"。庆生活动叫"食生日"。赴宴吃酒席叫"食桌"。为召集多人做某事常常要"食齐(音截[5])"。因信奉天主教或基督教的人常聚集活动,就说他们是"食教"。在羞谈情爱的时代,有人称自己的配偶叫"相搭食",意谓搭伙过日子的人,半是委婉半是诙谐,倒也蕴含真理:在一个家庭里,吃饭十分重要。

人的身份也能以"食"说事。过去,城镇居民吃国家供应的大米,农民的粮食由生产队分配,主要是稻谷(潮语称为"粟")。于是就把这两类人分别叫作"食米个"和"食粟个"。这是我见过的对城乡二元体制有关现象最形象的表述,专利属于潮州人。

"食"是最重要的感官体验,因而用来描写味觉的词语也成了表达抽象心理感受的代用词,如:咸、咸涩(吝啬),咸古(情色故事、段子),白齏(味淡,音整),无味(人缺内涵),有齏头(人有魄力),胡椒过洋会荅(人才在异地身价变高),嘴甜甜,心酸酸,面臭臭,臭相,名声芳、名声臭,臭心事(意近馊主意),等等。不单味觉体验,与食有关的情状也可喻事,说一个人有些傻,叫作"唔够火""煠唔熟"(煠,食材在水里煮,音啥[8])。

既然"食事为大",那么就开口闭口不离食。或拿食说事:武功练不到家,叫作"葱糜食唔够"(郑镇凯 2012);巴望别人遭殃自己得益,叫"忍(巴不得,音仑[2])死父食白猪肉(一说食龟粿)"。或以食为喻:不说得人好处,而说"食着人个甜";阅历多叫"食盐狡(狡,音截[7])过你(我、伊)食米";说人不明事理,叫"食屎个"。

由于"食事为大",潮州食文化就这样反映在与食有关的大量熟语中:睇菜食饭,青盲食饺心中有数,偷食鸡肝胘(禽类的胃,音近)心内知,偷食无拭嘴,食蛇配虎血,食父饭着母衣(骂人的话,也简缩为食父。衣音医)(郑镇凯 2012),食父兄赚私家(音骑[1]),食猫糜出虎力,三牲敢食钉球敢搒(摔打,音盘[6]),食了正拍算,咬姜搵盐(喻忍受饥苦),煲电话糜,咸水喉圳有人食,狗屎好食官司孬拍,未食五月粽破裘唔敢放……

谈了这么多的"食",不知诸君腻了没有?

参考文献

[1]林伦伦.潮汕方言与文化研究[M].广州:广东高等教育出版社,1991.

[2]林伦伦、潘家懿.广东方言与文化论稿[M].北京:中国文联出版社,2000.

[3]鄞镇凯.潮汕俗语解读[M].北京:线装书局,2012.

[4]中共饶平县委员会、饶平县人民政府编.饶平民间故事(《饶平县文化历史丛书之一》)[M].饶内资出准字第01号,2007.

香港商业街的语言景观*

胡 伟

(暨南大学中文系/汉语方言研究中心)

【摘要】 本文研究香港回归祖国二十余年后语言标牌的使用状况,在香港三个调查区(旺角、铜锣湾、尖沙咀)收集了1 826个语言景观有效样本。香港是一个多语社会,语言景观中双语与三语样本占57.28%,以中英双语为主。香港回归前,两语流通的程度按英、中的顺序排列。回归二十余年后,中文在香港语言景观中居于首位,英文次之。香港回归后,内地对香港文字使用的影响主要体现在简体字的出现与增加。香港官方和非官方语言景观在主导语言、单语样本、双语与三语样本的语言使用上都体现了一致性。涉外商业区域和本地居民生活区域的语言景观差异为后者较少单用英文,涉外商业区域更多地体现出商业诉求。香港的特色语言景观展示了香港的历史与文化。

【关键词】 语言景观;香港;语言文字

---

* 本文为国家社科基金后期资助项目"河南滑县方言研究"(19FYYB011)、广东省社科项目"广州粤语数据库建设与语言地图研究"(GD16CZW04)、广州市社科项目"广州方言历史演变与地理语言学研究"(2016GZY21)的阶段性成果。

1. 引言

随着香港社会的迅速发展,各种语言在香港长期共存。在众多语言中,中、英这两种语言是最主要的。英语是金融商业、现代科技、高等教育(甚至是中小学教育)等领域通行的语言。中小学已陆续开设全英语授课的科目,高等院校或大学都以英语作为教学语言。香港由于历史原因(我国的文字改革是在1956年,那时香港还被英国侵占,1997年回归祖国后实行一国两制),一直沿用繁体字,文化教育、传播媒体、行政公文、标牌告示大多都是使用繁体字。香港特区政府推广的语言政策是"两文三语(Bi-literacy and Tri-lingualism)","两文"为中文和英文,"三语"为粤语、英语和普通话。

语言景观以公共标牌的可视性书面文本为研究对象。通过分析公共空间语言标牌上的语言使用情况,不仅可以让我们了解到当地的社会语言生态,还可以看出该区域内的语言权势、政策取向以及族群的身份认同与社会地位,并为语言政策和语言规划提供参考性建议。目前在世界各地的许多城市都有这方面的研究,如曼谷(Huebner 2006)、东京(Backhaus 2006)、台北(Curtin 2009)和首尔(Malinowski 2010)。Jaworski 和 Yeung(2010)、Mee Ling Lai(2013)研究了香港公共领域的文字性标识。尚国文、赵守辉(2014a,2014b)研究了语言景观的分析维度与理论方法等。俞玮奇等(2016)选取北京和上海两地韩国侨民聚居区语言景观进行对比研究,揭示了全球化背景下新型"亚社区"的社会语言秩序。张媛媛、张斌华(2016)研究了澳门语言景观中的多语状况。巫喜丽、战菊(2017)考察了全球化背景下广州市非洲移民聚居区的多语景观现状。目前关于香港语言状况的社会语言学研究较少。

笔者在香港选取了三个调查区域,分别为:(1)旺角。旺角位于九龙西部,新旧楼宇林立,旧住宅楼宇地铺多为商店或餐厅。以弥敦道为界,购物中心集中在东面,住宅区在西面。交通十分发达,有巴士及港铁,更有专线小巴通宵行驶。(2)铜锣湾。铜锣湾位于香港岛的中心北岸之西,是香港的主要商业及娱乐场所集中地。区内有多家大型百货公司及大型商场,包括有崇光百货、时代广场、利舞台广场以及世贸中心。同时,铜锣湾购物区也是全世界租金最贵的地段之一。(3)尖沙咀。尖沙咀是九龙油尖旺区的一部分。经过多次填海工程后,今天的尖沙咀已增加不少土地面积,却依然是一个高度发展区域,一直以来都是香港的"心脏地带"。

本研究语料来源于实地影像记录,这三个区域既包括靠近居民生活区域,也包括香港城市中心的繁华地带。2019年6月,笔者对抽样区进行拍照记录。使用数码影像实地搜集街道两侧可视范围内的语言标牌(包括路牌、门牌、建筑名称牌、店名招牌、宣传海报、广告牌、警示牌、信息牌等),共得到1 826个有效样本。然后按照语言种类、优势语码、标牌主体、电子招牌、中文简繁体等特征对所得标牌进行编码,编码结束后对各类标牌的频数及所占百分比进行统计分析。本文参考了张媛媛、张斌华(2016)的研究框架。

2. 香港语言景观中的语言使用状况

2.1 香港语言景观中的语言数量与种类

本文按照标识上出现语言的数量来判断单语、双语与三语标识。只出现一种语言的标识看作单语标识,出现两种语言的标识看作双语标识,出现三种语言的标识看作三语标识。根据数据分析结果,我们发现,1 826个有效样本中有42.72%是单语样本,55.91%是双语样本,1.37%

是三语样本。总体来看,双语与三语样本共占57.28%,比单语样本多出约15个百分点,这充分证明了香港社会语言景观多语的性质。

香港大部分单语样本是中文(53.97%)或英文(38.72%),中文单语样本如:古早味休闲台湾;英文单语样本如:VANS、Mad for Garlic、Coffee Central By Coffee Exchange。另外,香港的单语样本中除了中文、英文以外还出现了多种其他语言,如日文、韩文、法文、泰文。

香港双语标识上的语言以中英为主,占双语与三语标牌的91.01%,而中日、中韩、中法、中泰、英泰的比例相对较小。双语标识如:唐阁(Tang Court)、欣图轩(Yan Toh Heen)、板长寿司(ITACHO SUSHI)、喜来稀肉(서래갈매기)、新麻蒲(마포갈매기)、Khon Kaen(ขอนแก่น)、Grill(ขุนทอง)。

图1

图2

图3

图4

三语标识有中英日、中英韩、中英泰文，可是并不常见，且使用这些语言的商铺大多都是与这种语言所在的国家相关的餐厅或商店，例如：崇光百货（SOGO、そごう），大阪烧肉（YAKINIKU FUTAGO HK、ふたご），雪话雪冰（Snow Story、눈이야기），炏八韩烤（KOREAN BBQ & BAR、먹방），木槿花韩牛专门店（MUGUNG HANWOO BEEF SPECIALIST、무궁화），酱缸韩国料理（JANG DOK KOREAN RESTAURANT、장독），真心泰国菜（BONNIE'S THAI RESTAURANT，อาหารไทยที่แท้จริง），泰斗（Thai Master Restaurant & Bar，ครัวไทยแท้），莎娃迪卡（Sawasdee Krub Thai Restaurants、สวัสดีครับ）。尖沙咀大街上的景点指引图版，也是混合了中英文。

图 5 　　　　　　　图 6

图 7 　　　　　　　图 8

2.2 香港语言景观中的主导语言

主导语言是指在多语样本包含的若干语言中,占据优势地位的那种语言。占据主导位置的语言往往是一个地区的官方语言或强势语言。对样本中主导语言的判定通常是根据所占的位置、字体的大小和颜色等要素来确定。(Scollon & Scollon 2003)在香港的语言景观中,大多数标识的主导语言是中文,占55.04%;其次是英文,占37.95%;日文和韩文占的比例很小,分别只有2.96%和3.12%;法文和泰文都不足1%,分别为0.33%和0.60%。

香港回归前,两语流通的程度按英、中的顺序排列。回归二十余年后,中文在香港语言景观中居于首位,英文次之。在1 826个样本中,含中文的样本有1 464个,含英文的样本有1 287个。在这些样本中,中文为主导语言的有1 005个,英文为主导语言的有693个。这些数据显示,在香港回归祖国二十余年后的今天,香港语言景观中的两种主要语言,无论是在使用频率还是在使用的显著性方面,都形成了中文稍微优先于英文的局面。

邹嘉彦、游汝杰(2001)指出,在不同的语言和方言互相接触竞争的过程中,决定胜负的关键因素是各方的语言竞争力。语言竞争力又分为政治竞争力、文化竞争力、经济竞争力、人口竞争力和文字竞争力。

政治竞争力方面,香港回归后,中文和英文都是香港的法定语文,享有平等的地位和权利,政府向公众发表的主要文件,均备有中英文本。其他语言不占优势。文化竞争力方面,香港长期以来都以华人为主,中国传统文化和风俗习惯在香港得到了很好的传承和保留,英文与其他语言和文化不占优势。经济方面,旅游业、酒店及饮食业、批发及零售业等,都是推动香港经济增长的主要行业。在2018年

5月的访港旅客中,来自中国内地及台湾地区的,有 3 968 430 人,占总数的 80.1%①;其他访港旅客多数会英文,中文和英文都占优势。人口方面,香港 740 万人口中,约有 91% 为华人,外籍人士占 8.6%。外籍人士主要为:菲律宾人(共 184 322 人),印尼人(共 168 871 人),印度人(共 31 989 人)。② 这些外籍人士多用英文。英语作为当今世界的国际通用语言,事实上在许多国家和地区都享有半官方的地位(Moody 2008),也频繁地作为主导语言出现在这些国家和地区的语言景观中。在文字方面,虽然中文、英文都有自己的文字系统,但中文是香港社会一直以来使用的文字,英文是官方和香港中高等教育机构使用的语言,因此,香港语言景观形成了目前以中英为主的语言格局,其他语言较少。使用其他语言的商店多是一些国际品牌的服装和名品店,这些商店的目标群体并不仅仅是说其他语言(如法语)者,而是当地的消费者和来自各个国家和地区,特别是中国内地的消费者。在这里,语言已经不是起到它最基本的沟通作用,而是出于商业目的的一个符号象征。这也证实了先前学者关于招牌上少数族群语言使用的一个论断:"商业标识上的语言不仅仅是用来表达信息,更重要的是一种象征意义。"(Landry & Bourhis 1997)从交际功能来看,中英两语已经能够满足香港社会的交际需求。从内部语言和外部语言来看,中文是香港本地居民之间的交流工具,英文是香港与外部世界的交流工具,因此其他少数族群语言很少出现在香港语言景观中。

---

① 香港特别行政区旅游发展局,参见 https://partnernet.hktb.com/sc/research_statistics/index.html。
② 香港特别行政区政府一站通中的香港概况,参见 https://www.gov.hk/sc/about/abouthk/facts.htm。

3. 香港特色语言景观

我们对香港的特色语言景观也进行了调查,包括抽样区外的其他区域。

3.1 特色地名牌

香港多用"湾、涌、澳、塘、洲、滘"等与水有关的词语作为地名,如"铜锣湾、柴湾、筲箕湾、荃湾、长沙湾、浅水湾、九龙湾、东涌、葵涌、鲫鱼涌、大澳、将军澳、石澳、九龙塘、观塘、牛尾洲、枕头洲、桥咀洲、大滘、小滘"。"湾"本义是指河水弯曲处,也指海岸凹入陆地而便于停船的地方。"涌"指河汊。"澳"指海边弯曲可以停船的地方。"塘"原意是挡水的土坝,后指水池。"洲"指河流中由泥沙淤积而成的陆地。"滘"指河道分支或汇合的地方。

"旺角(Mong kok)"古时称为芒角,因为当地芒草丛生,地形像一只牛角伸入海里,该处被称为芒角咀,附近的村落便得名芒角村。清朝时,芒角又名望角。到了1909年,港英当局开始在该带填海及兴建避风塘,而附近亦开始有码头和道路。1930年代,芒角被改称为旺角,取其兴旺之意。"荔枝角(Lai Chi Kok)"位于九龙半岛西北面,行政上属深水埗区。原名为客家话,叫作"孺地脚",意思是儿子沙滩上的脚印,后来雅化为荔枝角。

"尖沙咀(亦作尖沙嘴)",在移山填海之前,由于该处附近的海水被官涌山所阻,其南端形成一个长且尖的沙滩,地形上十分显著。类似的还有大角咀(亦作大角嘴,Tai Kok Tsui)。

红磡原来也作"赤坎"(磡与坎同义),指此区域原为黄红色泥土的山岩地带。"磡"指岩崖或下陷的地面。此外,九龙有一个横头磡,元朗米埔附近还有一条红花磡路。

"氹"指小坑、水坑、水塘。氹的本字是凼,象形字,描绘出水被包围的样子。南丫岛的南部有南氹公园、南氹天后庙。在西贡,还有大氹、掘头氹。

火炭位于香港沙田区中部,是沙田新市镇的主要工业区。昔日的火炭倚山临河,水退时为滩,故称为"河滩"或"可滩",按客家话即为好的滩,其后因口音问题,误称为"火滩",又被称为"火炭"。

3.2 特色街道牌

香港有一些街区具有浓烈的特色,如"兰桂坊(Lan Kwai Fong)",位于香港中环区的一条呈 L 形的上坡小径,由德己立街、威灵顿街、云咸街、安里、仁寿里及荣华里构成的一个聚集大小酒吧与餐馆的中高档消费区,深受年轻一代、外籍人士及游客的欢迎,为香港的特色旅游景点之一。有人认为"兰桂坊"是"烂鬼(喝醉酒的人)坊"的谐音。

波鞋街是香港登打士街至亚皆老街之一段花园街的俗称,也是旺角的一个观光购物地点,位于九龙油尖旺区。在粤语中,运动鞋被称为"波鞋",波鞋街因而得名。波鞋街全长约 150 米,有 50 多间售卖运动鞋和运动用品店铺。波鞋街的商铺自 1980 年代开始,因香港掀起运动服装热潮而开始发展,逐渐形成一个特色的购物区。

鸭寮街位于钦州街至南昌街之间,在粤语中,"鸭寮"是养鸭人住的棚子,鸭寮的来源是因早年盖满鸭寮而得此名。如今以售卖手机、平价电子零件、二手及水货电器闻名,吸引不少人光顾。

豉油街位于香港九龙油尖旺区,豉油是酱油的一种,由黄豆酿制,以前有酱油厂设于该地,因而得名。

"亚皆老街(Argyle Street)","亚皆"是 19 世纪末的一艘英国商船名。"窝打老道(Waterloo)","窝打老"是英语 Waterloo 的粤语译音,指比利时布鲁塞尔附近的滑铁卢发生的滑铁卢战役。

"遮打道(Chater Road)"以香港亚美尼亚裔商人保罗·遮打命名。佐敦道(Jordan Road)是 1909 年为了纪念一位于 20 世纪初协助香港扑灭鼠疫的佐敦医生而命名的。弥敦道是 1909 年港英当局为纪念扩建该路的港督弥敦爵士而命名的。

图 9　香港遮打道路牌

3.3　特色店名牌

"港嘢茶档"囊括香港经典小吃名目,寻味口感正宗地道的香港街头味道。茶档的经营方式始于二战后的香港,当时百废待兴,开始有人在街边设置路边摊出售熟食。茶档的面积比一般排档小,摊档类似一个巨型包厢,晚上休息时用木板、铁皮捆起,放在路边,所以也可以放纳更多设备,提供各种香港特色小食,如鸡蛋仔、碗仔翅、咖喱鱼蛋等。香港人喜欢喝早茶、下午茶和晚茶,茶餐厅其实包括了吃饭。香港人经历了从茶档到大排档再到茶餐厅的变化,这段饮食文化的发展,记录了港人重建美好生活的宝贵历史。它独特的饮食文化与地域特色难得地被保留了下来。

"妈咪鸡蛋仔"口味众多,其特色就是创意鸡蛋仔,紫薯番薯、栗子和抹茶红豆味的大受欢迎。鸡蛋仔被称为"来自东方的华夫饼",是在香港最先诞生的形似小个鸡蛋的蛋制品,"仔"体现了粤语文化。鸡蛋仔的诞生可以说是"无心插柳柳成荫",在 1950 年代的香港,杂货店的老板为了避免浪费破裂的鸡蛋,于是模仿当时的西方甜食华夫饼,把鸡蛋、面粉、牛油等混合在一起制成蛋浆,倒进模具放在炭炉上烘焗。后来有人设计出了鸡蛋状的模具，才逐渐延伸出了"鸡蛋仔"这个名称。

图 10　　　　　　图 11　　　　　　图 12

"庙街牛什"是庙街夜市中的一个特色店铺。在粤语中，"牛什"就是"牛杂"的意思。老板专业剪杂几十年，一把剪刀，好多牛杂，咔嚓咔嚓声，剪碎后放到一个纸制的小圆碗里，加上秘制的调料，插上竹签，送到每个顾客的手上。不同部位的牛杂吃起来都有独有的口感。

"炊公馆（champ）"是一家提供高水准、多元化的美食和服务体验的饭店，之所以会取这个名字是因为"炊"字和粤音的"吹水"的"吹"字同音，这也寓意在海港边，仨俩知己可以在这个餐厅好好享受美食，好好聊天，吹吹水……

香港有餐饮连锁店"古早味休闲台湾"。"古早味"是闽南话，是台湾人用来形容古旧的味道的一个词，意思是"怀念的味道"。料理做法比较单纯，以简单的调味料料理食物，料好实在。古早味代表着那种纯朴、纯正、纯粹的味道。

3.4 特色菜牌

20多年前的夜晚,香港街头随处可见的大排档菜牌上面用的都是粤语,例如"鸡肶",就是普通话的"鸡腿";"猪膶粥"就是"猪肝粥",这些地道的大排档基本上都加了很多粤语的元素在里面,体现了香港独特的文化氛围,吸引了许多游客。

"瑞记啤啡"是一家老记号的咖啡店,装修环境具有满满的复古感。这里全部的菜单都用粤语。在粤语中,"啤啡"就是"咖啡","三文治"就是"三明治","滚水蛋"就是将生鸡蛋打入一杯开水里,再用砂糖搅拌。

"油炸鬼"是早餐的油条,典故可能来源于宋朝的面食"炸秦桧",广东叫油炸桧,叫着叫着就变成油炸鬼了。

"车仔面"是20世纪50年代香港经济最低潮时兴起的,因小贩常推着一架小车在叮叮车旁售面而得名。

图 13

"猪仔包"是奶油包,虽然名为"猪仔"但并无任何猪肉成分。猪仔包呈椭圆形,其外形与猪仔有点相似,故得其名。

"西多士"体现了中西文化的结合,"多士"是英文 toast 的音译,意思是方包,"西"表示法兰西,体现了外来词与中文结合的特色。

"窝夫"是中英的结合,英文名叫 Waffle,直接音译过来便成为了窝夫。

"鸳鸯"把奶茶和咖啡合二为一,是香港的首创,也体现了中西交融的特色。

还有一些特色的菜牌如"咖喱鱼蛋、皇帝炒饭、深井烧鹅"等。

3.5 特色广告牌

"水滚茶靓"是茶楼的广告。香港人喝茶追求"水滚茶靓"。在粤语中,"水滚"就是"泡茶的水保持高温"的意思。水滚,茶泡起来才够香够醇。对于一家茶楼来说,坚持做到"水滚茶靓"实属不易。一壶靓茶,水温要保持在80—90摄氏度,泡茶的水水质要靓,茶叶色泽香气

图 14

兼备,茶汤清澈而韵味持久,服务员适时主动加水添茶。若能如此,岂有不愿光临之客人?坚持做好细节,才有一壶靓茶。

"吾好港嘢,我爱香港"是"港嘢茶档"的广告标牌。在粤语中,"港嘢"中的"港"字是"讲"的谐音。实质上是有"什么都不用说,我就是爱香港"的意思,制造了幽默风趣的效果。

4. 结语

香港是一个多语社会,多语样本(包括双语与三语样本)占总样本数的55.91%。语言标牌主要是中、英这两种语言,少数族群的语言在香港语言景观中表现得并不明显。香港回归前,英语是首要的官方语言,两语流通的程度按英、中的顺序排列。回归二十余年后,中文在香港语言景观中居于首位,英文次之。香港回归后,内地对香

港文字使用的影响主要体现在简体字的出现与增加,这种现象在总样本中占据的比例还比较少,且主要集中在内地游客比较多的区域。可以预料,随着香港与内地各种贸易往来的进一步加强,这种影响会不断加强。香港官方和非官方语言景观在主导语言、单语样本、双语与三语样本的语言使用上都体现了一致性。涉外商业区域和本地居民生活区域的语言景观差异为后者较少单用英文,涉外商业区域更多地体现出商业诉求。香港的特色语言景观很有价值,展示了香港的历史与文化。

参考文献

[1] 尚国文、赵守辉 a. 语言景观研究的视角、理论与方法[J]. 外语教学与研究, 2014(2).

[2] 尚国文、赵守辉 b. 语言景观的分析维度与理论构建[J]. 外国语,2014(6).

[3] 巫喜丽、战菊. 全球化背景下广州市"非洲街"语言景观实探[J]. 外语研究, 2017(2).

[4] 俞玮奇、王婷婷、孙亚楠. 国际化大都市外侨聚居区的多语景观实态——以北京望京和上海古北为例[J]. 语言文字应用,2016(1).

[5] 张媛媛、张斌华. 语言景观中的澳门多语状况[J]. 语言文字应用,2016(1).

[6] 邹嘉彦、游汝杰. 汉语与华人社会[M]. 上海:复旦大学出版社,2001.

[7] Backhaus, P. Multilingualism in Tokyo:A look into the linguistic landscape [A]. In D. Gorter(ed.). *Linguistic Landscape:A New Approach to Multilingualism*[C]. Bristol,Buffalo, Toronto:Multilingual Matters,2006.

[8] Ben-Rafael, E., Shohamy, E., Amara, M. H. and Trumper-Hecht, N. Linguistic landsape as symbolic construction of the public space:The case of Israel[J]. *International Journal of Multilingualism*,2004(3).

[9] Curtin, M. L. Languages on display:Indexical signs, identities and the

linguistic landscape of Taipei[A]. In E. Shohamy and D. Gorter(eds.). *Linguistic Landscape: Expanding the Scenery*[C]. New York and London: Routledge,2008.

[10] Huebner, T. Bangkok's linguistic landscapes: Environmental print, code mixing and language change [A]. In D. Gorter (ed.). *Linguistic Landscape: A New Approach to Multilingualism*[C]. Bristol, Buffalo, Toronto: Multilingual Matters,2006(3).

[11] Jaworski, A. and Yeung, S. The naming and imagery of residential Hong Kong[A]. In E. Shohamy, E. Ben-Rafael and M. Barni(eds.). *Linguistic Landscape in the City* [C]. Bristol, Buffalo, Toronto: Multilingual Matters,2010.

[12] Lai, Mee Ling. The linguistic landscape of Hong Kong after the change of Sovereignty[J]. *International Journal of Multilingualism*,2013(10).

[13] Malinowski, D. Showing, seeing in the Korean linguistic cityscape[A]. In E. Shohamy, E. Ben—Rafael and M. Barni (eds.). *Linguistic Landscape in the City*[C]. Bristol, Buffalo, Toronto: Multilingual Matters,2010.

[14] Scollon, R. and Scollon, S. W. *Discourses in Place: Language in the Material World*[M]. London and New York: Routledge,2003.

当代语汇入诗问题略谈

赵松元

(韩山师范学院文学与新闻传播学院)

【摘要】 传统诗词的语言载体固然属于文言系统,但现代白话和当代语汇可以适量入诗,诗人词家也应该取用当今时代的口语、俗语、谚语等鲜活的语言入诗。当然,当代语汇入诗,必须以不俗、不白、不露为前提,做到浅而能深,浅而有味。这关键在于诗人词家如何将当代语汇转化为艺术性语言。从语言艺术的角度来说,至少有三组矛盾必须处理好:浅与深(浅直与深曲)、俗与雅(低俗与典雅)、枯与润(枯涩与润泽)。当代诗坛,许多诗人词家都有效解决了这三组矛盾,有机地将当代语汇熔铸于诗词创作之中,如盐在水,不失诗词的蕴藉含蓄之美,创作出优秀的诗词作品。

【关键词】 传统诗词;文言系统;当代语汇;艺术语言;含蓄蕴藉

语汇,又叫词汇,是词和语的总汇,即语言符号的聚合体。汉语的语汇是一个庞大的系统。从构成语言的单位看,汉语语汇包括语素、词和熟语。传统诗词创作中的语汇,主要来源于具有数千年历史的汉民族语言文字。汉语具有独特的文化个性,她的具象美、整齐美、音乐美、简约美等等,都是西方语言所不具备的。所以汉字具有独特的美感,往往片言只语之中,蕴蓄着丰富的人文内涵,令人回味无穷。传统诗词正是因为格外鲜明地体现了汉语的特性,而拥有了独具风神的艺术魅力。在这里,我们要特别强调,传统诗词采用的语言系统主要是文言系统,唯其如此,诗词作品才能形成其独有的典雅、含蓄之美感。所以我们认为,欲学习诗词写作,必认真学文言,必熟读文言经典作品,养成文言写作的能力。

那么,现代白话和当代语汇是否可以入诗呢?我们的答案是:现代白话和当代语汇可以适量入诗,诗人词家也应该取用诗人所处时代的口语、俗语、谚语等鲜活的语言入诗。但必须以不俗、不白、不露为前提,做到浅而能深,浅而有味。这关键在于诗人词家如何将当代语言转化为艺术性语言。

实际上,纵观中国诗歌史,从《诗经》以下,到汉魏乐府民歌、唐五代民间词以及元代散曲等,就融汇了许多口语、俚语等当代性语汇,而具有鲜明的生活气息。至于唐宋文人中,也多有采用当时的口语与语汇入诗的范例。像杜甫的"会当凌绝顶,一览众山小","会当"二字,就是当时的口语,意即"一定要"。又如李清照,作为婉约派的大家,她就善于将当时的口语与传统的书面语结合起来,"用浅俗之语,发清新之思"(彭孙遹 2016:681),创造出浅俗易懂、清新活泼的语言风格,细致婉转、清新自然而又蕴藉深厚,故名噪一时,号为"易安体",以致连辛弃疾都模仿其创作,写有《丑奴儿·博山道中效李易安体》一词,传为佳话。

但诗歌史上,也有部分诗人因滥用口语而导致艺术粗糙的例子。如唐初白话诗僧王梵志,其为诗重视惩恶劝善的社会功能。某些诗篇具有讽刺世态人情的积极意义,如:"城外土馒头,馅草在城里。一人吃一个,莫嫌没滋味。""世无百年人,强作千年调。打铁作门限,鬼见拍手笑。""造作庄田犹未已,堂上哭声身已死。哭人尽是分钱人,口哭原来心里喜。"(王梵志 2010:642—649)诗的风格浅显平易而时带诙趣,往往寓生活哲理于嘲戏谐谑之中,寄嬉笑怒骂于琐事常谈之内。此固为其长处。然而,王梵志基本都是以俗语俚词入诗,通俗浅白,与王绩、虞世南、"初唐四杰"、"文章四友"、陈子昂等同为初唐的诗人相比,终究显得比较粗糙,更不要说格调、神韵了。

当代诗坛,鱼龙混杂,泥沙俱下。融汇当代语汇创作出彩的作品固然灿若星河,但以当代语汇入诗而失败的例子更是不胜枚举。如《七律·打虎拍蝇》[①]:

> 风清气正万民豪,反腐除贪斗志高。
> 猛兽吃人连骨咽,凶虫蜇脸令心熬。
> 欣闻打虎武松勇,更有驱蝇庶众韬。
> 岂怕鬼魔千变化,钟馗施法碧空洮。

这首诗,采用了"反腐""打虎拍蝇"等时代新语,也有用典、比喻,但通首读来,颇有粗硬、径直、浅白之感,因而缺乏含蓄、典雅之美。

又如《庆祝中华人民共和国成立六十周年》[②]:

> 花甲生辰庆太平,中华儿女倍欢欣。
> 痛思禹甸曾遭侮,喜见神州已振兴。
> 经济频增强国力,高科彪炳利民生。
> 黎元齐唱和谐曲,海晏河清举世钦。

这首诗出律严重,自不赘言。从语言运用来说,诗作用了"中华儿女""经济强国""和谐"等当代性语汇,来抒发歌颂祖国的思想感情,但作

[①] 吾波作,参见诗词吾爱网,https://www.52shici.com/works.php? men_id=60427&works_id=985323。

[②] 见于内部刊物《赤壁诗词》。

者不明兴象,诗意直白浅露,比白开水还不如。更有甚者,诗作将"高科技"压缩为"高科",更显生硬。

又如《戊戌迎春——读厉有为先生新作步韵奉和》[①]:

  四旬驰骋再扬鞭,几悟红梅黄耳年。

  时代通明弘法度,民康国富庆团圆。

这首绝句三四两句,没有比兴寄托,只是直白采用当代语汇入诗,而成为大白话,白开水,了无诗味。

以上三例所存在的问题,在当代诗坛是有典型性的。确实,以当代语汇入诗,而忽视诗词的审美特性,不明诗词创作的艺术规范与艺术手法,从而带来作品的浅直、浅白、浅俗,这一问题在当代诗坛已构成一种普遍存在的事象,甚至可以说这是当代诗词创作存在的一个突出问题。

而且,毋庸忽视的是,近年来,随着互联网高速发展,"全民皆微"不仅改变了当代人的生活方式,而且也改变了诗歌创作与传播的传统方式。当代诗坛上,尤其是在微信世界和网络空间中,往往因为一种当代语汇的使用,突然就造成了某种"诗体"的狂欢式热潮,使当代汉诗的生存境遇发生了巨大的转变,这对当代诗词创作产生了不可忽视的影响。譬如"土豪诗"——2013年9月万达集团在山东青岛举行启动仪式而引发的一批网络诗。单是30分钟红毯,万达集团不惜砸下重本,请来多位国际一线巨星——莱奥纳多、妮可-基德曼、约翰-特拉沃尔塔、凯瑟琳·泽塔-琼斯等,还有众多华人影星——章子怡、李连杰、梁朝伟、甄子丹、黄晓明等。有万达内部员工称,单是请

---

① 刘立荣作,参见中华诗赋网,https://www.poemshenzhen.com/index.php/Article/Detail/cat_id/23/id/47399? from=timeline & isappinstalled=0。

国内的 Z 姓女星,就花了 100 万。有人戏称,烈日再猛,猛不过明晃晃的土豪金。凤凰娱乐在微博转发了该活动的现场图片,并转附一微博网友的诗句:"赤日炎炎似火烧,我为土豪把扇摇。"(@周小妞)随后网友们便疯狂转帖,作品层出不穷,如:

@凤凰娱乐:

日照香炉生紫烟,土豪能顶半边天。

@中国电影导演协会:

会当凌绝顶,一览众土豪!

@做狗更难:

给我一杯忘情水,想和土豪嘴对嘴。

@hyhyhy1983:

莫愁前路无知己,土豪我们在一起。

蓝田日暖玉生烟,我给土豪揉揉肩。

李白乘舟将欲行,看见土豪忙喊停。

桃花流水深千尺,不及土豪送我钱。

两只黄鹂鸣翠柳,我给土豪敬杯酒

……

@非王子类青蛙:

日出江花红胜火,土豪土豪您慢走。[1]

如此等等,不一而足。另外,还有最近出现至今余波未尽的"老皇皇体"等,类似这种诗歌语言的狂欢,在微信和网络上经常出现,此起彼伏,潮起潮涌,已构成当代诗歌与当代文化的一种"怪现象"。这种诗歌语言的狂欢带来的是发泄,是调侃,是嘲讽,是不满。我们应

---

[1] 以上见于 2013 年 9 月 22 日凤凰网娱乐官方微博及部分网友微博。

该思考的是,如何才能避免这些问题的出现!

回到当代语汇入诗的话题,窃以为,融汇当代语汇入诗,首先要求诗人有独立思想、悲悯情怀与担当精神;其次,要求诗人掌握诗词的审美特性,遵循诗词创作的艺术规范,知晓诗词写作的艺术手法。同时,也关系到语言运用问题。

从语言艺术的角度来说,至少有三组矛盾必须处理好:浅与深(浅直与深曲)、俗与雅(低俗与典雅)、枯与润(枯涩与润泽)。事实上,当代诗坛,许多诗人词家都有效解决了这三组矛盾,多有适量采用当代语汇入诗而取得成功的例子。

试读常任侠的《悼念胡耀邦同志》:

> 生平平易对群伦,忠直感言见性真。
> 川北何曾生右派,浏阳有幸诞斯人。
> 一身正气撑肝胆,两袖清风教后昆。
> 万众含悲天亦泣,长安入暮雨纷纷。

这首诗,作者自注云:"与胡耀邦同志曾多次相晤,常言'失误良多',谦虚可风。自 1978 年 12 月三中全会后,他领导了平反三百多万件冤假错案,……为民族文化事业发挥力量。反右时,各省多有右派名额,川北独无右派。其敢于直言,足资楷模。"(钱理群、袁本良 2005:259)这首七律中,"川北何曾生右派",既融汇了当代语汇,其语言文字的背后,又连接着时代历史,映现着胡耀邦的人格力量,故诵之令人感动。

又如杨宪益写于 1993 年的诗《体检》:

> 今朝体检受熬煎,生死由之命在天。
> 尿少且查前列腺,口馋怕得脂肪肝。
> 心强何必先停酒,肺健无须早戒烟。

> 莫怪胸中多块垒,只因世界不平安。

当代生活中寻常的口语,融汇着"《世说新语》式的机智和英国式的幽默",在自我调侃的语气之中,表现出"达人之心与忧时之志"(钱理群、袁本良 2005:332),因而似浅而深,似俗而雅,具有深长的意味。

再读杨启宇的《挽彭德怀元帅》(钱理群、袁本良 2005:385):

> 铁马金戈百战余,苍凉晚节月同孤。
>
> 冢上已深三宿草,人间始重万言书。

此诗曾在首届全国诗词大赛中荣获二等奖。熟悉历史的人,都知道1959年召开的那场著名的"庐山会议"。在这次会议上,彭德怀元帅针对当时客观存在的问题,给毛泽东写了一封信,陈述了他对1958年以来"左"倾错误及其经验教训的意见(被称为"万言书"),这封信充分流露出彭德怀同志忧国忧民的情怀。故这里的"万言书"即是具有时代感的当代语汇,其与化用《礼记·檀弓上》"朋友之墓,有宿草而不哭焉"之典的第三句构成反迭映衬的关系,伤时感事,情真意挚,具有耐人寻味的艺术力量。

以上仅举数例,表明当代语汇完全可以入诗。之所以成功,从语言艺术而言,就在于诗人有效地传承和融入了古典诗词的艺术精神,有真正读书人的思想品格,有诗人的良知,并有效地解决了浅与深、俗与雅、枯与润的矛盾,从而能够有机地将当代语汇熔铸于诗词创作之中,如盐在水,不失诗词的蕴藉含蓄之美,同时内蕴深厚,风骨凛然。

总之,如果以《诗经》肇始,那么中国诗史绵延至今有2500多年,在这漫长的诗国历史时空中,诞生了无数优秀的诗人和经典的诗词作品。这些优秀的诗词作品有着一种共通的品格和内涵:既有独立思想、担当意识与悲悯情怀,又追求和谐、含蓄、典雅、唯美。这是一种经典永恒的古典主义属性,是诗歌史上最为宝贵的财富。长期以来,古典诗词一直在为现当代文学艺术源源不断地提供营养和启迪。当代诗词之发展,必须重视、师法和传承中国诗词的精神品格,只有站在这样一个立场上,讨论当代语汇入诗问题,探讨诗法、字法、句法、章法,才会拥有应该有的高度。

参考文献

[1](清)彭孙遹著,霍西胜点校. 彭孙遹集(下册)[M].杭州:浙江古籍出版社,2016.

[2](唐)王梵志著,项楚校注. 王梵志诗校注(增订本,下册)[M].上海:上海古籍出版社,2010.

[3]钱理群、袁本良. 二十世纪诗词注评[M].桂林:广西师范大学出版社,2005.

第三届"两岸语言文字调查研究与语文生活"研讨会概况

第三届"两岸语言文字调查研究与语文生活"研讨会于2019年10月25—27日在南粤学术重镇韩山师范学院举行,来自海峡两岸的60余名专家学者参加了本次学术会议。研讨会由教育部两岸语言文字交流与合作协调小组主办,韩山师范学院承办,厦门大学国家语言资源监测与研究教育教材中心、福建省高校人文社科研究基地——两岸语言应用与叙事文化研究中心、商务印书馆协办。共收到参会论文47篇,内容涉及两岸辞书编纂与使用研究、两岸语言生活的实态描写、两岸语言文字的对比研究、两岸语言教育(包括汉语国际教育、华语文教育)研究等方面。

10月26日,研讨会开幕式在韩山师范学院信息科技大楼C704举行。韩山师范学院校党委副书记、校长陈树思教授,两岸语言文字交流与合作协调小组(以下简称"协调小组")组长、北京语言大学李宇明教授,教育部语言文字应用研究所所长、协调小组秘书长刘朋建教授,教育部语言文字应用研究所原所长、协调小组原秘书长张世平教授分别在开幕式上致辞。韩山师范学院文学院赵松元院长主持了开幕式。

陈树思代表学校对出席研讨会的各位领导、专家表示热烈的欢迎。他指出,此次研讨会的召开,对凝聚研究力量、凝练研究方向,深入开展海峡两岸语言文字调查研究,强化语言文字的文化纽带将起到积极的推动作用。

李宇明指出,协调小组有两大任务:一是促进两岸交流;二是通过交流,更进一步地促进合作。他希望两岸语言文字工作者能够不断交流,加强合作,使汉语言能够服务两岸人民,服务全世界。

刘朋建指出,两岸是血脉相连、相亲相爱的一家人。无论在什么样的情况下,两岸语言文字交流合作都没有停滞,犹如血脉的交融互动,守护着中华民族文化和民族血脉相连的根和本,具有重要意义和深远影响。

研讨会以大会报告和分会场报告的形式进行。李宇明、张世平、竺家宁、何朱婉清、苏新春、林伦伦、周荐、赵世举、邹嘉彦、张屏生、刘青、林玉山、罗树林等专家在大会上做了学术报告,或阐述了两岸语言的异同与互动问题,或介绍了《两岸现代汉语常用词典》出版缘起、展望与未来等两岸语言研究的重大成果。大会设三个分会场,汤志祥、张柏恩、余桂林、曾昭聪、苏何诚、吴怡芬、陶贞安、龙东华、张为、李慧、杜晶晶等 37 位学者分别围绕两岸汉字规范标准对比研究、两岸辞书编纂与使用研究话题、两岸语言教育(含汉语国际教育、华语文教育)研究、两岸语言文字信息处理发展状况、两岸中小学语文教材主题的人文底色等议题进行了论述。

为增强两岸学者的深入交流,研讨会还增设了两岸学者共商语言工作座谈会及潮州语言文化实地考察和调研活动。

10 月 27 日,研讨会闭幕式在韩山师范学院信息科技大楼 C704 举行。闭幕式由韩山师范学院原校长林伦伦教授主持。商务印书馆编审余桂林做了会议总结。他感谢主办单位在会务后勤、接待、安排等方面做了精心细致全面的准备,为参会嘉宾提供了温馨的研讨环境。他说,本次研讨会的参会嘉宾中有长期从事两岸语言文字研究的资深专家,也有近期关注两岸语言研究的青年才俊,说明两岸语言问题越来越受到各层面各年龄段专家学者的重视。赵松元院长代表承办方致闭幕词,他指出,与会代表多来自两岸及港澳地区数十所高校和科研机构、出版机构,可谓少长咸集,群贤毕至。学者们都秉持纯粹的学术理性,发表自己的学术见解,各有思想,各有见地,互相探讨,切磋琢磨,体现了学术研讨的真义,从而成就了这一场学术文化盛宴。这一次的学术研讨会对于促进两岸学术文化交流合作,共同传承和弘扬中华优秀传统文化具有重要的推动作用,并且将产生重要的积极的影响。

"两岸语言文字交流与合作协调小组"于2013年在北京成立,小组旨在搭建海峡两岸语言文字相关领域专家之间高水平的学术交流平台,连续举办的"两岸语言文字调查研究与语文生活"研讨会已成为进一步推动两岸语言文字及研究者交流与合作的良好平台。